中小企業のための

利益・資金計画 策定 サポートブック

使える！かんたん入力シート付き

税理士 **堀江國明** ｜ 税理士 **新實広己** ｜ 税理士 **堀江亮佑** ［著］

ぎょうせい

はじめに

　2020年１月半ば，我が国で新型コロナウイルス感染症が確認され，３年以上が経過した今も完全な終息には至っていません。コロナ禍は経済活動の停滞をも招き，資金不足解消のため，助成金の申請や金融機関からの借入れの動きが活発化しています。

　その結果，倒産件数は低く抑えられているものの，この先，コロナ禍の収束と経済活動の回復に手間取れば，借入金の返済や経費の支払いに行き詰まり，資金ショートするケースが増加するのではないかと言われています。先行きの不透明さ故に，漠然とした将来への不安から焦心苦慮する経営者の声を聞く機会が増えています。

　利益計画や資金計画の目的は，目前数カ月の資金繰り把握のような近視眼的視点ではなく，現在の経営環境を俯瞰して数年先までの見通しを立てることにあります。本書ではこれを前提に，直近の短期計画を立てる方法について解説してゆきます。

　経営においては，自社の固定費や変動費の変化が損益分岐点にどう影響するか，あるいは，目標経常利益を実現するにはどの程度の売上高が必要かといった，分析的な視点を持つ必要があります。

　厳しい現状を打破するために，現在の財務状態を冷静に把握したうえで，利益計画や資金計画を作成して問題点を具体的に洗い出し，今後の展望を見出すことが求められています。

　本書では，筆者が実践している利益計画・資金計画の作成方法とその使い方を紹介しましたので，ぜひ参考にしていただきたいと存じます。本書の考え方を具体化した利益計画・資金計画作成のための「かんたん入力シート」と操作マニュアル（操作マニュアルは本書にも収録してあります。）を，本書の読者様に限り，無償提供させていただきます。㈱ぎょうせいのホームページからダウンロードしていただき，自社の利益計画・資金計画を作成してみてください（詳細は，次々

頁をご参照ください。）。本書で執筆した内容が不安解消の一助になれば幸いです。

　末筆ではありますが，本書の出版にあたり，ご尽力をいただいた㈱ぎょうせいと編集者の米奥典仁氏，白石浩氏，酒井亮圭氏や税理士の原義彦氏，税理士法人 Triple Win の職員である佐藤満氏，堀江沙弥子氏には，大変お世話になりました。感謝申し上げます。

　令和5年4月

税理士　　堀江　國明

税理士　　新實　広己

税理士　　堀江　亮佑

「かんたん入力シート」（Excel ファイル）のダウンロード方法について

「かんたん入力シート」（Excel ファイル）（以下，「当シート」といいます。）は，以下の手順にてダウンロードいただけます。

① 以下のダウンロードページに PC からアクセス
https：//shop.gyosei.jp/rieki

② 【新規会員登録はこちら】をクリック

③ 利用規約及び個人情報の取扱いについて同意のうえ，案内に従って会員情報を登録

④ ご登録されたメールアドレスに自動メールが送信されます。そのメール内にパスワードが記載されています

⑤ 上記①にもう一度アクセスし，上記③で登録したアドレスと上記④で配信されたパスワードでログインをします

⑥ データダウンロードの際に，以下のユーザー名とパスワードを入力します

ユーザー名：	Rieki
パスワード：	Keikaku

※このパスワードは上記④で配信されたパスワードとは異なります。
ダウンロードの際はこちらのパスワードをご入力ください。
※半角英字になります。

また，当シートのダウンロード及びご利用に際して，以下にご留意くださいますようお願いいたします。
・当シートは，本書のご購入者に限りご利用ください。ただし，金融機関等での業務上のご使用の際は，著者にご相談ください。
・当シートについての著作権は本書の著作者である堀江國明に帰属しますので，本書のご購入者でない方への当シートのコピー等による供与は禁止いたします。
・当シートの使用により損害が発生した場合，著者及び㈱ぎょうせいはいかなる責任も負いかねます。
・当シートのダウンロードは一定期間経過後，サービスを終了する場合がございますので，ご了承ください。

※Microsoft Excel は米国 Microsoft Corporation の米国およびその他の国における登録商標です。

目　次

第4章　損益分岐点について ·················30

第1章

利益計画と資金計画

　利益を実現するために作成するのが利益計画です。

　利益計画は一定の期間に区切って作成します。計画期間は通常1年を基準にして，1年以下を対象とする短期利益計画と1年超を対象とする中長期利益計画に分けることができます。

　経営環境が目まぐるしく変わる今日では，2～3年程度を対象とする中期利益計画と5年以上を対象とする長期利益計画に区分して計画を立てる企業もあります。本書では短期利益計画について解説してゆきます。

1　資金を念頭に計画を立案する

　景気の回復局面では，企業は人員を増加させ設備投資などを行い，さらなる利益を獲得できるよう行動します。この流れに乗るためには，自社の将来像を描き，実現させるための具体的な方法を検討する必要があります。その際，もっとも重要な鍵になるのが資金です。

　資金を念頭に置いた計画の立案と実行を繰り返すことにより，キャッシュフロー重視の経営となり，多少の外部環境の変化にはビクともしない企業へと成長を遂げることが出来るでしょう。

　キャッシュフローとは資金の「入」と「出」を意味します。それならば，資金の「入」はより多く，資金の「出」はより少なくすれば良さそうです。しかし，本当にそうでしょうか。この点を少し掘り下げてみましょう。

　資金はどのようにして生まれるのでしょうか。資金の「入」は，銀行から借り入れをすることによっても，すでに保有している有価証券などの売却によっても生まれます。

これらは臨時的な資金の「入」で，非経常的な行動により生じます。しかし，銀行からの借り入れはその後，返済する場面では資金の「出」を伴います。また有価証券などの売却は同時に資金獲得のための選択肢を狭めることになります。

では，利益計画を作成し，常に一定の利益を確保できるようにすればこの問題は解決するのでしょうか。

現金取引による入出金と掛け取引による入出金では，入出金のタイミングが異なります。現金取引なら売上の計上と入金は同じタイミングですが，掛け取引の入金は売上の計上から数カ月後になります。ここに時間的ズレが生じていますが，対する利益は資金の出入りと関係なく収益と費用の差額で計算されますので，利益は計上されていても資金の回収が間に合わず倒産する「黒字倒産」も起こり得ます。

上記のような問題を回避するために，利益計画だけでなく資金計画も必要となります。

2 利益計画・資金計画の目的は俯瞰的な視点で見通しを立てること

「はじめに」で触れたとおり，経営においては，自社の固定費や変動費の変化が損益分岐点にどう影響するか，あるいは，目標経常利益を実現するにはどの程度の売上高が必要かといった分析的な視点を持つ必要があります。

利益計画や資金計画の目的は，目前数カ月の資金繰り把握のような近視眼的視点ではなく，現在の経営環境を俯瞰して数年先までの見通しを立てることにあります。本書ではこれを前提に，直近の短期計画を立てる方法について解説してゆきます。

3 利益計画は変動損益計算書から，資金計画は資金繰り表から立案する

図表A−1をご覧ください。

本書では，損益計算書の勘定科目を変動費と固定費に区分した変動損益計算書をもとに利益計画を立案します。

図表 A－1

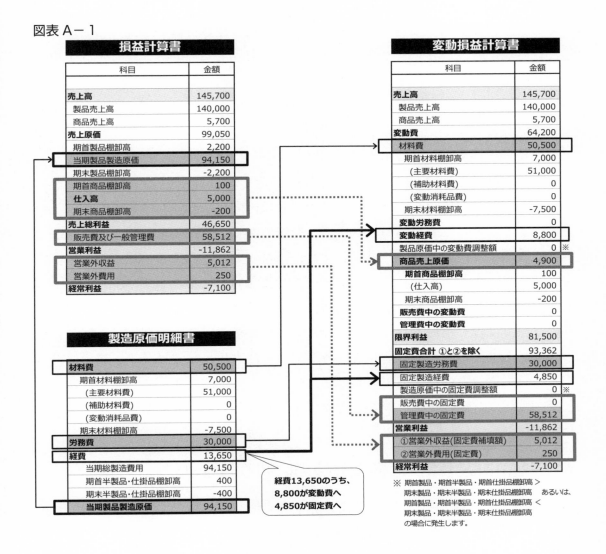

損益計算書の商品売上原価はすべて変動費，販売費及び一般管理費・営業外費用はすべて固定費，経常的に発生する営業外収益はすべて固定費の補填金額（P33参照）としています。

製造原価明細書のうち，材料費はすべて変動費，労務費・経費は変動費と固定費に区分します。設例では，労務費はすべて固定費，経費は8,800を変動費，4,850を固定費としました。

利益計画では期首の製品・半製品・仕掛品棚卸高はそれぞれ，同額を期末の製品・半製品・仕掛品棚卸高とし，当期製品製造原価の費消はすべてこの期間の費用としています。

※の変動費調整額・固定費調整額は，期首と期末それぞれの製品・半製品・仕掛品棚卸高の合計額に差異があるときに，当期製品製造原価を変動費と固定費に分ける調整（P33参照）のために使います。

変動損益計算書は，利益計画を立案する際に有用なものとして知られています。

損益計算書のままでは，売上高が増減した場合に，それに伴う費用や利益の変化を容易に把握することは出来ません。

変動損益計算書では，すべての費用を売上高の増減に伴って変化する変動費と，売上高の増減に関係なく一定額となる固定費に区分して表示します。

そうすることで，売上高の増減に伴う費用の変化を把握しやすくなり，正確な利益を導くことが可能になります。また，損益が0となる損益分岐点や，目標経常利益を実現するために必要な売上高等の計算も容易になります。

変動損益計算書も損益計算書と同様に，利益は経常利益で表しますが，他の年との比較可能性を担保するために，経常的に発生する収益や費用だけを対象にする必要がありますので，特別利益・特別損失・法人税，住民税及び事業税は計算から除外することになっています。

資金計画は，変動損益計算書に連動する資金繰り表の形で立案します。

4　変動損益計算書と損益分岐点は切り離せない

変動損益計算書は，すべての費用を売上高の増減に伴って変化する変動費と，売上高の増減に関係なく一定額となる固定費に区分して表示しています。こうすることによって正しい損益分岐点が導き出せるのですが，では，損益分岐点とはどのようなものでしょうか。後ほど詳しく説明します。

5　経常的に利益を生み出せる財務体質が大切

企業は臨時の資金調達に頼ることなく，経常的に資金を生み出さなければなりません。そのためには経常的に利益を出し続ける必要があります。

図表A－2をご覧ください。

経常利益は企業の正常な収益力を表しています。経常利益が増加することによって，企業の利益の吸収効率は高まり，キャッシュフロー計算書（間接法）にお

図表A－2

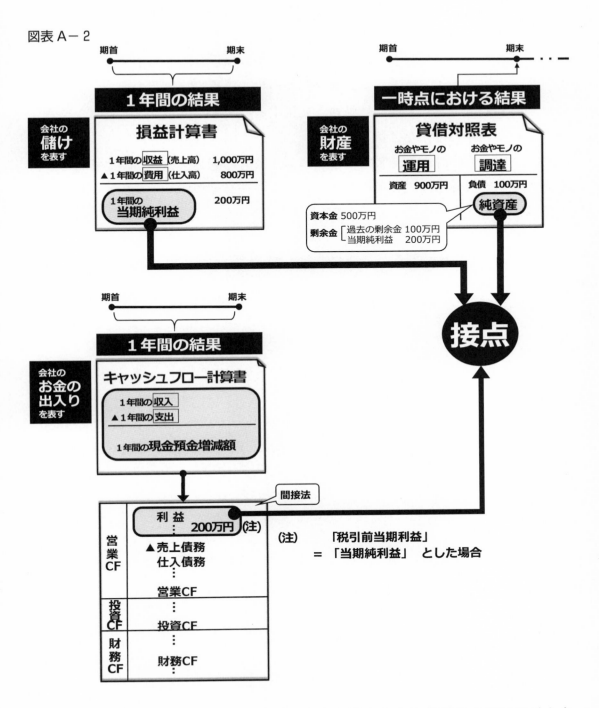

ける「営業活動によるキャッシュフロー」の出発点となる税引前当期純利益も多くなります。このことにより，企業の支払能力も高まり，この経常利益が貸借対照表の純資産の根幹となる剰余金に加算され，企業の体力を表す貸借対照表も良好なものになるのです。経営におけるこのような考え方を，キャッシュフロー経

営と言います。

　経常的な資金は経常的な利益があってこそ生み出されるもので，損失からは生まれません。このことはキャッシュフローの生成原理で，自明の理です。ですから，経常利益を予測する利益計画から立案することで，キャッシュフロー経営に必要な経常利益の確保を目指します。

　利益計画・資金計画を立案するためには，会計に関する基礎知識を理解し，貸借対照表や損益計算書，資金繰り表についての理解を深めておく必要があります。

　では，これらについて見てゆきましょう。

第2章

会計の基礎知識と決算書・資金繰り表

1　会計の基礎知識

　収益とは利益を増加させるもので，売上高や預金利息などの項目で表されます。費用とは利益を減少させるもので，仕入高や人件費などの項目で表されます。

　一方，収入とは資金を増加させるもので，支出とは資金を減少させるものです。これらは現金預金などの項目で表されます。

　ところで，収益や費用はどのタイミングで認識するのでしょうか。

　実務的には，収益は実現主義，費用は発生主義に基づいて認識し，記録されます。発生主義では，代金決済の有無に関係なくその権利が発生した時点で収益・費用を認識します。実現主義は未実現収益の認識を排除する，発生主義における収益の認識基準です。順に説明しますが，基本的に，収益は商品などを相手に引き渡した日に実現し，費用は商品などが相手から引き渡された日に発生するとお考えください。

　図表A－3をご覧ください。

　小売店X社の会計期間は4月1日（期首）～3月31日（期末）です。

　小売店X社が5月1日に商品を500万円で販売（引き渡し）し，6月30日に代金を現金で受け取りました。

　この場合，“収益が実現した日”は商品を引き渡した5月1日で，“収入があった日”は現金で受け取った6月30日となります。

　次に，費用について考えてみましょう。

　小売店X社は4月12日に商品を400万円で仕入れ（＝引き渡しを受け）ました。そして，代金を4月30日に現金で支払いました。この場合，“費用が発生した日”は商品の引き渡しを受けた4月12日で，“支出があった日”は現金で支払った4

図表 A−3

収益を記録する場合

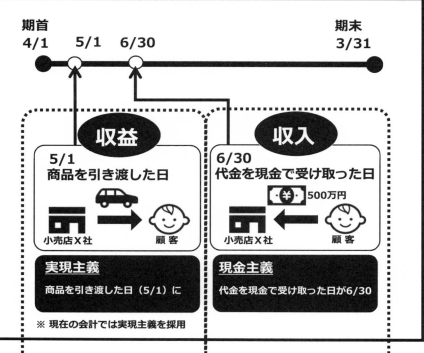

| | 期首 4/1 | 5/1 | 6/30 | | 期末 3/31 |

収益

5/1
商品を引き渡した日

小売店X社 → 顧客

実現主義
商品を引き渡した日（5/1）に

※ 現在の会計では実現主義を採用

収入

6/30
代金を現金で受け取った日

¥ 500万円
小売店X社 ← 顧客

現金主義
代金を現金で受け取った日が6/30

費用を記録する場合

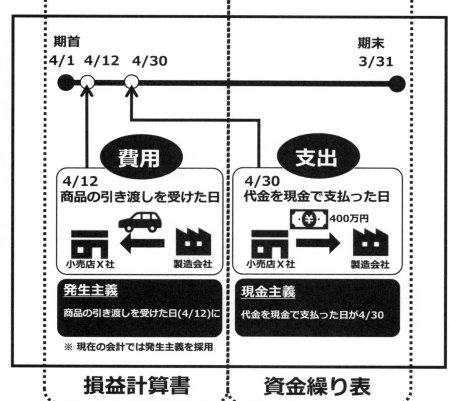

| | 期首 4/1 | 4/12 | 4/30 | | 期末 3/31 |

費用

4/12
商品の引き渡しを受けた日

小売店X社 ← 製造会社

発生主義
商品の引き渡しを受けた日(4/12)に

※ 現在の会計では発生主義を採用

支出

4/30
代金を現金で支払った日

¥ 400万円
小売店X社 → 製造会社

現金主義
代金を現金で支払った日が4/30

損益計算書　　**資金繰り表**

月30日となります。

　それぞれ，代金の決済日ではなく，代金を受け取る権利・支払う義務が生じた時点で収益・費用を認識しています。

⑴　費用収益対応の原則とは

　図表A－4をご覧ください。

　会計の基本的なルールとして，収益とこれに対応する費用は，同じ会計期間に計上することになっています。これを「費用収益対応の原則」といいます。

　たとえば，前掲の小売店X社ではこの会計期間中に売上高という収益が500万円実現しています。一方，この収益を上げるために仕入高という費用が400万円発生しています。この場合，損益計算書には，右側に売上高500万円，左側に仕入高400万円と表示します。今年の決算で仕入高400万円だけを計上して，売上高500万円は来年の決算で計上するということは出来ず，必ず対応させなければなりません。ですから，当期と来期の2年にわたってサービスを提供する取引なら，当期分と来期分に分け，当期分だけを売上高・仕入高として計上し，残りは来期に計上します。

図表A－4

損益計算書

小売店X社

自X1年4月 1日
至X2年3月31日

（単位：万円）

仕入高　400	売上高　500
費用	**収益**

対応させて表示する

このように，損益計算書は実現主義によって認識された収益と，発生主義によって認識された費用を費用収益対応の原則に従って結び付け，作成されます。

「損益計算書」は収益・費用の関係を，「資金繰り表」は収入・支出の関係を理解することが重要です。

(2) 費用配分の原則とは

図表Ａ－５をご覧ください。

時の経過に伴ってその価値が目減りする10万円以上の資産は，税務上の特例を使う場合を除き，総額を当年度の費用にすることは出来ません。土地などと違い，車・機械・工具器具備品・建物などは時の経過とともに"消耗"してゆきますので，その資産の耐用年数に応じた価値の減少分を各月の費用にすることになっています。これを「減価償却」といいます。

普通乗用車の耐用年数は６年です。ですから毎年同額を計上する場合，360万円の車を購入したなら360万円÷６年で，１年あたり60万円（60万円÷12カ月で毎月５万円）を「減価償却費」として費用計上し，同額を価値の減少分として資産の価額からマイナスします。

購入から１年が経過すると，減価償却費60万円分の価値が減少したことになりますので，乗用車の価額は360万円－60万円＝300万円となります。２年目も同様に60万円分の価値の減少を認識して300万円－60万円＝240万円となります。以下同様に計算し，６年経過後，その価値は０円になります。

ここで理解しておきたいポイントは，減価償却費は，購入した物を使うことによって得られる経済的利益と失われる資産価値を対応させるための計算上の費用で，期間中の現預金の支出が伴わないことです。

図表Ａ－５　資産価額（＝価値）の推移

経過年数	資産の価額	減価償却費	償却累計額
1	300	60	60
2	240	60	120
3	180	60	180
4	120	60	240
5	60	60	300
6	0	60	360

　減価償却費の他にも，貸倒引当金の繰り入れや賞与引当金の繰り入れなど，現金の支出が伴わない項目があります。これらを総称して「非資金費用」といいます。

2　損益計算書・資金繰り表・貸借対照表の概要

(1)　損益計算書とは

　図表A－6をご覧ください。

　損益計算書は1年間の会社の経営成績（儲け）を表しています。

　売上高などの収益から仕入高や人件費，販売管理費（販管費）などの費用を差し引いて，儲け（当期純利益）を導き出します。

(2)　資金繰り表とは

　図表A－7をご覧ください。

　資金繰り表は1年間の会社の収入と支出を表しています。

　収益は商品などを引き渡した日に記録し，費用は商品などが引き渡された日に

図表A－6

1年間の結果

会社の
儲けを表す

損益計算書

1年間の収益（売上高など）

▲1年間の費用（仕入高や人件費など）

1年間の当期純利益

利益を導き出す過程がわかる

図表 A－7

1年間の結果

会社の
お金の出入りを表す

資金繰り表

1年間の収入
▲ 1年間の支出

1年間の現金預金の増減額

お金の出入りがわかる

記録します。一方，収入は引き渡した商品の代金が入金した日に記録され，支出は受け取った商品の代金を支払った日に記録されます。

損益計算書では，どのくらいの利益が出たかを知ることが出来ます。しかし，その利益を現預金の動きと結びつけて見ることは出来ません。その理由は，損益計算書で用いる収益・費用は，資金の出入りと関係なく，商品の引き渡し日に記録されているからです。一方，資金繰り表は実際の資金の出入りに基づいて記録されています。

生み出した利益が現預金を増加させるか，見極めることが大切です。黒字倒産を回避するための羅針盤として，資金繰り表を積極的に活用する必要があります。

(3) 貸借対照表とは

図表 A－8をご覧ください。

貸借対照表は，ある一時点（通常は決算日）における会社の財政状態（財産）を表しています。運用を表すものが資産として左側に表示され，調達を表すものが負債および純資産として右側に表示されますので，ある一時点で，お金やモノがどのように調達され，どのように運用されているかを知ることが出来ます。貸借対照表では，純資産は主に1年間の利益の累積額を表しています。

図表Ａ－８

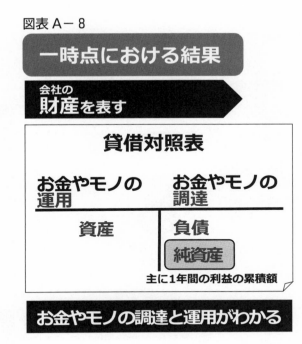

3　損益計算書・資金繰り表・貸借対照表の構造

(1)　損益計算書には５段階の利益がある

　図表Ａ－９をご覧ください。

　損益計算書には，③「売上総利益」・⑤「営業利益」・⑧「経常利益」・⑪「税引前当期純利益」・⑬「当期純利益」の５つの利益が表示されています。こうして区分することによって内容の把握が容易になり，その結果，会社の経営成績がより理解しやすくなっています。

　損益計算書の書式は，「経常損益の部」と「特別損益の部」に大別できます。経常損益の部には，会社の経常的な営業活動により生じた収益・費用とその結果が表示されます。

　経常損益の部は，「営業損益の部」と「営業外損益の部」に分けることができます。「営業損益の部」は，会社の本業に係わる営業活動の結果を表示しています。一方，「営業外損益の部」は会社の本業に付随する活動の結果を表示しています。経常利益はこれらを合わせることで，本業および付随の活動全体の結果を

図表 A-9

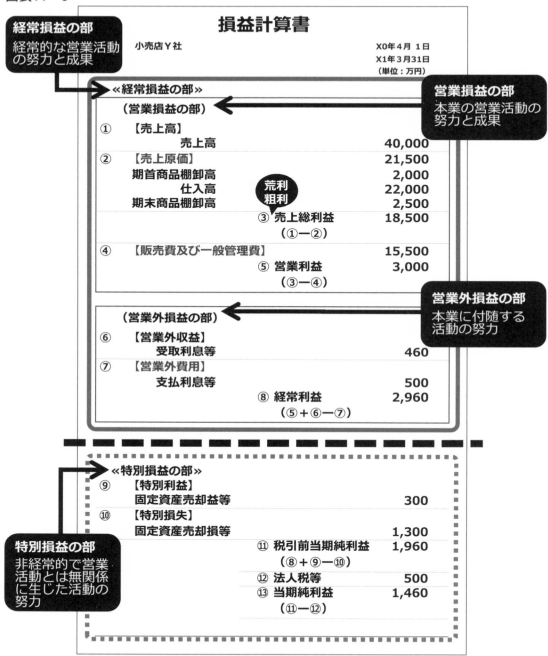

損益計算書

小売店Y社

X0年4月 1日
X1年3月31日
（単位：万円）

経常損益の部
経常的な営業活動
の努力と成果

営業損益の部
本業の営業活動の
努力と成果

営業外損益の部
本業に付随する
活動の努力

特別損益の部
非経常的で営業
活動とは無関係
に生じた活動の
努力

≪経常損益の部≫		
（営業損益の部）		
①	【売上高】	
	売上高	40,000
②	【売上原価】	21,500
	期首商品棚卸高	2,000
	仕入高	22,000
	期末商品棚卸高	2,500
	③ 売上総利益	18,500
	（①－②）	
④	【販売費及び一般管理費】	15,500
	⑤ 営業利益	3,000
	（③－④）	
（営業外損益の部）		
⑥	【営業外収益】	
	受取利息等	460
⑦	【営業外費用】	
	支払利息等	500
	⑧ 経常利益	2,960
	（⑤＋⑥－⑦）	
≪特別損益の部≫		
⑨	【特別利益】	
	固定資産売却益等	300
⑩	【特別損失】	
	固定資産売却損等	1,300
	⑪ 税引前当期純利益	1,960
	（⑧＋⑨－⑩）	
	⑫ 法人税等	500
	⑬ 当期純利益	1,460
	（⑪－⑫）	

荒利
粗利

表示しています。

　特別損益の部には，営業活動とは無関係にその期だけに例外的に生じた「利益」
や「損失」が「特別利益」「特別損失」として表示されます。

　図表 A－9 では，売上高40,000万円から売上原価21,500万円（期首商品棚卸高2,000万円＋仕入高22,000万円－期末商品棚卸高2,500万円）が差し引かれ，③【売上総利益】18,500万円となっています。この売上総利益は，一般に「荒利」「粗利」と呼ばれています。これが第 1 段階目の利益です。

　次に，③売上総利益18,500万円から販売費及び一般管理費15,500万円が差し引かれ，⑤【営業利益】3,000万円となっています。これが第 2 段階目の利益で，ここで本業の営業活動の結果が分かります。

　さらに，⑤営業利益3,000万円に受取利息等の営業外収益460万円が加算される一方，支払利息等の営業外費用500万円が差し引かれ，その結果が⑧【経常利益】2,960万円となっています。これが第 3 段階目の利益で，経常的な営業活動の結果が分かります。

　⑧経常利益に⑨固定資産売却益等の特別利益300万円が加算される一方，⑩固定資産売却損等の特別損失1,300万円が差し引かれた結果，第 4 段階目の利益である⑪【税引前当期純利益】は1,960万円となっています。

　⑪税引前当期純利益から⑫法人税等500万円を差し引いたものが第 5 段階目の利益⑬【当期純利益】で，1,460万円となっています。

　このように，利益を各段階に区分して把握することによって，会社の経営成績が理解しやすくなっています。

(2)　資金繰り表は 3 つの収支に区分する

　図表 A－10をご覧ください。

　資金繰り表には決められた書式はありませんが，下記の 3 つの収支に区分するのが一般的です。

　①経常収支
　②経常外収支
　③財務収支

　損益計算書の経常利益は正常な収益力を表しています。この経常利益に対応する資金の収入と支出が経常収支です。

　経常外収支は非経常的に発生する資金の収入と支出のうち，財務収支以外のものです。収入としては固定資産売却収入・有価証券売却収入など，支出としては固定資産購入支出・有価証券購入支出・決算関係支出などがあります。

図表 A−10

資金繰り表
（自X0年4月 至X1年3月）

（単位 万円）

		期首	4月	5月	6月	7月	8月	9月	10月	11月	12月	1月	2月	3月	合計
売　　　　上　　　　高			100	90	80	110	120	90	130	70	80	100	110	120	1,200
仕　入　・　外　注　費			60	54	48	66	72	54	78	42	48	60	66	72	720
諸　　　経　　　費			30	30	30	35	30	30	30	30	35	30	30	30	370
前　月　繰　越　現　金　(A)			100	175	160	85	81	78	87	100	101	113	106	103	
経常収入	現　金　売　上		0	0	0	0	0	0	0	0	0	0	0	0	0
	売上代金　売掛金現金回収（手形回収）		60	70	100	90	80	110	120	90	130	70	80	100	1,100
	手形期日落														0
	手形決済（割引手形落込）														0
	そ　の　他　経　収　入														0
	収　入　合　計　(B)		60	70	100	90	80	110	120	90	130	70	80	100	1,100
経常支出	現　金　仕　入		0	0	0	0	0	0	0	0	0	0	0	0	0
	仕入代金　買掛金現金支払（手形支払）		40	50	60	54	48	66	72	54	78	42	48	60	672
	手形決済														0
	賃　金　給　与		10	10	10	15	10	10	10	10	15	10	10	10	130
	そ　の　他　経　費		20	20	20	20	20	20	20	20	20	20	20	20	240
	支払利息・割引料														
	支　出　合　計　(C)		70	80	90	89	78	96	102	84	113	72	78	90	1,042
差　引　過　不　足　(D=B-C)			−10	−10	10	1	2	14	18	6	17	−2	2	10	58
経常外収入	固定資産等売却収入														0
	収　入　合　計　(E)		0	0	0	0	0	0	0	0	0	0	0	0	0
経常外支出	税金・役員賞与配当				80										80
	固定資産等購入支払（除く支手）														0
	（固定資産等手形支払）														0
	固　定　資　産　等　購　入														0
	支　出　合　計　(F)		0	0	80	0	0	0	0	0	0	0	0	0	80
差　引　過　不　足　(G=E-F)			0	0	−80	0	0	0	0	0	0	0	0	0	−80
財務収入	長　期　借　入　金　調　達		90												90
	短　期　借　入　金　調　達														0
	定　期　性　預　金　取り崩し														0
	増　　　　　　資														0
	収　入　合　計　(H)		90	0	0	0	0	0	0	0	0	0	0	0	90
財務支出	長　期　借　入　金　返　済		5	5	5	5	5	5	5	5	5	5	5	5	60
	短　期　借　入　金　返　済														0
	定　期　性　預　金　預け入れ														0
	支　出　合　計　(I)		5	5	5	5	5	5	5	5	5	5	5	5	60
差　引　過　不　足　(J=H-I)			85	−5	−5	−5	−5	−5	−5	−5	−5	−5	−5	−5	30
翌　月　繰　越　現　金　(A+D+G+J)		100	175	160	85	81	78	87	100	101	113	106	103	108	

　財務収支は非経常的に発生する財務関連の資金の収入と支出です。収入として
は借入金・増資・社債など，支出としては借入金元金返済・減資・社債償還など
があります。

　資金繰り表では，上記3つの収支ごとに資金の収入・支出を区分表示します。
期首（月初）の資金に期中（月中）の増減を加減算して，期末（月末）の資金を
表示します。

　図表A−10の取引条件は，売掛金は2ヵ月後に入金，買掛金は2ヵ月後に支払
い，諸経費は発生月に支払う設定になっています。

　4月を見てみましょう。

①経常収支（売掛金2ヵ月後入金，買掛金2ヵ月後支払い，諸経費発生月支払い）

　4月の売上高100万円は2ヵ月後，資金繰り表の6月に売掛金現金回収100万円
となっています。4月の仕入高・外注費60万円は2ヵ月後，資金繰り表の6月に
買掛金現金支払60万円の支出となっています。6月の諸経費30万円は資金繰り表
の同月に30万円（賃金給与10万円とその他経費20万円）の支出となっています。
その結果，6月の経常収支の過不足は10万円のプラスでした。

16

②経常外収支

　6月の税金等は80万円の支出となっています。経常外収支はこれだけですので，6月の経常外収支の過不足は80万円のマイナスでした。

③財務収支

　4月に長期借入金調達の収入90万円があります。

　6月の長期借入金の返済額は5万円の支出となっています。この結果，6月の財務収支の過不足は5万円のマイナスでした。

　整理すると，

　①経常収支の過不足はプラス10万円

　②経常外収支の過不足はマイナス80万円

　③財務収支の過不足はマイナス5万円

　$10-80-5=-75$で，6月の資金はマイナス75万円です。この金額に前月の5月の繰越現金160万円を加えると，翌7月への繰越現金は85万円となります。

　経常収支の過不足は，原則としてプラスになります。ここには会社の経常活動の成果として発生する資金の「入りと出」の結果が表示されています。健全な状態の会社なら，この過不足はプラスとなるはずです。

　経常外収支の計算結果は，原則としてマイナスになります。なぜなら，会社が継続的に利益を追求するためには，設備投資の支出などへの投資や税金等の支払いは必須で，結果的に収入より支出の方が多くなるからです。

　財務収支は，営業活動と投資活動を維持するために必要だった収入・支出の程度を表していますので，この計算結果についてはプラス・マイナスの原則的な見方はありません。

　図表A−11をご覧ください。

　A社，B社，C社とも，現金の期首および期末残高，増加額はそれぞれ同額です。

　A社は

　・経常収支の過不足：原則どおり，プラス100,000円

　・経常外収支の過不足：原則どおり，マイナス80,000円

　B社は

　・経常収支の過不足：原則どおり，プラス50,000円

　・経常外収支の過不足：原則に反して，プラス20,000円

　B社は，経常収支の過不足50,000円だけでは財務収支▲60,000円を補うことが

図表 A-11

X0年4月1日 ～ X1年3月31日 （単位：円）

	A 社	B 社	C 社
Ⅰ 経常収支	100,000	50,000	▲60,000
Ⅱ 経常外収支	▲80,000	20,000	40,000
Ⅲ 財務収支	▲10,000	▲60,000	30,000
Ⅳ 現金の増加額	10,000	10,000	10,000
Ⅴ 現金の期首残高	5,000	5,000	5,000
Ⅵ 現金の期末残高	15,000	15,000	15,000

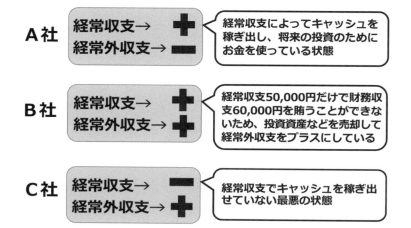

出来ないため，投資資産などを売却して，経常外収支の過不足をプラス20,000円にしていると考えられます。

　C社は経常収支の過不足が▲60,000円ですから，例外的な状態と言えます。ただし，経常収支のマイナスが一過性のものなら問題とはなりません。たとえば決算日が土曜・日曜・祭日で，売掛金が入金されず，翌月（＝翌期）入金となるケースが考えられます。この場合，経常収支はマイナスとなっていますが，一過性の状態なので問題はありません。

　上記の例外的な状態は，取引条件の変更や季節的な変動などによって発生することもあります。そのようなケースも，一過性のものなら問題はないと言えます。

　では，経常収支の過不足は，どの程度プラスにしておく必要があるでしょうか。その答えは支払能力に余裕があることです。つまり，経常外収支に記載されている税金・未払金などや財務収支に記載されている銀行などへの支払額・返済額以上となっていれば問題ありません。

図表 A−12

(3)　貸借対照表の左右の因果関係

図表 A−12 をご覧ください。

貸借対照表の右側の項目は資金の調達，左側は資金の運用を表しています。右側で調達された資金が左側で運用される関係になっています。

1,000万円の借入金で1,000万円の機械を購入したとき，貸借対照表はこの図のようになります。

左側の項目は機械1,000万円，右側の項目は借入金1,000万円です。左側の項目の機械1,000万円は，右側の項目の借入金1,000万円で調達されています。あるいは，調達された右側の項目の借入金1,000万円は，機械1,000万円として運用されているとも言えます。

このように，貸借対照表の左側の項目と右側の項目には因果関係があります。

もう少し見てみましょう。

図表 A−13 をご覧ください。

営業活動を行うには，運転資金のほか，販売するための商品，商品を製造するための機械，商品を配達するための車両など様々なものが必要になります。これらを，

運転資金…400万円

商品…300万円

車両…300万円

機械…50万円

とすれば，図の運用欄のようになります。400万円＋300万円＋300万円＋50万円＝1,050万円に対して資本金の500万円だけでは資金が足りません。

では，足りない資金をどのように調達したのでしょうか。調達欄を見てくださ

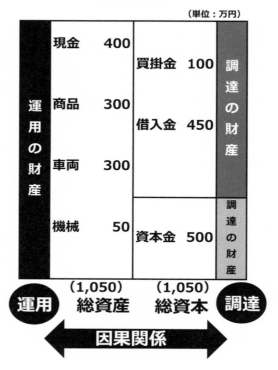

図表Ａ－13
貸借対照表（バランスシート）

Ｘ１年３月３１日

（単位：万円）

運用の財産			調達の財産	
現金	400	買掛金	100	調達の財産
商品	300	借入金	450	
車両	300			
機械	50	資本金	500	調達の財産

運用 （1,050）総資産　（1,050）総資本 **調達**

因果関係

い。資本金500万円のほかに，買掛金100万円と借入金450万円が表示されています。つまり，資本金だけでは足りない分を，買掛金と借入金で調達しているのです。

　左側の項目の合計1,050万円を総資産，右側の項目の合計1,050万円を総資本といいます。総資産と総資本の金額は常に一致し，バランスが取れています。このことから，貸借対照表はバランスシートとも言われています。

　図表Ａ－14をご覧ください。

　運用欄・調達欄ともそれぞれ大きく３つに区分しています。運用欄は，「流動資産」・「固定資産」・「繰延資産」の３つ，調達欄は「流動負債」・「固定負債」・「純資産」の３つです。さらに，固定資産は「有形固定資産」・「無形固定資産」・「投資その他の資産」に分けられます。

　貸借対照表の勘定科目を見ると，損益に関連するものとそうでないものが混在しています。たとえば流動資産にある売掛金は売上高と関連があります。流動負

図表 A−14

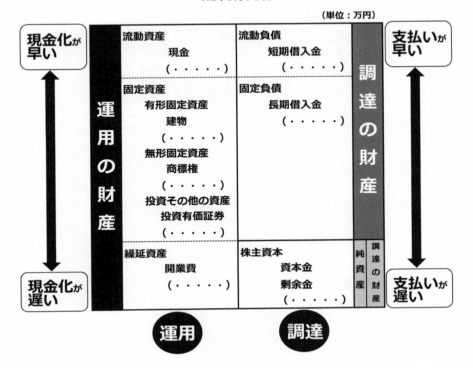

貸借対照表（バランスシート）

X2年3月31日

（単位：万円）

債にある買掛金は仕入高と関連があります。一方，固定資産の購入には損益は全く関連がありません。流動負債・固定負債にある借入金・未払金などは損益と関連の無いものがあります。純資産にある資本金は損益とは全く関連がありません。

　このように，損益と関連の無い科目は利益計画には反映されませんが，資金に関連するものがあります。これらの収支は資金繰り表の経常外収支・財務収支として入力することになりますので，事前に確認しておく必要があります。代表的なものを以下に挙げておきます。

　流動資産：定期預金積金，未収金，仮払金，前渡金など。

　固定資産：機械，建物，構築物，工具器具備品，土地，保証金，保険積立金など。

　流動負債：未払金，仮受金，前受金，短期借入金など。

　固定負債：長期未払金，営業外支払手形，長期借入金など。

　純資産：資本金

第3章

利益計画・資金計画策定の流れと体系図

1 利益計画・資金計画策定の流れ

利益計画・資金計画はおおむね，以下の流れで作成します。

(1) 現状分析をする
(2) 一般経済の情勢や業界動向などを考慮する
(3) 目標経常利益（率）を決める
(4) 売上高・売上原価・販売費及び一般管理費の管理方針を決定する
(5) 年間利益計画を月次利益計画に配分する
(6) 月次利益計画から月次資金計画（資金繰り表）を作成する
(7) 経常損益に関わるもの以外の資金の「入」と「出」を入力する

2 利益計画・資金計画の体系図イメージ

利益計画・資金計画の体系図イメージは以下のようになります。
図表B－1（体系図イメージ）をご覧ください。

1 直近の決算書の損益計算書，販売費及び一般管理費内訳書，製造業の場合は製造原価明細書を用意してください。

2 この実績データの各費用を変動費と固定費に分解（費用分解といいます）し，「費用分解シート」の実績欄に入力します。この操作で現状の損益分岐点等を把握します。

3 費用分解した実績データを基に，一般経済の情勢や業界動向などを考慮し「費

図表 B－1

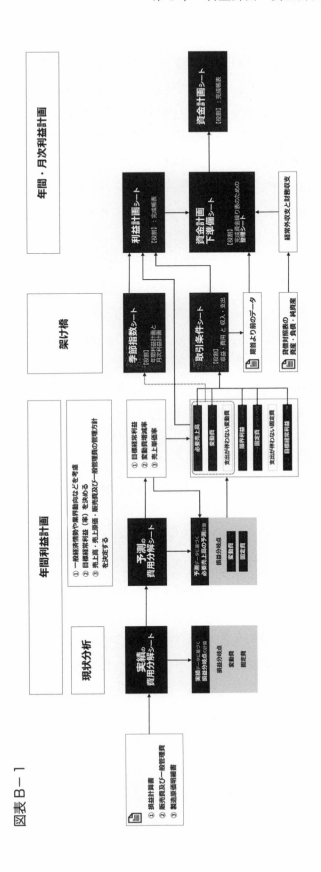

用分解シート」の予測欄で固定費の予測金額を練り上げます。変動費は実績の金額をそのまま使用します。変動費や売上単価を変更したい場合は，予測固定費が決まった後で，変動費・売価それぞれの増減率で変更します。大切なのは，目標経常利益を達成するための必要売上高をここで確定させることです。ここまで終了すれば「費用分解シート」は完了です。

あらかじめ実績と予測で使用する勘定科目を揃え，さらに，支出が伴うものと伴わないもの・消費税とそれ以外の租税公課等を区別しておくとスムーズに作業できます。

④　「費用分解シート」で入力した勘定科目の金額は集約され，「取引条件シート」に転記されます。変動費は売上高に比例しますので，目標経常利益を達成するには必要売上高に見合った変動費としなければなりません。そのため「予測データに基づく必要売上高の予測計算」の「必要売上高」に対応する変動費（および固定費）が「取引条件シート」に転記されるようになっています。この時，各内訳変動費（実績と予測は同額）の構成割合を「必要売上高」に対する変動費に掛けることによって，必要売上高に対する各内訳変動費の金額としています。

「取引条件シート」では収入が伴う売上高と支出が伴う変動費・固定費を対象に，売上高がいつ収入となり，変動費・固定費がいつ支出されるか，といった取引条件を設定してゆきます。

支出が伴わない変動費・固定費や，消費税のように費用にする金額と支出する金額が異なるものは，ここでは扱いません。

ここで設定する取引条件にしたがって，月次利益計画の収益・費用が月次資金計画の収入・支出に振り分けられます。

取引条件を設定するものの多くは，期首時点での残高を反映させるため期首から数カ月前までの発生額のデータが必要になります。

⑤　年間利益計画の売上高と変動費は，「季節指数シート」によって月次に配分されます。賞与以外の固定費は基本的に，定額で配分します。

年間利益計画の勘定科目・金額と月次利益計画の勘定科目・金額は「利益計画シート」に転記されます。

⑥　「取引条件シート」で設定した内容は月次利益計画の収益・費用の収入・支出への振り分けに使われますが，その結果はまず「資金計画下準備シート」に

24

反映されます。「資金計画下準備シート」では，貸借対照表の資産・負債・純資産のうち，経常損益に関係の無いものを「経常外収支」「財務収支」に入力します。この作業の結果，勘定科目を一部集約した「資金計画シート」が完成します。

3　利益計画・資金計画の流れと具体的体系図

図表B-2（具体的体系図）をご覧ください。

⑴　現状分析をする
〜「費用分解シート（実績）」で確認

　まずは，各費用を変動費と固定費に分解しながら入力し，収益と費用が等しく，経常利益が0となるときの売上高である損益分岐点を把握します。

　年間利益計画は直近の決算書の損益計算書，販売費及び一般管理費内訳書，製造業の場合は製造原価明細書のデータを「費用分解シート（実績）」の実績欄に入力して作成します。

　この欄と「費用分解シート（予測）」の予測欄で使う勘定科目を共通にしておくと，実績データと予測データを比較しやすくなります。

　変動費は実績と予測を同額としています。変動費に変更が必要なときは，「変動費増減率」で変動させるのが理論上のセオリーです。固定費は「費用分解シート（予測）」の予測金額がそのまま使われますが，変動費は売上高の増減に伴って変化しますので，予測の売上高に対応する変動費が利益計画に反映されます。この変動費の内訳科目の金額の確定には予測（＝実績）変動費の構成割合が用いられます。

　実績と予測で共通の勘定科目を使用する場合，収入・支出（以下，収支）が伴うものとそうでないものを分けておくと便利です。収支が伴わない変動費（たとえば期首・期末棚卸資産）・収支が伴わない固定費（たとえば減価償却費や各種繰入等・各種戻入（繰入等と相殺処理））・特定の月だけの収支に関係する固定費（たとえば賞与）などを抽出しておくと，後述する月次利益計画から月次資金計画へ移行するときに混乱することなく作業が進められます。

図表 B−2　利益計画・資金計画の流れと体系図

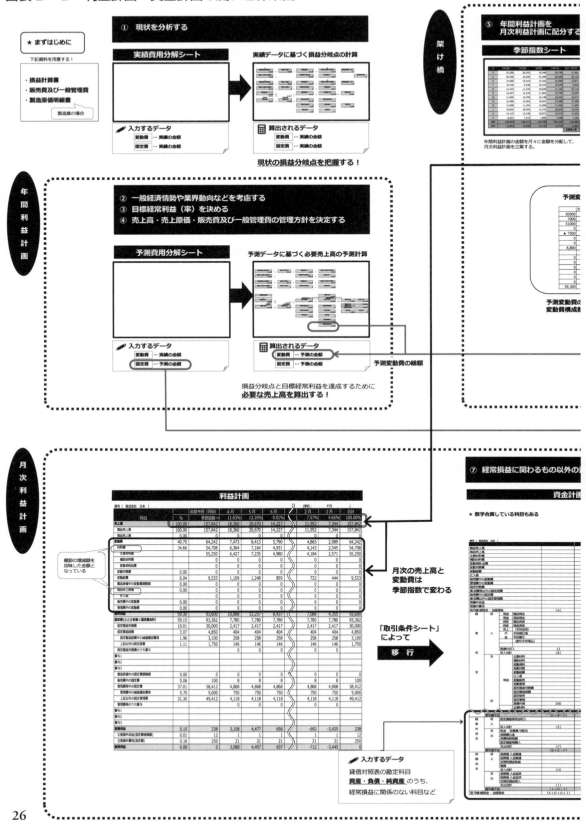

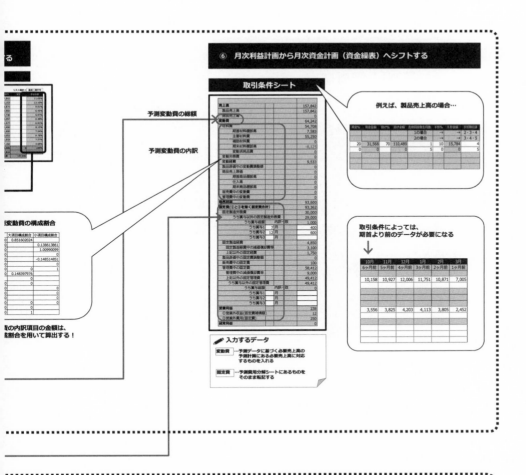

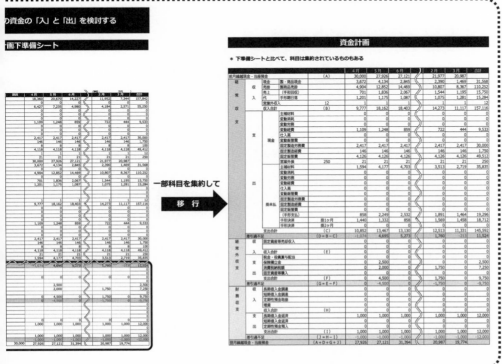

※この図表は全体的な流れを示すものです。細部については後に示す個別の図表をご覧ください。

(2) 一般経済の情勢や業界動向などを考慮する
～「費用分解シート（予測）」で確認

　一般経済の情勢や業界動向などを考慮し，実績と同額をベースとした予測の変動費と固定費を入力します。損益分岐点と目標経常利益を設定し，それを実現するために必要な売上高を算出します。この金額が実現可能かを検討し，実現不能なら予測固定費の金額・予測変動率の増減率・予測販売単価の増減率を設定し，実現可能な損益分岐点と必要売上高を算出します。この見直しを行う際には後述する「資金計画下準備シート」も参照し，資金の状況や資金の調達・運用の予定を考慮する必要があります。

(3) 目標経常利益（率）を決める
～「費用分解シート（予測）」で確認

　目標経常利益を決めます。

(4) 売上高・売上原価・販売費及び一般管理費の管理方針を決定
～「費用分解シート（予測）」で確認

　上記の過程で，各種費用は変動費と固定費に分解するにあたり，費用分解をどのようなルールで運用するか，方針を決める必要があります。損益分岐点や必要売上高が確定したら，次は年間利益計画を立案します。

(5) 年間利益計画を月次利益計画に配分
～「季節指数シート」で確認

　年間利益計画の金額を各月に配分して月次利益計画を立案する作業では，年間の売上高や変動費を各月に配分するときに「季節指数」というものを使うと合理的な配分が出来ます。年間の固定費は一部を除き，各月に定額を配分します。この過程を経て「利益計画シート」を作成します。

(6) 月次利益計画から月次資金計画（資金繰り表）を作成
～「取引条件シート」で確認

　取引条件を設定することにより，月次利益計画における収益・費用の発生と月次資金計画における収入・支出の発生タイミングのズレを把握することが可能に

なります。つまり，取引条件には月次利益計画の金額（収益と費用）と月次資金計画の金額（収入と支出）を確定するための，いわば架け橋としての役割があります。月次利益計画と取引条件を使って，月次資金計画を作成します。

　勘定科目や取引条件によっては，期首以前の月次データが必要となる場合がある点には注意が必要です。

(7)　経常損益に関わるもの以外の資金の「入」と「出」を入力
〜「資金計画下準備シート」で確認

　月次利益計画の金額の収益・費用を収入・支出に並べ替えて作成されます。

　ここでは，貸借対照表の資産・負債・純資産のうち経常損益に関係のない収入・支出を「経常外収支」・「財務収支」に入力します。

　経常外収支の例としては，固定資産売却収入・購入支出や保険積立金収入・支出，経常損益に関係のない未収金や仮払金・前渡金の支出，前受金・仮受金や未払金・税金関連支出などがあります。

　財務収支の例としては，流動負債の短期借入金，固定負債の長期借入金や長期未払金の調達・返済があります。純資産では，増資収入や減資支出などがあります。

　銀行から借入をすれば，支払利息が発生します。当初作成した年間利益計画でこの支払利息を考慮していなければ，「費用分解シート（予測）」に戻り，支払利息を追加します。

　このように「資金計画下準備シート」を作成するうえで，経常損益に影響する内容が発生すれば「費用分解シート（予測）」に戻って再計算することになります。利益計画と資金計画を交互に確認し，新たな費用や支出によって当初の計画の通りにいかないことが分かれば再度，計画の見直しを行い完成度を上げてゆきます。

　このような過程を経て，「資金計画下準備シート」から「資金計画シート」に移行します。

第4章

損益分岐点について

　損益分岐点とは，収益と費用が等しく，経常利益が0となるときの売上高を指します。損益分岐点を求めるためには，まず，経常的な費用を変動費と固定費に分解します。

1　固定費・変動費とは

　図表C−1をご覧ください。

　固定費と変動費の区分では，売上高・生産高との比例関係が成立するかに注目します。固定費は売上高・生産高との比例関係がありませんので，売上高や生産高の増減に関係なく発生します。端的に言えば，売上高が0でも発生するのが固定費です。固定給や減価償却費，保険料，固定資産税などがそれにあたります。

　変動費は，売上高や生産高に比例して発生します。材料費・仕入高・外注加工費などがそれにあたります。

　変動費と固定費は経常的な費用が対象になりますので，売上高から変動費と固定費を差し引いた利益は経常利益となります。損益分岐点はこの経常利益が0になるときの売上高を意味します。特別損益を加味しない理由は，たとえば，固定資産売却損益・固定資産除却損などの特別に発生する収益・費用も対象に加えてしまうと，特別に発生する収益・費用がない年の損益分岐点との比較可能性が損なわれるからです。

(1)　費用の管理方針による変動費・固定費の区分

　すべての経常的な費用がスッキリと変動費と固定費に分解できれば良いのですが，中には，準変動費・準固定費というべきものもあり，全ての費用を迷うこと

30

図表 C－1

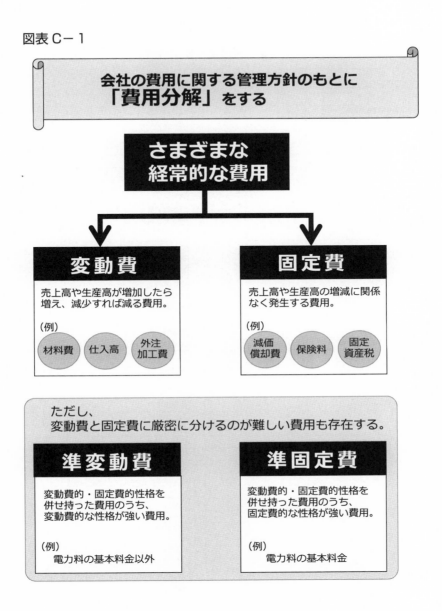

なく分解することは困難です。実務的には，実態を踏まえた費用分解のルールを定め，その方針の下に変動費と固定費に分解しています。

　準変動費とは，変動費的な性格と固定費的なものを併せもっている費用のうち，変動費的な性格が強い費用のことで，電力料のうち，基本料金以外の部分などです。準固定費とは変動費的な性格と固定費的なものを併せもっている費用のうち，固定費的な性格が強い費用のことで，電力料の基本料金などです。

図表C-2

勘定科目法の費用分解

		勘定科目	固定	変動	固定費（円）	変動費（円）
売上原価	総製造費用 — 材料費	期首材料棚卸高		○		
		主要材料費		○		
		補助材料費		○		
		期末材料棚卸高		○		
		消耗品費	○			
	労務費	賃金給料	○			
		雑給	○			
	経費	外注加工費		○		
		旅費交通費	○			
		通信費	○			
		交際費	○			
		減価償却費	○			
		賃借料	○			
		保険料	○			
		修繕費	○			
		水道光熱費	△	△		
		電力費	△	△		
		消耗品費	○			
		租税公課	○			
		運賃	△	△		
		雑費・その他	○			
	小計				a	b
	a＋bの合計 c					
	期首棚卸	製品	①			
		半製品	②			
		仕掛品	③			
	期末棚卸	製品	④			
		半製品	⑤			
		仕掛品	⑥			
	製品売上原価計 d					
	期首商品棚卸高	⑦				
	仕入高	⑧				
	期末商品棚卸高	⑨				
	商品売上原価計 e					
	売上原価計 f＝d＋e					

	勘定科目	固定	変動	固定費（円）	変動費（円）
販売費	販売員給与	○			
	運賃		○		
	広告宣伝費	○			
	支払手数料		○		
	貸倒損失	○			
	雑費	○			
管理費	役員報酬	○			
	給与手当	○			
	雑給	○			
	賞与	○			
	法定福利費	○			
	福利厚生費	○			
		○			
	外注費		○		
	旅費交通費	○			
	通信費	○			
	交際費	○			
	減価償却費	○			
	賃借料	○			
	保険料	○			
	修繕費	○			
	水道光熱費	○			
	燃料費	○			
	消耗品費	○			
	租税公課	○			
	荷造包装費	○			
	事務用品費	○			
	諸会費	○			
	新聞図書費	○			
	雑費・その他	○			
営業外費用	支払利息割引料	○			
営業外収益	受取利息	●			
	受取配当金	●			
	雑収入	●			
	合計			g	h

△はどちらにも該当する費用
●は固定費から差し引く収益

製品売上原価計 d＝c＋（①＋②＋③）－（④＋⑤＋⑥）
商品売上原価計 e＝⑦＋⑧－⑨
売上原価計 f＝製品売上原価計 d＋商品売上原価計 e

固定費合計＝製品売上原価中の固定費（＊1）＋販売費及び一般管理費の固定費 g
　＊1　製品売上原価中の固定費＝総製造費用の固定費 a×製品売上原価 d÷総製造費用 c

変動費合計＝製品売上原価中の変動費（＊2）＋商品売上原価計 e＋販売費及び一般管理費の変動費 h
　＊2　製品売上原価中の変動費＝総製造費用の変動費 b×製品売上原価 d÷総製造費用 c

$$損益分岐点売上高＝固定費合計÷\left(1－\frac{変動費合計}{売上高}\right)$$

(2)　費用分解の方法

　費用分解の方法には勘定科目法（個別費用法）・総費用法（変動費率法）・スキャッターグラフ法（散布図表法）・最小自乗法などがあります。実務では，経営環境に変化がある場合でも比較的正確な数値を得られやすく，本書でも採用している勘定科目法を採用することが多いようです。

　勘定科目法の費用分解は一般に，図表C－2の書式が使われます。

(3)　営業外収益の取り扱い

　固定費とは減価償却費・保険料・固定資産税のようなもので，売上高や生産高の増減とは無関係にかかる費用です。収益の中にも，売上高や生産高の増減と比例しないものが，「営業外収益」の中にあります。営業外収益は，本業に付随する営業活動から生まれる収益で，受取利息・受取配当金・有価証券の売却益・為替差益などがあります。

　営業外収益のうち経常的に発生するものは，固定費の控除項目として取り扱うのが一般的です。

(4)　製造業の売上原価には変動費と固定費が混在する

　商業を営む会社の売上原価や製造業の材料費原価がすべて変動費と区分されることに疑問の余地はありません。

　問題は，製造業の売上原価です。製造業の売上原価の中には，材料費等のように売上高の増減に比例する変動費だけでなく，売上高とは無関係にかかる工場従業員の給与や工場の地代等の固定費が含まれています。そのため，変動費と固定費の費用分解が必要となります。

　当期製品製造原価は以下の式のように，当期総製造費用に期首の半製品棚卸高・仕掛品棚卸高と期末の半製品棚卸高・仕掛品棚卸高を加減して求め，売上原価は，当期製品製造原価に期首製品棚卸高と期末製品棚卸高を加減して求めます。

- ・当期製品製造原価＝当期総製造費用＋期首の半製品棚卸高・仕掛品棚卸高－期末の半製品棚卸高・仕掛品棚卸高
- ・売上原価＝当期製品製造原価＋期首製品棚卸高－期末製品棚卸高

　この期首の半製品棚卸高・仕掛品棚卸高と期末の半製品棚卸高・仕掛品棚卸高，そして期首製品棚卸高と期末製品棚卸高には変動費と固定費が混在しています。

これは，下記のように分解するのが妥当と考えます。厳密にいえば，この方法に絶対的な正確性があるとは言い難いのですが，正確性にこだわるよりは大局的に現状を把握することに意識を向けるべきです。

総製造費用の固定費×製品売上原価÷総製造費用

＝製品売上原価中の固定費

総製造費用の変動費×製品売上原価÷総製造費用

＝製品売上原価中の変動費

あるいは

製品売上原価×総製造費用の固定費÷総製造費用

＝製品売上原価中の固定費

製品売上原価×総製造費用の変動費÷総製造費用

＝製品売上原価中の変動費

図表C－3（期首棚卸高＞期末棚卸高）をご覧ください。

棚卸資産の金額は以下のとおりです。

期首

製品棚卸高200円・半製品棚卸高100円・仕掛品棚卸高80円

期末

製品棚卸高80円・半製品棚卸高60円・仕掛品棚卸高40円

総製造費用2,000円

図表C－3

期首棚卸高＞期末棚卸高

| 固定費a | 1,400円、 | 変動費b | 600円、 | 総製造費用c | 2,000円 |

棚卸資産	期首	製品	①		200
		半製品	②		100
		仕掛品	③		80
	期末	製品	④		80
		半製品	⑤		60
		仕掛品	⑥		40
製品売上原価計d					2,200

この時，製品売上原価2,200円は以下のように計算できます。

製品売上原価2,200円＝期首棚卸高380円＋総製造費用2,000円－期末棚卸高180円

総製造費用2,000円を固定費 a 1,400円と変動費 b 600円に分解し，それぞれに製品売上原価 d 2,200円と総製造費用 c 2,000円の割合を乗じて製品売上原価を費用分解します。

図表C－4のように費用分解すると，製品売上原価中の固定費と変動費を算出できます。

製品売上原価中の固定費は，総製造費用の固定費 a 1,400円×製品売上原価 d 2,200円÷総製造費用 c 2,000円＝1,540円となります。

製品売上原価中の変動費は，総製造費用の変動費 b 600円×製品売上原価 d 2,200円÷総製造費用 c 2,000円＝660円となります。

製品売上原価中の固定費1,540円と製品売上原価中の変動費660円の合計は，製品売上原価2,200円です。

この製品売上原価2,200円中の固定費は以下の算式でも算出できます。

【期首棚卸高380円＋総製造費用2,000円－期末棚卸高180円】×総製造費用の固定費1,400円÷総製造費用2,000円

＝製品売上原価2,200円×総製造費用の固定費1,400円÷総製造費用2,000円

図表C－5はこの算式を展開したものです。期首棚卸高が期末棚卸高より多い場合には，総製造費用の固定費1,400円に差引期首棚卸高の固定費140円（固定費調整額）を加算した金額1,540円が当期の固定費となります。

図表C－4
期首＞期末

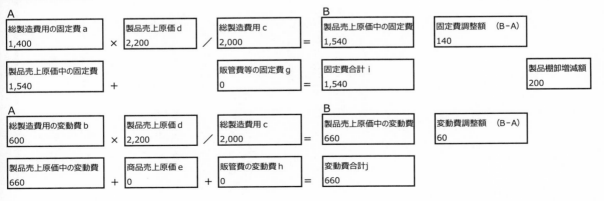

製品売上原価の費用分解　《期首棚卸高＞期末棚卸高》

固定費

【期首棚卸高380円＋総製造費用2,000円－期末棚卸高180円】＝製品売上原価2,200円

＝【期首棚卸高380円＋総製造費用2,000円×総製造費用の固定費1,400円÷総製造費用2,000円－期末棚卸高180円】×総製造費用の固定費1,400円÷総製造費用2,000円＝製品売上原価2,200円×総製造費用の固定費1,400円÷総製造費用2,000円

＝【期首棚卸高380円×0.7＋総製造費用2,000円×0.7－期末棚卸高180円×0.7】＝製品売上原価2,200円×0.7

＝【期首棚卸高266円＋総製造費用の固定費1,400円－期末棚卸高126円】＝製品売上原価中の固定費1,540円

＝【総製造費用の固定費1,400円＋差引期首棚卸高の固定費140円】＝製品売上原価中の固定費1,540円

つまり、期首棚卸高が期末棚卸高より多い場合には、総製造費用の固定費1,400円に差引期首棚卸高の固定費140円を加算した金額1,540円が当期の固定費となる

変動費

【期首棚卸高380円＋総製造費用2,000円－期末棚卸高180円】＝製品売上原価2,200円

＝【期首棚卸高380円＋総製造費用2,000円×総製造費用の変動費600円÷総製造費用2,000円－期末棚卸高180円】×総製造費用の変動費600円÷総製造費用2,000円＝製品売上原価2,200円×総製造費用の変動費600円÷総製造費用2,000円

＝【期首棚卸高380円×0.3＋総製造費用2,000円×0.3－期末棚卸高180円×0.3】＝製品売上原価2,200円×0.3

＝【期首棚卸高114円＋総製造費用の変動費600円－期末棚卸高54円】＝製品売上原価中の変動費660円

＝【総製造費用の変動費600円＋差引期首棚卸高の変動費60円】＝製品売上原価中の変動費660円

つまり、期首棚卸高が期末棚卸高より多い場合には、総製造費用の変動費600円に差引期首棚卸高の変動費60円を加算した金額660円が当期の変動費となる

一方，この製品売上原価2,200円中の変動費は以下の式でも算出できます。

【期首棚卸高380円＋総製造費用2,000円－期末棚卸高180円】×総製造費用の変動費600円÷総製造費用2,000円

＝製品売上原価2,200円×総製造費用の変動費600円÷総製造費用2,000円

前掲の図表C－5はこの算式を展開したものです。期首棚卸高が期末棚卸高より多い場合には，総製造費用の変動費600円に差引期首棚卸高の変動費60円（変動費調整額）を加算した金額660円が当期の変動費となります。上記の「調整額」は前掲図表C－4に表示されています。

図表C－6（期首棚卸高＜期末棚卸高）をご覧ください。

棚卸資産の金額は以下のとおりです。

期首

製品棚卸高80円・半製品棚卸高60円・仕掛品棚卸高40円

期末

製品棚卸高200円・半製品棚卸高100円・仕掛品棚卸高80円

総製造費用2,000円

この時，製品売上原価1,800円は以下のように計算できます。

製品売上原価1,800円＝期首棚卸高180円＋総製造費用2,000円－期末棚卸高380円

図表C－6

期首棚卸高＜期末棚卸高

固定費a	1,400円、	変動費b	600円、	総製造費用c	2,000円

棚卸資産	期首	製品	①		80
		半製品	②		60
		仕掛品	③		40
	期末	製品	④		200
		半製品	⑤		100
		仕掛品	⑥		80
製品売上原価計 d					1,800

図表C－7
期首＜期末

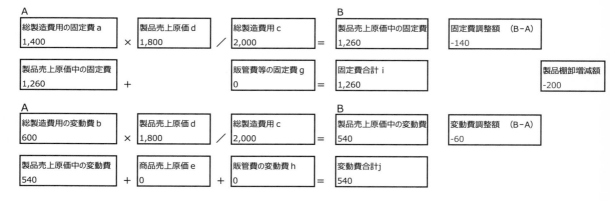

　総製造費用を固定費 a 1,400円と変動費 b 600円に分解し，それぞれに製品売上原価 d 1,800円と総製造費用 c 2,000円の割合を乗じて製品売上原価を費用分解します。

　図表C－7のように費用分解すると，製品売上原価中の変動費と固定費を算出できます。

　製品売上原価中の固定費は，総製造費用の固定費 a 1,400円×製品売上原価 d 1,800円÷総製造費用 c 2,000円＝1,260円となります。

　製品売上原価中の変動費は，総製造費用の変動費 b 600円×製品売上原価 d 1,800円÷総製造費用 c 2,000円＝540円となります。

　製品売上原価中の固定費1,260円と製品売上原価中の変動費540円の合計は，製品売上原価1,800円です。

　この製品売上原価1,800円中の固定費は以下の式でも算出できます。

　【期首棚卸高180円＋総製造費用2,000円－期末棚卸高380円】×総製造費用の固定費1,400円÷総製造費用2,000円

　＝製品売上原価1,800円×総製造費用の固定費1,400円÷総製造費用2,000円

　図表C－8はこの算式を展開したものです。期首棚卸高が期末棚卸高より少ない場合には，総製造費用の固定費1,400円から差引期末棚卸高の固定費140円（固定費調整額）を減算した金額1,260円が当期の固定費となります。

　一方，この製品売上原価1,800円中の変動費は以下の算式でも算出できます。

　【期首棚卸高180円＋総製造費用2,000円－期末棚卸高380円】×総製造費用の変動

図表 C－8

製品売上原価の費用分解　《期首棚卸高 < 期末棚卸高》

固定費

期首棚卸高180円＋総製造費用2,000円－期末棚卸高380円＝製品売上原価1,800円

＝【期首棚卸高180円＋総製造費用2,000円－期末棚卸高380円】×総製造費用の固定費1,400円÷総製造費用2,000円＝製品売上原価1,800円×総製造費用の固定費1,400円÷総製造費用2,000円

＝【期首棚卸高180円＋総製造費用2,000円－期末棚卸高380円】×0.7＝製品売上原価1,800円×0.7

＝【期首棚卸高180円×0.7＋総製造費用2,000円×0.7－期末棚卸高380円×0.7】＝製品売上原価1,800円×0.7

＝【期首棚卸高の固定費126円＋総製造費用の固定費1,400円－期末棚卸高の固定費266円】＝製品売上原価中の固定費1,260円

＝【総製造費用の固定費1,400円－差引期末棚卸高の固定費140円】＝製品売上原価中の固定費1,260円

つまり、期首棚卸高が期末棚卸高よりも少ない場合には、総製造費用の固定費1,400円から差引期末棚卸高の固定費140円を減算した金額1,260円が当期の固定費となる

変動費

期首棚卸高180円＋総製造費用2,000円－期末棚卸高380円＝製品売上原価1,800円

＝【期首棚卸高180円＋総製造費用2,000円－期末棚卸高380円】×総製造費用の変動費600円÷総製造費用2,000円＝製品売上原価1,800円×総製造費用の変動費600円÷総製造費用2,000円

＝【期首棚卸高180円＋総製造費用2,000円－期末棚卸高380円】×0.3＝製品売上原価1,800円×0.3

＝【期首棚卸高180円×0.3＋総製造費用2,000円×0.3－期末棚卸高380円×0.3】＝製品売上原価1,800円×0.3

＝【期首棚卸高の変動費54円＋総製造費用の変動費600円－期末棚卸高の変動費114円】＝製品売上原価中の変動費540円

＝【総製造費用の変動費600円－差引期末棚卸高の変動費60円】＝製品売上原価中の変動費540円

つまり、期首棚卸高が期末棚卸高よりも少ない場合には、総製造費用の変動費600円から差引期末棚卸高の変動費60円を減算した金額540円が当期の変動費となる

費600円÷総製造費用2,000円＝製品売上原価1,800円×総製造費用の変動費600円÷総製造費用2,000円

　図表C－8はこの算式を展開したものです。期首棚卸高が期末棚卸高より少ない場合には，総製造費用の変動費600円から差引期末棚卸高の変動費60円（変動費調整額）を減算した金額540円が当期の変動費となります。上記の「調整額」は前掲図表C－7に表示されています。

　図表C－9（期首棚卸高＝期末棚卸高）をご覧ください。

　棚卸資産の金額は以下のとおりです。

　期首

　製品棚卸高200円・半製品棚卸高100円・仕掛品棚卸高80円

　期末

　製品棚卸高200円・半製品棚卸高100円・仕掛品棚卸高80円

　総製造費用2,000円

　この時，製品売上原価2,000円は以下のように計算できます。

　製品売上原価2,000円＝期首棚卸高380円＋総製造費用2,000円－期末棚卸高380円

　総製造費用を固定費 a 1,400円と変動費 b 600円に分解し，それぞれに製品売上原価 d 2,000円と当期総製造費用 c 2,000円の割合を乗じて製品売上原価を費用分解します。

図表C－9

期首棚卸高＝期末棚卸高

固定費 a	1,400円、	変動費 b	600円、	総製造費用c	2,000円

棚卸資産		期首	製品	①			200
			半製品	②			100
			仕掛品	③			80
		期末	製品	④			200
			半製品	⑤			100
			仕掛品	⑥			80
製品売上原価計 d							2,000

図表C-10
期首＝期末

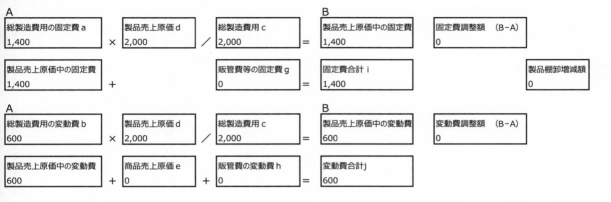

図表C-10のように費用分解すると，変動費と固定費を算出できます。

製品売上原価中の固定費は，総製造費用の固定費a 1,400円×製品売上原価d 2,000円÷総製造費用c 2,000円＝1,400円となります。

製品売上原価中の変動費は，総製造費用の変動費b 600円×製品売上原価d 2,000円÷総製造費用c 2,000円＝600円となります。

製品売上原価中の固定費1,400円と製品売上原価中の変動費600円の合計は2,000円です。

この製品売上原価2,000円中の固定費は以下の式でも算出できます。

【期首棚卸高380円＋総製造費用2,000円－期末棚卸高380円】×総製造費用の固定費1,400円÷総製造費用2,000円

＝製品売上原価2,000円×総製造費用の固定費1,400円÷総製造費用2,000円

図表C-11はこの算式を展開したものです。期首棚卸高と期末棚卸高が等しい場合には，総製造費用の固定費1,400円が当期の固定費となります。

一方，この製品売上原価2,000円中の変動費は以下の算式でも算出できます。

【期首棚卸高380円＋総製造費用2,000円－期末棚卸高380円】×総製造費用の変動費600円÷総製造費用2,000円

＝製品売上原価2,000円×総製造費用の変動費600円÷総製造費用2,000円

前掲図表C-11はこの算式を展開したものです。期首棚卸高と期末棚卸高が等しい場合には，総製造費用の変動費600円が当期の変動費となります。このように期首棚卸高＝期末棚卸高の場合は「調整額」は発生しません。ですから，上記の「調整額」は前掲図表C-10には表示されていません。

製品売上原価の費用分解 《期首棚卸高＝期末棚卸高》

固定費

期首棚卸高380円＋総製造費用2,000円－期末棚卸高380円＝製品売上原価2,000円

【期首棚卸高380円＋総製造費用2,000円－期末棚卸高380円】×総製造費用の固定費1,400円÷総製造費用2,000円＝製品売上原価2,000円×総製造費用の固定費1,400円÷総製造費用2,000円

＝【期首棚卸高380円×0.7＋総製造費用2,000円×0.7－期末棚卸高380円×0.7】＝製品売上原価2,000円×0.7

＝【期首棚卸高266円＋総製造費用の固定費1,400円－期末棚卸高の固定費266円】＝製品売上原価中の固定費1,400円

＝【総製造費用の固定費1,400円＋差引0円】＝製品売上原価中の固定費1,400円

つまり、期首棚卸高と期末棚卸高が等しい場合には、総製造費用の固定費1,400円が当期の固定費となる

変動費

期首棚卸高380円＋総製造費用2,000円－期末棚卸高380円＝製品売上原価2,000円

【期首棚卸高380円＋総製造費用2,000円－期末棚卸高380円】×総製造費用の変動費600円÷総製造費用2,000円＝製品売上原価2,000円×総製造費用の変動費600円÷総製造費用2,000円

＝【期首棚卸高380円×0.3＋総製造費用2,000円×0.3－期末棚卸高380円×0.3】＝製品売上原価2,000円×0.3

＝【期首棚卸高114円＋総製造費用の変動費600円－期末棚卸高の変動費114円】＝製品売上原価中の変動費600円

＝【総製造費用の変動費600円＋差引0円】＝製品売上原価中の変動費600円

つまり、期首棚卸高と期末棚卸高が等しい場合には、総製造費用の変動費600円が当期の変動費となる

図表C-12

単位：	（円）	（%）		
A　実績の売上高	100	100		
B　変動費	60	60	変動費率	B/A
C　限界利益(A-B)	40	40	限界利益率	C/A
D　固定費	30	30	固定費率	D/A
E　経常利益(C-D)	10	10	経常利益率	E/A
F　損益分岐点	75	75	損益分岐点比率	F/A
G　経営安全余裕額	25	25	経営安全余裕率	A-F

2　限界利益・限界利益率とは

図表C-12をご覧ください。

A実績の売上高からB変動費を引くと，C限界利益が算出されます。このC限界利益をA実績の売上高で割れば，限界利益率が算出されます。

設例では，A実績の売上高100円-B変動費60円=C限界利益40円です。この時の限界利益率は，C限界利益40円÷A実績の売上高100円=40%となります。

損益分岐点とは，前述したように，収益と費用が等しく経常利益が0となるときの売上高を指します。計算式は固定費÷限界利益率で，計算結果は小さい額となる方が，採算を取りやすくなります。

この設例を計算式にあてはめると，F損益分岐点は，D固定費30円÷限界利益率40%=75円となります。

3　収益上のゆとり（経営安全余裕率）をみよう

損益分岐点は固定費÷限界利益率で算出され，計算結果は小さい額となる方が良いのは前述のとおりです。

図表C-13をご覧ください。

前期と当期の実績の売上高が同じ場合，当期の損益分岐点が前期より小さければ，当期の方が利益の吸収効率は良かったと言えます。しかし，実績の売上高が毎年同額となることはありません。

図表C-14をご覧ください。

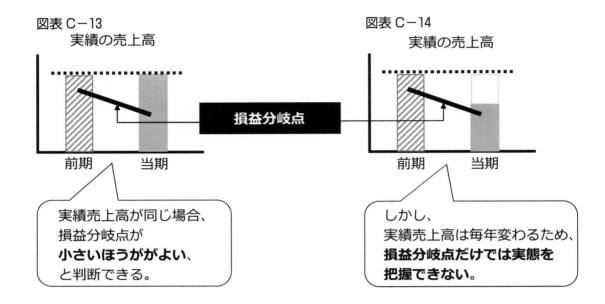

図表 C-13
実績の売上高

図表 C-14
実績の売上高

損益分岐点

前期　当期

前期　当期

実績売上高が同じ場合、
損益分岐点が
小さいほうががよい、
と判断できる。

しかし、
実績売上高は毎年変わるため、
**損益分岐点だけでは実態を
把握できない**。

　損益分岐点が前期よりも小さくなっていますが，実績の売上高も小さくなっています。その結果，損益分岐点は前期より相対的に上昇しています。つまり，単純に損益分岐点が小さくなるだけで良いとは言えず，売上高という実数に依存した分析だけでは実態を把握しきれないことが分かります。

　そこで，「比率分析」を行います。

　前掲図表 C-12をご覧ください。

　このような場合「経営安全余裕率」を用います。

　実績の売上高を100％とすれば，損益分岐点比率は75％の位置にあり，その差，すなわち「実績の売上高100％－損益分岐点比率75％」が「経営安全余裕率」25％となります。また「経営安全余裕額」は「実績の売上高100円－損益分岐点75円」で求められ，25円となります。

　よって，他の条件が変わらなければ，来年の売上高が25％（25円）下がっても損益は0で，マイナスにはなりません。

　この事例の経営安全余裕率25％に限界利益率40％を掛けると，10％になります。これは経常利益率で，経常利益10円÷売上高100円で求められます。実績の売上高を100％とすれば，損益分岐点は75％の位置にあることは前述しましたが，両者の差25％がそのまま経常利益率にはなりません。その理由は，この25％には変動費率60％が含まれていますので，実績の売上高100％から変動費率60％を差し

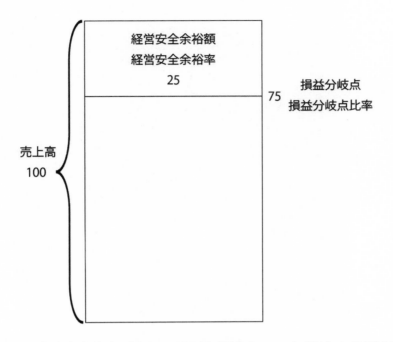

引いたうえで，経営安全余裕率25％に限界利益率40％を掛ける必要があるからです。

　同様に経営安全余裕額25円に限界利益率40％を掛けると，10円になります。これは経常利益です。実績の売上高は100円で，損益分岐点は75円となっていますが，両者の差25円がそのまま経常利益にはなりません。その理由は，25円にも変動費率60％が含まれていますので，実績の売上高100％から変動費率60％を差し引いたうえで，経営安全余裕額25円に限界利益率40％を掛ける必要があるからです。

　また経常利益率10％は限界利益率40％－固定費率30％でも算出でき，経常利益10円は限界利益40円－固定費30円でも算出できます。

　このように，損益計算書を見なくても経常利益率・経常利益を算出することが出来ます。

　図表 C−15をご覧ください。

　経営安全余裕額×限界利益率で算出される経常利益，あるいは経営安全余裕率×限界利益率で算出される経常利益率は，経営安全余裕額（率）と限界利益率が大きくなるほど多くなります。また限界利益（率）－固定費（率）で算出される経常利益（率）は限界利益（率）が大きくなるほど，あるいは固定費（率）が小さくなるほど多くなります。

図表 C−15

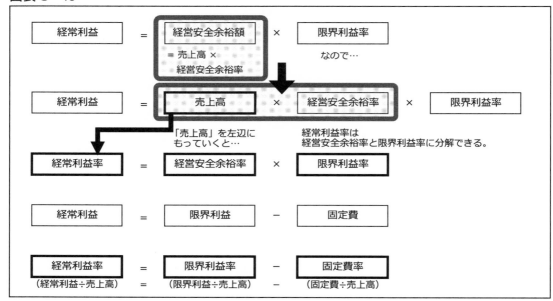

4 限界利益率は１−（変動費÷売上高）に置き換える

　売上高から変動費を差し引いたものを「限界利益」といい，限界利益を売上高で割ったものは，「限界利益率」といいます。この限界利益率は（１−変動費÷売上高）と置き換えることによって，計算に幅が出ます。変動費÷売上高のことを「変動費率」といいますが，この式を使うと先ほどの限界利益率はさらに，限界利益率＝（１−変動費率）と置き換えることが出来ます。この式の順序を入れ替えて，限界利益率＋変動費率＝１と表すこともできます。

　これを前掲図表 C−12の例でいえば，限界利益率40％＋変動費率60％＝100％ということです。

　図表 C−16をご覧ください。

　限界利益率の置き換えに用いる（１−変動費÷売上高）の１は，（売上高÷売上高）を指しています。

　ですから，（１−変動費÷売上高）は，（売上高÷売上高）−（変動費÷売上高）と言えます。両者の分母は共通ですから，（売上高÷売上高）−（変動費÷売上高）は，（売上高−変動費）÷売上高という式になります。先ほども触れましたが，売上高から変動費を差し引いたものは限界利益ですから，（売上高−変動費）

図表Ｃ－16

$$限界利益率 = \frac{限界利益}{売上高} = \left(1 - \frac{変動費}{売上高}\right)$$

$$= \left(\frac{売上高}{売上高} - \frac{変動費}{売上高}\right)$$

$$= \frac{売上高 - 変動費}{売上高}$$

$$= \frac{限界利益}{売上高}$$

は「限界利益」に置き換えられます。つまり，（売上高－変動費）÷売上高は限界利益÷売上高ということです。限界利益÷売上高＝限界利益率ですから，限界利益率は（１－変動費÷売上高）に置き換えることができます。

5　損益分岐点を小さくするには

　損益分岐点は，収益と費用が等しく，経常利益が０となるときの売上高です。そのため，小さい額となる方が採算を取りやすくなります。たとえば売上高100万円で損益が０になるよりは，売上高80万円で損益が０となる方が好ましいです。

　図表Ｃ－17をご覧ください。

　損益分岐点を小さくするには分子の固定費をより小さく，分母の限界利益率をより大きくする必要があります。限界利益率を意味する（１－変動費÷売上高）で言えば，売上高はより大きく，変動費はより小さくすることによって限界利益率を大きくすべきです。

　問題は，売上高をどのようにして大きくするかです。売上高は数量×単価で構成されています。売上高を大きくするために単純に数量を増やせば，変動費も大きくなってしまいます。そうなると，分母である（１－変動費÷売上高）は大きくはなりません。一方，変動費はそのままで，単価を上げることによって売上高

図表 C−17

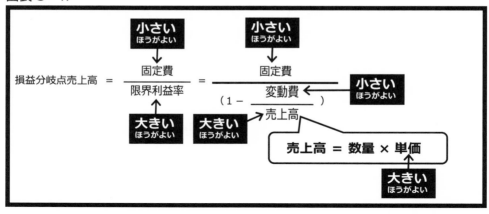

を大きくすれば，分母である（１−変動費÷売上高）は大きくなります。

6　損益分岐点の応用式を使う

　利益計画の策定時には，条件を様々に変化させながら目標経常利益や必要売上高を決定します。

　損益分岐点は経常利益が０となるときの売上高ですが，仕入単価や売上単価などに変化があれば，損益分岐点はその影響を受けます。そこで，このような取引条件の変化を考慮した損益分岐点を算出する応用式を理解しておく必要があります。目標経常利益を達成するために必要な売上高も，応用式を使って算出できます。

　図表 C−18をご覧ください。

　事例では，売上高1,000万円・変動費500万円・固定費300万円・経常利益200万円となっています。

　図表 C−19をご覧ください。

　ここで使う設例では，

売上高　　1,000万円

変動費　　　500万円

固定費　　　300万円

としています。

図表 C−18

売上高		1,000万円
変動費	500万円	
固定費	300万円	
費用計		800万円
経常利益		200万円

図表 C−19

公式A　損益分岐点を算出する公式（基本公式）

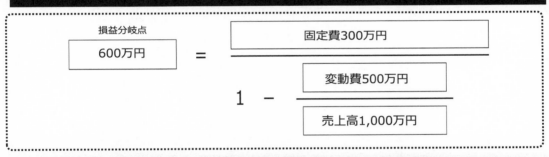

損益分岐点
$$600万円 = \frac{固定費300万円}{1 - \frac{変動費500万円}{売上高1,000万円}}$$

公式B　一定額の経常利益を得るために必要な売上高を算出する公式
（例えば、300万円の経常利益を得たい場合）

必要売上高
$$1,200万円 = \frac{固定費300万円 + 経常利益300万円}{1 - \frac{変動費500万円}{売上高1,000万円}}$$

公式A-2　売価率が減少する際の損益分岐点を算出する公式
（商品の販売価格を20％値下げして販売する場合）

損益分岐点
$$800万円 = \frac{固定費300万円}{1 - \frac{変動費500万円}{売上高1,000万円(1-0.2)}}$$

公式A-3　売価率が増加する際の損益分岐点を算出する公式
（商品の販売価格を25%値上げして販売する場合）

$$\underset{\text{500万円}}{\boxed{\text{損益分岐点}}} = \frac{\text{固定費300万円}}{1 - \dfrac{\text{変動費500万円}}{\text{売上高1,000万円(1＋0.25)}}}$$

公式A-4　固定費が増加する際の損益分岐点を算出する公式
（40万円の固定費増加を見込んだ場合）

$$\underset{\text{680万円}}{\boxed{\text{損益分岐点}}} = \frac{\text{固定費300万円　＋　固定費増加分40万円}}{1 - \dfrac{\text{変動費500万円}}{\text{売上高1,000万円}}}$$

公式A-5　固定費が減少する際の損益分岐点を算出する公式
（40万円の固定費減少を見込んだ場合）

$$\underset{\text{520万円}}{\boxed{\text{損益分岐点}}} = \frac{\text{固定費300万円　－　固定費減少分40万円}}{1 - \dfrac{\text{変動費500万円}}{\text{売上高1,000万円}}}$$

公式B-2　固定費の増減＆一定額の経常利益の際の必要売上高を算出する公式
（40万円固定費増加＆300万円の経常利益を得る場合）

$$\underset{\text{1,280万円}}{\boxed{\text{必要売上高}}} = \frac{\substack{\text{固定費} \quad ＋ \quad \text{固定費増加分} \quad ＋ \quad \text{経常利益} \\ \text{300万円} \quad\quad\quad \text{40万円} \quad\quad\quad \text{300万円}}}{1 - \dfrac{\text{変動費500万円}}{\text{売上高1,000万円}}}$$

公式A-6　変動費率が増加する際の損益分岐点を算出する公式
（仕入価格の値上りの為、変動費が25%増加した場合）

$$
\underset{損益分岐点}{800万円} = \frac{固定費300万円}{1 - \dfrac{変動費500万円(1+0.25)}{売上高1,000万円}}
$$

公式A-7　変動費率が減少する際の損益分岐点を算出する公式
（仕入価格の値下りの為、変動費が20%減少した場合）

$$
\underset{損益分岐点}{500万円} = \frac{固定費300万円}{1 - \dfrac{変動費500万円(1-0.2)}{売上高1,000万円}}
$$

公式A-8　営業外収益がある場合の損益分岐点を算出する公式
（20万円の営業外収益がある場合）

$$
\underset{損益分岐点}{560万円} = \frac{固定費300万円 - 営業外収益20万円}{1 - \dfrac{変動費500万円}{売上高1,000万円}}
$$

総合の公式

$$
\underset{必要売上高}{損益分岐点} = \frac{固定費 \pm 固定費増減額 + 経常利益 - 営業外収益}{1 - \dfrac{変動費（1 \pm 変動費増減率）}{売上高（1 \pm 売価増減率）}}
$$

【公式A】【損益分岐点の算出】

これは，損益分岐点を算出する基本の公式です。

公式の分子に固定費300万円を，分母に（1－変動費500万円÷売上高1,000万円）を置きます。

分母の計算結果，限界利益率は0.5となります。

固定費300万円をこの限界利益率0.5で割ると，損益分岐点600万円が算出されます。

【公式B】【必要売上高の算出】

これは，一定額の経常利益を達成するために必要な売上高を算出する公式です。たとえば経常利益の目標額を300万円とします。

公式の分子，固定費300万円に経常利益の目標額300万円を足します。これを（1－変動費500万円÷売上高1,000万円）で割ると1,200万円となります。損益分岐点は経常利益が0となるときの売上高ですから，算出された1,200万円は損益分岐点ではなく「必要売上高」といいます。

【公式A－2】【販売価格の値下げ】

販売価格を下げた時，損益分岐点がどう変化するかを公式で確認します。

販売価格を20％下げた時，他の条件が変わらなければ売上高は20％下がりますので，売上高1,000万円－20％を式に反映する必要があります。そこで，公式の分母にある売上高1,000万円を20％減らすために，売上高1,000万円（1－0.2）とします。結果，損益分岐点は800万円になります。

【公式A－3】【販売価格の値上げ】

販売価格を上げた時，損益分岐点がどう変化するかを公式で確認します。

販売価格を25％上げた時，他の条件が変わらなければ売上高は25％上がりますので，売上高1,000万円＋25％を式に反映する必要があります。そこで，公式の分母にある売上高1,000万円を25％増やすために，売上高1,000万円（1＋0.25）とします。結果，損益分岐点は500万円になります。

【公式A－4】【固定費の増加】

これは，固定費が増加する際の損益分岐点を算出する公式です。

すでにある固定費300万円に増加する固定費40万円を加えます。この金額を（1－変動費500万円÷売上高1,000万円）で割ると，損益分岐点は680万円になります。

【公式A－5】【固定費の減少】

　これは，固定費が減少する際の損益分岐点を算出する公式です。

　すでにある固定費300万円から，減少する固定費40万円を差し引きます。この金額を（1－変動費500万円÷売上高1,000万円）で割ると，損益分岐点は520万円になります。

【公式B－2】【固定費増加と必要売上高】

　これは，公式Bと公式A－4を組み合わせたものです。すでにある固定費300万円に増加する固定費40万円と目標経常利益300万円を加え，必要売上高1,280万円を算出します。

【公式A－6】【仕入単価の値上げ】

　仕入単価が値上げされた時，損益分岐点がどう変化するかを公式で確認します。

　仕入単価が25％上がった時，他の条件が変わらなければ変動費は25％上がりますので，変動費500万円＋25％を式に反映する必要があります。そこで公式の分母にある変動費500万円を25％増やすために，変動費500万円（1＋0.25）とします。結果，損益分岐点は800万円になります。

【公式A－7】【仕入単価の値下げ】

　仕入単価が20％値下げされた時，損益分岐点がどう変化するかを公式で確認します。

　仕入単価が20％下がった時，他の条件が変わらなければ変動費は20％下がりますので，変動費500万円－20％を式に反映する必要があります。そこで公式の分母にある変動費500万円を20％減らすために，変動費500万円（1－0.2）とします。結果，損益分岐点は500万円になります。

【公式A－8】【営業外収益がある場合】

　経常的に発生する営業外収益，たとえば受取利息や受取リベートなどがある場合には，固定費からその額を減額して損益分岐点を算出します。

　固定費は300万円ですが，経常的に20万円の営業外収益があればこれを差し引きますので，損益分岐点は560万円となります。

【公式のまとめ】

　上記公式の要素をすべて加味すると，このように表すことができます。

7　損益分岐点の早見表を活用する

　損益分岐点は，固定費を限界利益率で割ることによって算出でき，その計算結果は小さい方がよいことはすでにご説明したとおりです。損益分岐点を今より引き下げ，経営の安定を図りたい企業の立場で考えれば，損益分岐点を算出する計算式の構造上，固定費を小さくするか限界利益率を大きくしたいはずです。

　しかし，固定費や変動費，販売単価の増減が限界利益率や損益分岐点にどう影響するかを，一つ一つ計算式に当てはめて算出するのは非常に手間がかかります。仮にそうしたとしても，それらを整理してどのような条件だったかを記録しておくのは煩わしいでしょう。

　そこで，この煩わしさを解消する利便性の高い方法として，「損益分岐点の早見表」を使います。

　図表C-20，損益分岐点の早見表をご覧ください。

　図表の左端には固定費を上から下へ，100円から20円刻みで200円まで表示しています。一方，上端には限界利益率を左から右へ，20％から1％刻みで25％まで表示しています。

　左端の固定費100円と，上端の限界利益率20％の交わったところに500円とあります。この500円が損益分岐点で，左端にある固定費100円を上端の限界利益率20％で割った結果です。

図表C-20
損益分岐点が800円の場合の限界利益率と固定費

(単位：円)

		限界利益率					
		20%	21%	22%	23%	24%	**25%**
固定費	100	500	476	455	435	417	400
	120	600	571	545	522	500	480
	140	700	667	636	609	583	560
	160	**800**	762	727	696	667	640
	180	900	857	818	783	750	720
	200	1,000	952	909	870	833	**800**

もう1つ見てみましょう。

左端の固定費200円と，上端の限界利益率25％の交わったところに800円とあります。この800円が損益分岐点で，左端にある固定費200円を上端の限界利益率25％で割った結果です。

このように，損益分岐点の早見表を作成すれば，固定費と限界利益率の関係を簡単に把握できます。また，ある損益分岐点となる時の固定費や限界利益率の組み合わせをすぐに求めることができます。

たとえば今，年間利益計画を立てていて，損益分岐点を800円に抑えようと考えているとしましょう。

図表の中に損益分岐点が800円となっている箇所が2つ（固定費160円・限界利益率20％の交わるところと，固定費200円・限界利益率25％の交わるところ）あります。

この場合，損益分岐点の目標を800円とするには，「固定費を160円・限界利益率を20％」に設定するか，「固定費を200円・限界利益率を25％」に設定するか，どちらかにすればよいとわかります。

8　必要売上高の早見表を活用する

設定した目標経常利益を確保するために必要な売上高はいくらになるのか。また，それは実現可能なのかといった，年間利益計画を立案する企業の立場で考えれば，目標経常利益や固定費，変動費，販売単価の増減が限界利益や必要売上高にどう影響するかを，一つ一つ計算式に当てはめて算出するのは非常に手間がかかります。仮にそうしたとしても，それらを整理してどのような条件だったかを記録しておくのは煩わしいでしょう。

そこで，この煩わしさを解消する利便性の高い方法として，「必要売上高の早見表」を使います。

図表C−21，必要売上高の早見表をご覧ください。

目標経常利益は20円としました。図表の左端には固定費を上から下へ，100円から20円刻みで200円まで表示しています。一方，上端には限界利益率を左から右へ，20％から1％刻みで25％まで表示しています。

左端の固定費100円と，上端の限界利益率20％の交わったところに600円とあり

図表 C−21

目標経常利益が20円の必要売上高800円の場合の限界利益率と固定費

（単位：円）

目標経常利益	20					
	限界利益率					
	20%	21%	22%	23%	24%	**25%**
100	600	571	545	522	500	480
120	700	667	636	609	583	560
140	800	762	727	696	667	640
160	900	857	818	783	750	720
180	1,000	952	909	870	833	800
200	1,100	1,048	1,000	957	917	880

（左端列見出し：固定費）

ます。この600円が必要売上高で，左端にある固定費100円に目標経常利益20円を加えた金額120円を，上端の限界利益率20％で割った結果です。

　もう一つ見てみましょう。

　左端の固定費200円と，上端の限界利益率25％の交わったところに880円とあります。この880円が必要売上高で，左端にある固定費200円に目標経常利益20円を加えた金額220円を，上端の限界利益率25％で割った結果です。

　このように，必要売上高の早見表を作成すれば，固定費と限界利益率の関係を簡単に把握できます。また，ある必要売上高となる時の固定費や限界利益率の組み合わせをすぐに求めることができます。

　たとえば今，年間利益計画を立てていて，目標経常利益20円を実現するために必要な売上高を800円に抑えようと考えているとしましょう。

　図表の中に必要売上高が800円となっている箇所が2つ（固定費140円・限界利益率20％の交わるところと，固定費180円・限界利益率25％の交わるところ）あります。この場合，目標経常利益20円を実現するために必要な売上高を800円とするためには，「固定費を140円・限界利益率を20％」に設定するか，「固定費を180円・限界利益率を25％」に設定するか，どちらかにすればよいとわかります。

事例による利益計画・ 資金計画作成の説明

1　資金計画作成のためのワークシート

　図表D－0－①～⑨をご覧ください。

　このブックは，『1－費用分解』から順に『6－資金計画』まで，各ワークシートをタブで切り替えて入力するようになっています。詳しくは，事例も交えて後ほど説明しますが，あらかじめ簡単に各シートの役割について触れておきます。

　・『1－費用分解』費用を変動費と固定費に分解するためのシート

　ここにはまず，財務データの実績値を入力します。この時，費用に含まれる変動費の割合も正しく設定してください。続けて2－取引条件，3－季節指数…と一通り入力した後，このシートに戻り，自動計算された損益分岐点を参考にして予測金額を入力します。予測金額を検討する過程で固定費を変更する場合は，予測固定費に金額を入力します。変動費を変更する場合は，「予測データに基づく必要売上高の予測計算（変動費増減率）」で行います。

　・『2－取引条件』取引条件入力シート

　ここでは，売掛金・買掛金・未払金がどのような取引条件になっているかを入力します。次に，期首以前の月次データがあればそれも入力します。さらに，賞与の支給月や金額も入力します。

　・『3－季節指数』季節指数入力シート

　売上高の月ごとの変動を計画に反映させるため，最長3期前までの実績月次売上高を入力しますが，予測の実額を入力することも出来ます。リストから，「三期平均，直前二期平均，直前期，実額，使わない」のうち適切なものを選択します。

　・『4－利益計画』利益計画シート

57

図表 D-0-①　【入力①-A】　変動費と固定費の費用分解

（単位：千円）

実績売上高 145,700

	勘定科目	変動費割合(%)	実額 合計	予測確定 固定費(a)	予測 固定費	予測確定 変動費(a)	実績・予測 変動費(b)
売上							
材料費	期首材料棚卸高	100	7,000				7,000
	主要材料費	100	51,000				51,000
	補助材料費	100					
	期末材料棚卸高	100	-7,500				-7,500
労務費	消耗品費	100					
	賃金合計	0	25,000	25,000		25,000	
	雑給	100					
	雑費	0	4,000	4,000		4,000	
	賞与	0	1,000	1,000		1,000	
経費	外注加工費	100	1,500				1,500
	旅費交通費	0					
	通信費	0					
	交際費	0	3,000	3,000		3,000	3,000
	減価償却費	0	50	50		50	
	保険料	0	1,500	1,500		1,500	1,500
	修繕費	90	2,000	200		200	200
	水道光熱費	0					
	動力費	100	1,500				1,500
	損料公課	0					
	運賃	100	4,000				4,000
	各種補償金費用	0	100	100	(変固混在)	100	
	雑費・その他	0					
	小計 a + b の合計 c			34,850 (a)	34,850		59,300 (b)
棚卸 製品	期首 製品		2,000	2,000	2,000		
資産	仕掛品		300	300	400		
	期末 製品		-2,200	-2,200	-2,200		
	仕掛品		-400	-400	-400		
	製品売上原価計 d			93,850	94,150		
商品	期首商品棚卸高						
資産	期末商品棚卸高						
	商品売上原価計 e						
	売上原価計 f		93,850		94,150		

実額入力あり

勘定科目	変動費割合(%)	実額 合計	予測 固定費(g)	予測確定 固定費	実績・予測 変動費(h)
販売員給与				0	0
運賃				0	0
広告宣伝費				0	0
支払手数料				0	0
貸倒損失				0	0
雑費		100		100	0
役員報酬		33,000		33,000	0
給料手当				0	0
雑給				0	0
賞与				0	0
法定福利費		5,200		5,200	0
福利厚生費		100		100	0
広告宣伝費		50		50	0
支払手数料		600		600	0
外注費				0	0
旅費交通費		700		700	0
通信費		600		600	0
交際費		300		300	0
減価償却費		2,000		2,000	0
保険料		4,000		4,000	0
修繕費		2,500		2,500	0
新聞図書費		1,100		1,100	0
租税公課		20		20	0
消費税以外の租税公課		500		500	0
消耗品費		100		100	0
事務用品費		500		500	0
諸会費		7,000		7,000	0
各種補償金費用		142		142	0
固定費減少額①	0	-13,104	-13,104	-13,104	0
固定費減少額②	0	-9,693	-9,693	-9,693	0
営業外費用 雑費・その他	0				0
支払利息割引料	0	250		250	0
雑損失	0				0
受取利息	0	12		-12	0
受取配当金	0				0
雑収入	0	5,000		0	0
合計		53,750 (g)	0	35,953	0 (h)

検算　-1,900　　実額データの経常利益

58

図表Ｄ－０－② 【参照】実績データに基づく損益分岐点の計算

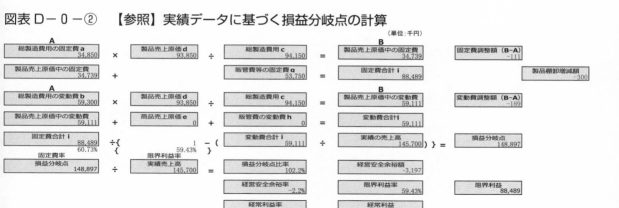

図表Ｄ－０－③ 【入力①-B】予測データに基づく必要売上高の予測計算

※固定費に変更がある場合は、【入力①-A】の表に入力してください。
※変動費に変更がある場合は、以下の【入力①-B】の表の変動費の増減率を入力して下さい。

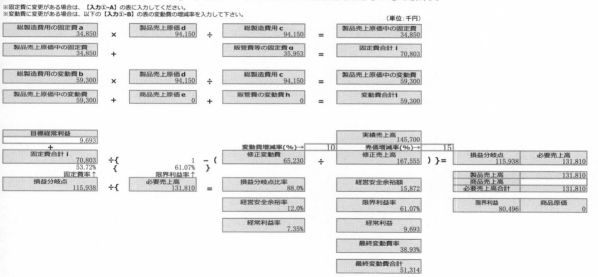

図表 D－0－④ 【入力②】取引条件

(単位：千円)

この3列は非表示にします。 / 100%チェック

		現金%	現金金額	掛け%	掛け金額	売上買掛発生月数 1Cの場合 / 2Cの場合		手形%	手形金額	手形期日落 2・3・4 / 3・4・5	合計
売上高	131,810										131,810
製品売上高	131,810	20	26,362	70	92,267	1	10	13,181	4		131,810
商品売上高	0	0	0	0	0	5	5	0	5		0
変動費											
材料費	51,314										
	43,699										
期首材料棚卸高	6,057										
主要材料費	44,132	100	0	65	28,686	1	35	15,446	3		44,132
補助材料費	0	100	0	0	0	5	5	0	3		0
期末材料棚卸高	-6,490										
変動消耗品費	0	100	0	0	0	5	5	0	3		0
変動労務費	0	100	0	0	0	5	1	0	4		0
変動経費	7,615	100	7,615	0	0	5	5	0	3		7,615
製品原価中の変動費調整額	0										
商品売上原価	0										
期首商品棚卸高	0										
仕入高	0	100	0	0	0	5		0	3		0
期末商品棚卸高	0										
販売費中の変動費	0	100	0	0	0	5		0			0
管理費中の変動費	0	100	0	0	0	5		0			0
限界利益	80,496										
固定費(①と②を除く固定費合計)	70,565										
固定製造労務費	30,000	100	30,000	0	0	1	1	0			30,000
うち賞与総額	29,000	100	29,000								
うち賞与以外の固定製造労務費	1,000	100	1,000								
うち賞与1 　7月	400	100	400								
うち賞与2 　12月	600	100	600								
うち賞与3 　月	0	100	0								
固定製造経費	4,850										
固定製造経費中の減価償却費等	3,100										
上記以外の固定経費	1,750	100	1,750	0	0	5	5	0			1,750
製品原価中の固定費調整額	0										
販売費中の固定費	100	100	100	0	0	5	5	0			100
管理費中の固定費	35,615										
管理費中の減価償却費等	9,000										
うち賞与以外の固定管理費	26,615	100	26,615	0	0	1	1	0			26,615
うち賞与総額	26,615	100	26,615								
うち賞与1 　月	0	100	0								
うち賞与2 　月		100	0								
うち賞与3 　月		100	0								
営業利益	9,931										
①営業外収益(固定費補填額)	12										
②営業外費用(固定費)	250										
経常利益	9,693										

図表 D－0－⑤

(単位：千円)

	10月 6ヶ月前	11月 5ヶ月前	12月 4ヶ月前	1月 3ヶ月前	2月 2ヶ月前	3月 1ヶ月前
	10,158	10,927	12,006	11,751	10,871	7,005
	3,556	3,825	4,203	4,113	3,805	2,452

60

図表Ｄ－０－⑥　【入力③】季節指数

（単位：千円）　　　リスト選択→　直前二期平均

月	3年前期	2年前期	直前期	三期平均	直近二期平均	実額	季節指数
4	23,300	20,252	15,549	19,700	17,901		11.63%
5	20,550	19,255	21,050	20,285	20,153		13.10%
6	14,500	13,419	14,322	14,080	13,871		9.01%
7	10,430	9,330	10,474	10,078	9,902		6.43%
8	12,243	11,434	10,026	11,234	10,730		6.97%
9	15,457	14,233	11,561	13,750	12,897		8.38%
10	11,850	10,795	10,158	10,934	10,477		6.81%
11	15,480	14,052	10,927	13,486	12,490		8.12%
12	12,698	11,204	12,006	11,969	11,605		7.54%
1	19,842	18,353	11,751	16,649	15,052		9.78%
2	14,123	12,435	10,871	12,476	11,653		7.57%
3	8,421	7,315	7,005	7,580	7,160		4.65%
合計	178,894	162,077	145,700	162,224	153,889	0	100%
平均	14,908	13,506	12,142	13,519	12,824		
					必要売上高	131,810	

　完成した利益計画が表示されます。このシートはここまでの計算結果のチェックと印刷に使います。この結果を元に，資金計画を作成します。

　・『５－下準備』資金計画下準備シート

　固定資産の購入・売却や借入金の調達・返済など，資金計画の完成に必要な経常外収支や，財務収支にまつわる取引はここで入力します。こうして作成した計画で，期首と期末の資金の増減を確認し，問題があれば『１－費用分解』費用を変動費と固定費に分解するためのシートに戻って再検討します。

　・『６－資金計画』資金計画シート

　完成した資金計画シートが表示されます。このシートは最終的な計算結果のチェックと印刷に使います。

図表 D-0-⑦ 利益計画

（単位：千円）

科目	%	年間予想（月別）	4月	5月	6月	7月	8月	9月	10月	11月	12月	1月	2月	3月	合計
季節指数→			11.63%	13.10%	9.01%	6.43%	6.97%	8.38%	6.81%	8.12%	7.54%	9.78%	7.57%	4.65%	100.00%
売上高	100.00	131,810	15,332	17,261	11,880	8,481	9,191	11,047	8,973	10,698	9,940	12,892	9,981	6,133	131,810
製品売上高	100.00	131,810	15,332	17,261	11,880	8,481	9,191	11,047	8,973	10,698	9,940	12,892	9,981	6,133	131,810
商品売上高	0.00	0	0	0	0	0	0	0	0	0	0	0	0	0	0
変動費	38.93	51,314	5,969	6,720	4,625	3,302	3,578	4,301	3,493	4,165	3,870	5,019	3,886	2,388	51,314
材料費	33.15	43,699	5,083	5,723	3,939	2,812	3,047	3,662	2,975	3,547	3,295	4,274	3,309	2,033	43,699
主要材料費	33.48	44,132	5,133	5,779	3,978	2,840	3,077	3,699	3,004	3,582	3,328	4,317	3,342	2,053	44,132
補助材料費	0.00	0	0	0	0	0	0	0	0	0	0	0	0	0	0
変動消耗品費	0.00	0	0	0	0	0	0	0	0	0	0	0	0	0	0
変動労務費	0.00	0	0	0	0	0	0	0	0	0	0	0	0	0	0
変動経費	5.78	7,615	886	997	686	490	531	638	518	618	574	745	577	354	7,615
製品原価中の変動費調整額	0.00	0	0	0	0	0	0	0	0	0	0	0	0	0	0
商品売上原価	0.00	0	0	0	0	0	0	0	0	0	0	0	0	0	0
仕入高	0.00	0	0	0	0	0	0	0	0	0	0	0	0	0	0
販売費中の変動費	0.00	0	0	0	0	0	0	0	0	0	0	0	0	0	0
管理費中の変動費	0.00	0	0	0	0	0	0	0	0	0	0	0	0	0	0
限界利益	61.07	80,496	9,363	10,541	7,255	5,180	5,613	6,746	5,480	6,533	6,070	7,873	6,095	3,745	80,496
固定費（①と②を除く〈固定費合計〉）	53.54	70,565	5,880	5,880	5,880	5,880	5,880	5,880	5,880	5,880	5,880	5,880	5,880	5,880	70,565
固定製造労務費	22.76	30,000	2,417	2,417	2,417	2,817	2,417	2,417	2,417	2,417	3,017	2,417	2,417	2,417	30,000
固定製造経費	3.68	4,850	404	404	404	404	404	404	404	404	404	404	404	404	4,850
固定製造経費中の減価償却費等	2.35	3,100	258	258	258	258	258	258	258	258	258	258	258	258	3,100
上記以外の固定経費	1.33	1,750	146	146	146	146	146	146	146	146	146	146	146	146	1,750
固定製造労務費のうち賞与	0.76	1,000	0	0	0	400	0	0	0	0	600	0	0	0	1,000
製造原価中の固定費調整額	0.00	0	0	0	0	0	0	0	0	0	0	0	0	0	0
販売費中の固定費	0.08	100	8	8	8	8	8	8	8	8	8	8	8	8	100
管理費の固定費	27.02	35,615	2,968	2,968	2,968	2,968	2,968	2,968	2,968	2,968	2,968	2,968	2,968	2,968	35,615
管理費中の減価償却費等	6.83	9,000	750	750	750	750	750	750	750	750	750	750	750	750	9,000
上記以外の固定管理費	20.19	26,615	2,218	2,218	2,218	2,218	2,218	2,218	2,218	2,218	2,218	2,218	2,218	2,218	26,615
管理費のうち賞与	0.00	0	0	0	0	0	0	0	0	0	0	0	0	0	0
営業利益	7.53	9,931	3,483	4,661	1,375	-701	-268	866	-400	653	190	1,993	215	-2,135	9,931
①営業外収益（固定費補塡額）	0.01	12	1	1	1	1	1	1	1	1	1	1	1	1	12
②営業外費用（固定費）	0.19	250	21	21	21	21	21	21	21	21	21	21	21	21	250
経常利益	7.35	9,693	3,463	4,641	1,355	-721	-288	846	-420	633	170	1,973	195	-2,155	9,693

図表 D－0－⑧ 【入力④】資金計画下準備

（単位：千円）

摘要	記号	期首	4月	5月	6月	7月	8月	9月	10月	11月	12月	1月	2月	3月	合計
純売上高			15,332	17,261	11,880	8,481	9,191	11,047	8,973	10,698	9,940	12,892	9,981	6,133	131,810
現金売上高			0	0	0	0	0	0	0	0	0	0	0	0	0
主要材料費			5,133	5,779	3,978	2,840	3,077	3,699	3,004	3,582	3,328	4,317	3,342	2,053	44,132
補助材料費			0	0	0	0	0	0	0	0	0	0	0	0	0
変動外注費			0	0	0	0	0	0	0	0	0	0	0	0	0
変動労務費			886	997	686	490	531	638	518	618	574	745	577	354	7,615
変動経費			0	0	0	0	0	0	0	0	0	0	0	0	0
仕入高			0	0	0	0	0	0	0	0	0	0	0	0	0
販売費中の変動費			0	0	0	0	0	0	0	0	0	0	0	0	0
管理費中の変動費			0	0	0	0	0	0	0	0	0	0	0	0	0
固定労務費			2,417	2,417	2,417	2,817	2,417	2,417	2,417	2,417	3,017	2,417	2,417	2,417	30,000
販売費以外の固定経費			146	146	146	146	146	146	146	146	146	146	146	146	1,750
販売費中の固定管理費			8	8	8	8	8	8	8	8	8	8	8	8	100
販売費以外の固定管理費			2,218	2,218	2,218	2,218	2,218	2,218	2,218	2,218	2,218	2,218	2,218	2,218	26,615
営業外収益			21	21	21	21	21	21	21	21	21	21	21	21	250
営業外費用			1	1	1	1	1	1	1	1	1	1	1	1	12
営業収支・出納資金	(A)	30,000	3,066	3,452	2,376	1,696	1,838	2,209	1,795	2,140	1,988	2,578	1,996	1,227	26,362
前月繰越現金・出納資金			30,000	29,443	28,828	33,265	32,897	30,247	30,777	31,767	29,830	29,620	30,493	30,217	
		12													12
収入合計	(B)		9,172	15,361	15,547	10,714	9,309	10,370	10,716	9,270	10,396	10,642	11,919	9,284	132,701
製品売掛回収			4,904	10,733	12,083	8,316	5,937	6,433	7,733	6,281	7,488	6,958	9,025	6,987	92,878
手形回収			701	1,533	1,726	1,188	848	919	1,105	897	994	1,070	1,289	998	13,268
手形割引落込			1,201	1,175	1,087	701	1,533	1,726	1,188	848	919	1,105	897	1,070	13,450
固定製造労務費			2,417	2,417	2,417	2,817	2,417	2,417	2,417	2,417	3,017	2,417	2,417	2,417	30,000
固定販売			146	146	146	146	146	146	146	146	146	146	146	146	1,750
固定管理			8	8	8	8	8	8	8	8	8	8	8	8	100
固定製造経費			2,218	2,218	2,218	2,218	2,218	2,218	2,218	2,218	2,218	2,218	2,218	2,218	26,615
手形決済			21	21	21	21	21	21	21	21	21	21	21	21	250
手形決済		250	1,594	3,337	3,757	2,586	1,846	2,000	2,404	1,953	2,328	2,163	2,806	2,172	28,945
支出合計	(C)		8,729	10,475	10,111	10,082	9,209	8,840	8,726	8,457	9,606	8,769	9,446	8,501	110,951
差引過不足	(D=B−C)		443	4,886	5,436	632	100	1,530	1,990	813	790	1,873	2,474	783	21,750
固定資産等売却収入			0	0	0	0	0	0	0	0	0	0	0	0	0
収入合計	(E)		0	0	0	0	0	0	0	0	0	0	0	0	0
税金・役員賞与配当			0	2,500	0	0	0	0	0	0	0	0	0	0	2,500
保険積立金			0	2,000	0	0	0	0	0	0	0	0	0	0	7,250
消費税納付税			0	0	0	0	1,750	0	0	1,750	0	0	1,750	0	9,750
固定資産等購入			0	0	0	0	0	0	0	0	0	0	0	0	0
支出合計	(F)		0	4,500	0	0	1,750	0	0	1,750	0	0	1,750	0	9,750
差引過不足	(G=E−F)		0	−4,500	0	0	−1,750	0	0	−1,750	0	0	−1,750	0	−9,750
長期借入金収入			0	0	0	0	0	0	0	0	0	0	0	0	0
短期借入金収入			0	0	0	0	0	0	0	0	0	0	0	0	0
定期預金取崩			0	0	0	0	0	0	0	0	0	0	0	0	0
増資			0	0	0	0	0	0	0	0	0	0	0	0	0
収入合計	(H)		0	0	0	0	0	0	0	0	0	0	0	0	0
長期借入金返済			1,000	1,000	1,000	1,000	1,000	1,000	1,000	1,000	1,000	1,000	1,000	1,000	12,000
短期借入金返済			0	0	0	0	0	0	0	0	0	0	0	0	0
定期預金預入			0	0	0	0	0	0	0	0	0	0	0	0	0
支出合計	(I)		1,000	1,000	1,000	1,000	1,000	1,000	1,000	1,000	1,000	1,000	1,000	1,000	12,000
差引過不足	(J=H−I)		−1,000	−1,000	−1,000	−1,000	−1,000	−1,000	−1,000	−1,000	−1,000	−1,000	−1,000	−1,000	−12,000
翌月繰越現金・出納資金	(A+D+G+J)	30,000	29,443	28,828	33,265	32,897	30,247	30,777	31,767	29,830	29,620	30,493	30,217	30,000	30,000

図表 D-0-⑨　資金計画

（単位:千円）

区分	項目	記号	4月	5月	6月	7月	8月	9月	10月	11月	12月	1月	2月	3月	合計
	前月繰越現金・当座預金		30,000	29,443	28,828	33,265	32,897	30,247	30,777	31,767	29,830	29,620	30,493	30,217	
経常収支 収入 現金	製・商品現金	(A)	3,066	3,452	2,376	1,696	1,838	2,209	1,795	2,140	1,988	2,578	1,996	1,227	26,362
掛金 売上	製商品売掛		4,904	10,733	12,083	8,316	5,937	6,433	7,733	6,281	7,488	6,958	9,025	6,987	92,878
	手形(回収)	250	701	1,533	1,726	1,188	848	919	1,105	897	1,070	994	1,289	998	13,268
	手形期日落		1,201	1,175	1,087	701	1,533	1,726	1,188	848	919	1,105	897	1,070	13,450
	営業外収入	12	1	1	1	1	1	1	1	1	1	1	1	1	12
	収入合計	(B)	9,172	15,361	15,547	10,714	9,309	10,370	10,716	9,270	10,396	10,642	11,919	9,284	132,701
支出 現金	主補材料		0	0	0	0	0	0	0	0	0	0	0	0	0
	変動消耗		0	0	0	0	0	0	0	0	0	0	0	0	0
	変動労務		0	0	0	0	0	0	0	0	0	0	0	0	0
	変動経費		886	997	686	490	531	638	518	618	574	745	577	354	7,615
	仕入高		0	0	0	0	0	0	0	0	0	0	0	0	0
	変動販売管理費		2,417	2,417	2,417	2,817	2,417	2,417	2,417	2,417	3,017	2,417	2,417	2,417	30,000
	固定製造労務費		146	146	146	146	146	146	146	146	146	146	146	146	1,750
	固定製造経費		2,226	2,226	2,226	2,226	2,226	2,226	2,226	2,226	2,226	2,226	2,226	2,226	26,715
	固定販売管理費		21	21	21	21	21	21	21	21	21	21	21	21	250
	営業外		0	0	0	0	0	0	0	0	0	0	0	0	0
掛末払	掛1ヶ月		1,594	3,337	3,757	2,586	1,846	2,000	2,404	1,953	2,328	2,163	2,806	2,172	28,945
	掛2ヶ月		0	0	0	0	0	0	0	0	0	0	0	0	0
手形決済	手形支払(手形支払い)		858	1,797	2,023	1,392	994	1,077	1,295	1,052	1,254	1,165	1,511	1,170	15,586
	手形決済		1,440	1,332	858	1,797	2,023	1,392	994	1,077	1,295	1,052	1,254	1,165	15,677
	支出合計	(C)	8,729	10,475	10,111	10,082	9,209	8,840	8,726	8,457	9,606	8,769	9,446	8,501	110,951
	差引過不足	(D=B-C)	443	4,886	5,436	632	100	1,530	1,990	813	790	1,873	2,474	783	21,750
経常外収支 収入	固定資産等売却収入		0	0	0	0	0	0	0	0	0	0	0	0	0
	収入合計	(E)	0	0	0	0	0	0	0	0	0	0	0	0	0
支出	税金・役員賞与配当		0	0	0	0	0	0	0	0	0	0	0	0	0
	保険積立金		0	2,500	0	0	0	0	0	0	0	0	0	0	2,500
	消費税納付税額		0	0	0	0	0	0	0	0	0	0	0	0	0
	固定資産等購入		0	2,000	0	0	1,750	0	0	1,750	0	0	1,750	0	7,250
	支出合計	(F)	0	4,500	0	0	1,750	0	0	1,750	0	0	1,750	0	9,750
	差引過不足	(G=E-F)	0	-4,500	0	0	-1,750	0	0	-1,750	0	0	-1,750	0	-9,750
財務収支 収入	長期借入金調達		0	0	0	0	0	0	0	0	0	0	0	0	0
	短期借入金調達		0	0	0	0	0	0	0	0	0	0	0	0	0
	増資		0	0	0	0	0	0	0	0	0	0	0	0	0
	収入合計	(H)	0	0	0	0	0	0	0	0	0	0	0	0	0
支出	長期借入金返済		1,000	1,000	1,000	1,000	1,000	1,000	1,000	1,000	1,000	1,000	1,000	1,000	12,000
	短期借入金返済		0	0	0	0	0	0	0	0	0	0	0	0	0
	定期性預金預入		0	0	0	0	0	0	0	0	0	0	0	0	0
	支出合計	(I)	1,000	1,000	1,000	1,000	1,000	1,000	1,000	1,000	1,000	1,000	1,000	1,000	12,000
	差引過不足	(J=H-I)	-1,000	-1,000	-1,000	-1,000	-1,000	-1,000	-1,000	-1,000	-1,000	-1,000	-1,000	-1,000	-12,000
	翌月繰越現金・当座預金	(A+D+G+J)	29,443	28,828	33,265	32,897	30,247	30,777	31,767	29,830	29,620	30,493	30,217	30,000	30,000

2　現金取引の場合

　図表D-1『4-利益計画』利益計画シート（以下，「利益計画シート」）と図表D-2『6-資金計画』資金計画シート（以下，「資金計画シート」）をご覧ください。この事例は現金取引を前提に作成しました。

　すべての取引が現金取引なら基本的に，「利益計画シート」の経常利益と「資金計画シート」の経常収支は一致します。しかし，支出が伴わない変動費や固定費などは「利益計画シート」にしか反映されませんので，経常利益と経常収支は一致しません。

　この例では，「利益計画シート」の年間予想の経常利益は0千円となっています。すべての取引が現金取引なら，基本的には「資金計画シート」の年間の経常収支の結果も0千円となるはずですが，「資金計画シート」の経常収支は差引過不足11,559千円となっています。この不一致は，支出が伴わない変動費や固定費などによる差額です。

　確認してみましょう。

　『2-取引条件』取引条件入力シート（以下，「取引条件入力シート」）をご覧ください。

- 材料費54,708千円の内訳は期首材料棚卸高7,583千円＋主要材料55,250千円－期末材料棚卸高8,125千円です。このうち，期首材料棚卸高7,583千円と－期末材料棚卸高8,125千円は支出が伴わない変動費です。
- 事例には商品売上原価はありませんが，内訳は期首商品棚卸高＋仕入高－期末商品棚卸高です。このうち，期首商品棚卸高と－期末商品棚卸高は支出が伴わない変動費です。
- 固定製造経費中の減価償却費等3,100千円・管理費中の減価償却費等9,000千円は支出が伴わない固定費，あるいは，相殺処理される各種繰入・各種戻入等や消費税のような費用の計上と支出のタイミングが異なる固定費です。

　検算してみましょう。

　経常利益0千円＋期首材料棚卸高7,583千円－期末材料棚卸高8,125千円＋固定製造経費中の減価償却費等3,100千円＋管理費中の減価償却費等9,000千円＝11,559千円で，「資金計画シート」の年間の経常収支の結果と一致します。なお，

図表 D-1 利益計画

（単位：千円）

科目	％	年間予想（月別）	季節指数→	4月 11.63%	5月 13.10%	6月 9.01%	7月 6.43%	8月 6.97%	9月 8.38%	10月 6.81%	11月 8.12%	12月 7.54%	1月 9.78%	2月 7.57%	3月 4.65%	合計 100.00%
売上高	100.00	157,842		18,360	20,670	14,227	10,156	11,006	13,228	10,746	12,810	11,903	15,439	11,952	7,344	157,842
製品売上高	100.00	157,842		18,360	20,670	14,227	10,156	11,006	13,228	10,746	12,810	11,903	15,439	11,952	7,344	157,842
商品売上高	0.00	0		0	0	0	0	0	0	0	0	0	0	0	0	0
変動費	40.70	64,242		7,473	8,413	5,790	4,134	4,479	5,384	4,373	5,214	4,845	6,284	4,865	2,989	64,242
材料費	34.66	54,708		6,364	7,164	4,931	3,520	3,815	4,585	3,724	4,440	4,126	5,351	4,143	2,545	54,708
主要材料費	35.00	55,250		6,427	7,235	4,980	3,555	3,852	4,630	3,761	4,484	4,167	5,404	4,184	2,571	55,250
補助材料費	0.00	0		0	0	0	0	0	0	0	0	0	0	0	0	0
変動消耗品費	0.00	0		0	0	0	0	0	0	0	0	0	0	0	0	0
変動労務費	0.00	0		0	0	0	0	0	0	0	0	0	0	0	0	0
変動経費	6.04	9,533		1,109	1,248	859	613	665	799	649	774	719	932	722	444	9,533
製品原価中の変動購買調整額	0.00	0		0	0	0	0	0	0	0	0	0	0	0	0	0
商品売上原価	0.00	0		0	0	0	0	0	0	0	0	0	0	0	0	0
仕入高	0.00	0		0	0	0	0	0	0	0	0	0	0	0	0	0
販売費中の変動費	0.00	0		0	0	0	0	0	0	0	0	0	0	0	0	0
管理費中の変動費	0.00	0		0	0	0	0	0	0	0	0	0	0	0	0	0
限界利益	59.30	93,600		10,888	12,257	8,437	6,023	6,526	7,844	6,372	7,597	7,059	9,155	7,088	4,355	93,600
固定費(①と②を除く固定費合計)	59.15	93,362		7,780	7,780	7,780	7,780	7,780	7,780	7,780	7,780	7,780	7,780	7,780	7,780	93,362
固定製造労務費	19.01	30,000		2,417	2,417	2,417	2,817	2,417	2,417	2,417	2,417	3,017	2,417	2,417	2,417	30,000
固定製造経費	3.07	4,850		404	404	404	404	404	404	404	404	404	404	404	404	4,850
固定製造経費中の減価償却費等	1.96	3,100		258	258	258	258	258	258	258	258	258	258	258	258	3,100
固定製造経費中の固定経費	1.11	1,750		146	146	146	146	146	146	146	146	146	146	146	146	1,750
固定製造労務費のうち賞与	0.63	1,000		0	0	0	400	0	0	0	0	600	0	0	0	1,000
固定製造労務費中の固定調整額	0.00	0		0	0	0	0	0	0	0	0	0	0	0	0	0
販売費中の固定費	0.06	100		8	8	8	8	8	8	8	8	8	8	8	8	100
管理費中の固定費	37.01	58,412		4,868	4,868	4,868	4,868	4,868	4,868	4,868	4,868	4,868	4,868	4,868	4,868	58,412
管理費中の減価償却費等	5.70	9,000		750	750	750	750	750	750	750	750	750	750	750	750	9,000
上記以外の固定管理費	31.30	49,412		4,118	4,118	4,118	4,118	4,118	4,118	4,118	4,118	4,118	4,118	4,118	4,118	49,412
管理費のうち賞与	0.00	0		0	0	0	0	0	0	0	0	0	0	0	0	0
営業利益	0.15	238		3,108	4,477	656	-1,757	-1,254	64	-1,408	-184	-722	1,375	-692	-3,425	238
①営業外収益(固定費補填額)	0.01	12		1	1	1	1	1	1	1	1	1	1	1	1	12
②営業外費用(固定費)	0.16	250		21	21	21	21	21	21	21	21	21	21	21	21	250
経常利益	0.00	0		3,088	4,457	637	-1,777	-1,274	44	-1,428	-203	-741	1,355	-712	-3,445	0

図表 D-2　資金計画

（単位：千円）

←経常収支

項目	記号	4月	5月	6月	7月	8月	9月	10月	11月	12月	1月	2月	3月	合計
前月繰越現金・当座預金	(A)	30,000	33,116	33,095	33,774	31,653	28,684	28,774	27,401	25,496	24,205	25,599	23,187	
収入　現金　製・商品現金売上		18,360	20,670	14,227	10,156	11,006	13,228	10,746	12,810	11,903	15,439	11,952	7,344	157,842
売上　製商品売掛（手形回収）		0	0	0	0	0	0	0	0	0	0	0	0	0
代　　（手形期日落）	12	0	0	0	0	0	0	0	0	0	0	0	0	0
営業外収入		1	1	1	1	1	1	1	1	1	1	1	1	12
収入合計	(B)	18,361	20,671	14,228	10,157	11,007	13,229	10,747	12,811	11,904	15,440	11,953	7,345	157,854
支　現金　主掛材料		6,427	7,235	4,980	3,555	3,852	4,630	3,761	4,484	4,167	5,404	4,184	2,571	55,250
変動消耗		0	0	0	0	0	0	0	0	0	0	0	0	0
変動労務		1,109	1,248	859	613	665	799	649	774	719	932	722	444	9,533
変動経費		0	0	0	0	0	0	0	0	0	0	0	0	0
仕入高		0	0	0	0	0	0	0	0	0	0	0	0	0
変動販売費		2,417	2,417	2,417	2,817	2,417	2,417	2,417	2,417	3,017	2,417	2,417	2,417	30,000
固定製造労務費		146	146	146	146	146	146	146	146	146	146	146	146	1,750
固定製造経費		4,126	4,126	4,126	4,126	4,126	4,126	4,126	4,126	4,126	4,126	4,126	4,126	49,512
固定販売管理	250	21	21	21	21	21	21	21	21	21	21	21	21	250
出　　　営業外損		0	0	0	0	0	0	0	0	0	0	0	0	0
掛末払　主掛材料		0	0	0	0	0	0	0	0	0	0	0	0	0
変動消耗		0	0	0	0	0	0	0	0	0	0	0	0	0
変動労務		0	0	0	0	0	0	0	0	0	0	0	0	0
変動経費		0	0	0	0	0	0	0	0	0	0	0	0	0
仕入高		0	0	0	0	0	0	0	0	0	0	0	0	0
変動販売費		0	0	0	0	0	0	0	0	0	0	0	0	0
固定製造労務費		0	0	0	0	0	0	0	0	0	0	0	0	0
固定製造経費		0	0	0	0	0	0	0	0	0	0	0	0	0
固定販売管理		0	0	0	0	0	0	0	0	0	0	0	0	0
手形決済（手形支払）	掛1ヶ月	0	0	0	0	0	0	0	0	0	0	0	0	0
手形決済	掛2ヶ月	0	0	0	0	0	0	0	0	0	0	0	0	0
支出合計	(C)	14,245	15,193	12,548	11,278	11,226	12,139	11,120	11,967	12,195	13,046	11,615	9,724	146,295
経常収支　差引過不足	(D＝B－C)	4,116	5,478	1,679	-1,120	-220	1,091	-373	844	-291	2,394	338	-2,379	11,559
経常外収入　固定資産等売却収入	(E)	0	0	0	0	0	0	0	0	0	0	0	0	0
支　税金・役員賞与配当		0	2,500	0	0	0	0	0	0	0	0	0	0	2,500
保険積立金		0	0	0	0	0	0	0	0	0	0	0	0	0
消費税納税額		0	2,000	0	0	1,750	0	0	1,750	0	1,750	0	0	7,250
出　固定資産等購入		0	0	0	0	0	0	0	0	0	0	0	0	0
支出合計	(F)	0	4,500	0	0	1,750	0	0	1,750	0	1,750	0	0	9,750
経常外収支　差引過不足	(G＝E－F)	0	-4,500	0	0	-1,750	0	0	-1,750	0	-1,750	0	0	-9,750
財務　収入　長期借入金調達	(H)	0	0	0	0	0	0	0	0	0	0	0	0	0
短期借入金調達		0	0	0	0	0	0	0	0	0	0	0	0	0
定期性預金取崩		0	0	0	0	0	0	0	0	0	0	0	0	0
入　増資		0	0	0	0	0	0	0	0	0	0	0	0	0
収入合計		0	0	0	0	0	0	0	0	0	0	0	0	0
支　長期借入金返済		0	0	0	0	0	0	0	0	0	0	0	0	0
短期借入金返済		0	0	0	0	0	0	0	0	0	0	0	0	0
出　定期性預金預入		1,000	1,000	1,000	1,000	1,000	1,000	1,000	1,000	1,000	1,000	1,000	1,000	12,000
支出合計	(I)	1,000	1,000	1,000	1,000	1,000	1,000	1,000	1,000	1,000	1,000	1,000	1,000	12,000
財務収支　差引過不足	(J＝H－I)	-1,000	-1,000	-1,000	-1,000	-1,000	-1,000	-1,000	-1,000	-1,000	-1,000	-1,000	-1,000	-12,000
翌月繰越現金・当座預金	(A＋D＋G＋J)	33,116	33,095	33,774	31,653	28,684	28,774	27,401	25,496	24,205	25,599	23,187	19,809	

小数点の端数処理が原因で計算結果がわずかに異なる場合がありますのでご了承ください。

支出が伴わない変動費・固定費等を抽出

このように，現金取引しかなくても，支出が伴わない変動費・固定費などがあれば「利益計画シート」の経常利益と「資金計画シート」の経常収支は一致しません。

支出が伴わない変動費・固定費等には以下のようなものがあります。

・期首・期末の棚卸資産・減価償却費や各種繰入等・各種戻入（繰入等と相殺処理）

・賞与のように，発生する月を特定する必要のある固定費

・消費税のように，費用の計上と支出のタイミングが異なる固定費

あらかじめこれらを書き出しておくと，月次利益計画から月次資金計画を作成する際，スムーズに作業できます。

3　事例の前提条件

これから5つの事例を挙げ，順に見てゆくことで利益計画・資金計画の作り方について理解を深めていただきます。

5つの事例はいずれも，以下4つの前提条件を元に作成しています。

①　売上高は現金取引20％（請求月に現金入金），売掛金取引70％（請求月の1ヵ月後に入金），受取手形取引10％（請求月の1ヵ月後に引渡，4ヵ月後に期日）とします。

②　主要材料費は買掛金取引65％（請求月の1ヵ月後に支払い），支払手形取引35％（請求月の1ヵ月後に手形引渡，3ヵ月後に期日）とします。

③　その他は発生月（請求月）の金額を同月に計上します。

④　季節指数は「直前二期平均」を使用します。

4　事例と各論

事例1（算出した必要売上高が実現できると考えた例）

(1)　現状分析をする

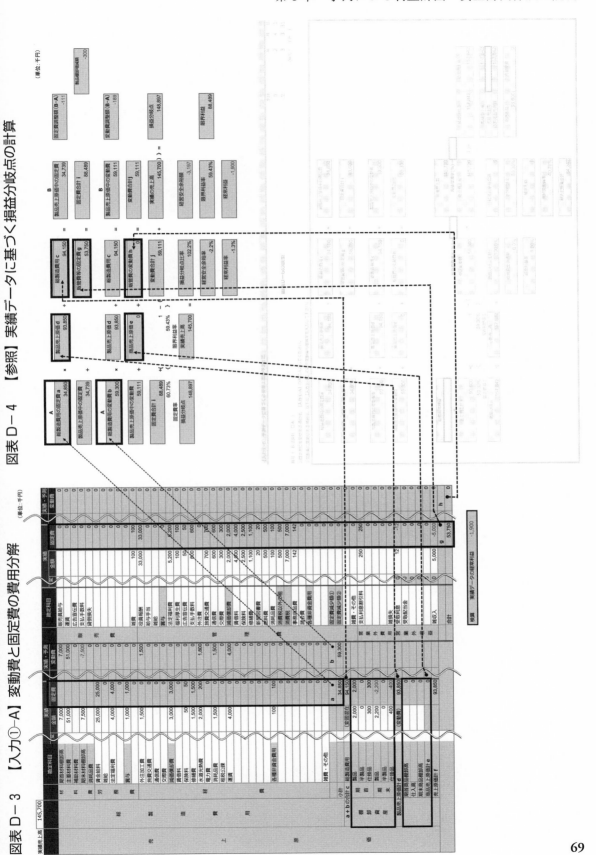

図表 D－3　【入力①－A】変動費と固定費の費用分解

図表 D－4　【参照】実績データに基づく損益分岐点の計算

69

前掲の図表D－3の『1－費用分解』変動費と固定費の費用分解シート（以下，「費用分解シート」）をご覧ください。

「費用分解シート」の「実績」には直近の決算書の損益計算書・販売費及び一般管理費・製造業の場合は製造原価明細書のデータが入っています。これらの金額は同じシートの図表D－4「実績データに基づく損益分岐点の計算」の表に連動しています。

前掲の図表D－4「実績データに基づく損益分岐点の計算」をご覧ください。

この表には「費用分解シート」の「実績」の費用が変動費と固定費に分かれて連動しています。ここでは，現在の損益分岐点を始めとした分析数値を把握しておきます。

分析数値	計算式
損益分岐点148,897千円	固定費88,489千円÷限界利益率59.43％
損益分岐点比率102.2％	損益分岐点148,897千円÷実績売上高145,700千円
経営安全余裕率▲2.2％	実績売上高100％－損益分岐点比率102.2％
経営安全余裕額▲3,197千円	実績売上高145,700千円－損益分岐点148,897千円

この数値を元に経常利益を求めると，▲1,900千円（＝経営安全余裕額▲3,197千円×限界利益率59.43％）となります。これは決算書の経常利益▲1,900千円（「費用分解シート」の下段にある「実績データの経常利益」の金額）と一致しています。経常利益率は▲1.3％（経営安全余裕率▲2.2％×限界利益率59.43％）です。

前掲の図表D－3「費用分解シート」の左下，棚卸資産をご覧ください。

棚卸資産の金額は以下のとおりです。

期首

製品棚卸高2,000千円・半製品棚卸高0千円・仕掛品棚卸高300千円

期末

製品棚卸高2,200千円・半製品棚卸高0千円・仕掛品棚卸高400千円

この事例では，「期首棚卸高2,300千円＜期末棚卸高2,600千円」となっています。

当期総製造費用94,150千円を固定費a 34,850千円と変動費b 59,300千円に分解し，それぞれに製品売上原価d 93,850千円と当期総製造費用c 94,150千円の割合を乗じて製品売上原価を変動費と固定費に費用分解しています。

　前掲の図表D－4「実績データに基づく損益分岐点の計算」をご覧ください。

　総製造費用の固定費 a 34,850千円×製品売上原価 d 93,850千円÷総製造費用 c 94,150千円＝製品売上原価中の固定費34,739千円で，この金額に販管費の固定費 g 53,750千円を加えると，固定費合計 i 88,489千円となります。

　一方，総製造費用の変動費 b 59,300千円×製品売上原価 d 93,850千円÷総製造費用 c 94,150千円＝製品売上原価中の変動費59,111千円で，この金額に商品売上原価 e 0千円と販管費の変動費 h 0千円を加えると，変動費合計 j 59,111千円となります。

　上記の製品売上原価中の固定費34,739千円と製品売上原価中の変動費59,111千円の合計が，製品売上原価 d 93,850千円となります。

　図表D－5『製品売上原価の費用分解≪期首棚卸高＜期末棚卸高≫』をご覧ください。

　製品売上原価93,850千円は以下のように計算することが出来ます。

　期首棚卸高2,300千円＋総製造費用94,150千円－期末棚卸高2,600千円

　＝製品売上原価93,850千円

　この製品売上原価93,850千円中の固定費は以下の算式でも算出できます。

　【期首棚卸高2,300千円＋総製造費用94,150千円－期末棚卸高2,600千円】×総製造費用の固定費34,850千円÷総製造費用94,150千円＝製品売上原価93,850千円×総製造費用の固定費34,850千円÷総製造費用94,150千円

　算式を図表のように展開してみると，期首棚卸高が期末棚卸高より少ない場合には，総製造費用の固定費34,850千円から差引期末棚卸高の固定費111千円（固定費調整額）を減算した金額34,739千円が当期の固定費になることが分かります。

　また，この製品売上原価93,850円中の変動費は以下の算式でも算出できます。

　【期首棚卸高2,300千円＋総製造費用94,150千円－期末棚卸高2,600千円】×総製造費用の変動費59,300千円÷総製造費用94,150千円＝製品売上原価93,850千円×総製造費用の変動費59,300千円÷総製造費用94,150千円

　算式を図表のように展開してみると，期首棚卸高が期末棚卸高より少ない場合には，総製造費用の変動費59,300千円から差引期末棚卸高の変動費189千円（変動費調整額）を減算した金額59,111千円が当期の変動費になることが分かります。

　上記の「調整額」は自動計算され，前掲の図表D－4「実績データに基づく損益分岐点の計算」に表示されています。

製品売上原価の費用分解 《期首棚卸高＜期末棚卸高》

固定費

[期首棚卸高2,300千円＋総製造費用94,150千円－期末棚卸高2,600千円＝製品売上原価93,850千円]

＝ ［期首棚卸高2,300千円＋総製造費用94,150千円－期末棚卸高2,600千円］×総製造費用94,150千円 ＝ 製品売上原価93,850千円×0.37

＝ ［期首棚卸高2,300千円×0.37＋総製造費用94,150千円×0.37－期末棚卸高2,600千円×0.37］ ＝ 製品売上原価93,850千円×0.37

＝ ［期首棚卸高の固定費851千円＋総製造費用94,150千円×総製造費用の固定費34,850千円÷総製造費用94,150千円－期末棚卸高の固定費962千円］ ＝ 製品売上原価の固定費34,739千円

＝ ［総製造費用の固定費34,850千円－差引期末棚卸高の固定費111千円］ ＝ 製品売上原価の固定費34,739千円

つまり、期首棚卸高が期末棚卸高より少ない場合には、総製造費用の固定費34,850千円から差引期末棚卸高の固定費111千円を減算した金額34,739千円が当期の固定費となる

変動費

[期首棚卸高2,300千円＋総製造費用94,150千円－期末棚卸高2,600千円＝製品売上原価93,850千円]

＝ ［期首棚卸高2,300千円＋総製造費用94,150千円－期末棚卸高2,600千円］×総製造費用94,150千円＝製品売上原価93,850千円×0.63

＝ ［期首棚卸高2,300千円×0.63＋総製造費用94,150千円×0.63－期末棚卸高2,600千円×0.63］ ＝ 製品売上原価93,850千円×0.63

＝ ［期首棚卸高の変動費1,449千円＋総製造費用94,150千円×0.63－期末棚卸高の変動費1,638千円］ ＝ 製品売上原価中の変動費59,111千円

＝ ［総製造費用の変動費59,300千円－差引期末棚卸高の変動費189千円］ ＝ 製品売上原価上原価中の変動費59,111千円

つまり、期首棚卸高が期末棚卸高より少ない場合には、総製造費用の変動費59,300千円から差引期末棚卸高の変動費189千円を減算した金額59,111千円が当期の変動費となる

⑵　一般経済の情勢や業界動向などを考慮する

　　図表D－3－1，「費用分解シート」の「予測」欄をご覧ください。

　　「費用分解シート」の「予測」欄では実績と同額をベースに，一般経済の情勢や業界動向などを考慮し，予測の変動費と固定費を決定します。

　　この例では，図表D－3「費用分解シート」の実績データ「雑収入」5,000千円は新型コロナウイルスに係る助成金としました。来期はこの助成金を得られないと考え，予測金額を0としています。実績データと同様に，図表D－3－1の固定費は「費用分解シート」の図表D－6「予測データに基づく必要売上高の予測計算」にも連動しています。

　　本書では，実績の損益分岐点の計算においては実績データの期首と期末の棚卸高の増減額を変動費と固定費に振り分け，調整額としてこれを反映させています。予測の損益分岐点の計算においては製品・半製品・仕掛品の予測データの期首棚卸高と期末棚卸高は同額としています。

　　染谷恭次郎先生（1924－2000早稲田大学名誉教授）の著書『経営分析（三訂版）』（国元書房）(注)によれば，「損益分岐点分析においては，1期間の売上高と製造高が常に同一であること，すなわち期首と期末の棚卸資産の金額が変化しないことが前提とされている。」「変動費と固定費に基づく利益計画においては，販売数量と製造数量は常に等しいとし，原価の費消はすべてその期間の費用となる。」とされています。これが唯一の正解とは思いませんが，ワークシートへ落とし込む現実的な方法として，本書ではこの理論を採用しています。

　　「費用分解シート」の営業外収益にある「雑収入」はその金額を固定費から差し引く項目の一つです。この事例では，雑収入の予測金額を0としましたので，実績「固定費i」は88,489千円でしたが，予測「固定費i」は93,600千円となります。その結果，予測の損益分岐点は157,842千円（固定費93,600千円÷限界利益率59.30％）となります。

　　目標経常利益は0です。一定の経常利益を実現するための売上高が必要売上高です。目標経常利益が0の場合，必要売上高は単に損益分岐点を表していますので，損益分岐点と読み替えてください。

（注）　染谷恭次郎著（平成10年4月10日　16版発行）『経営分析〔三訂版〕』（国元書房）総ページ312　引用102ページ・213ページ。

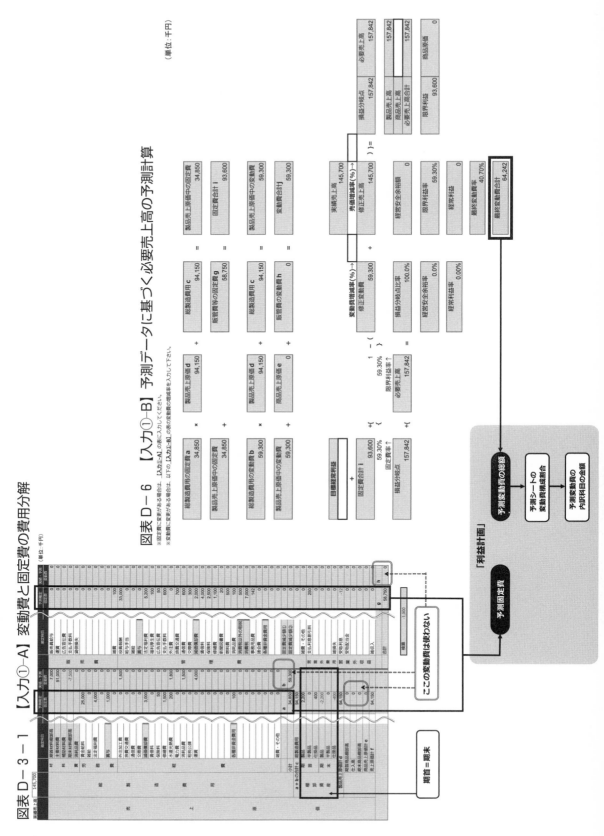

図表 D－3－1　【入力①－A】変動費と固定費の費用分解

図表 D－6　【入力①－B】予測データに基づく必要売上高の予測計算

「利益計画」

74

　損益分岐点と目標経常利益を実現するために必要な売上高を算出したうえで，この計画が実現可能か検討します。実現が困難なら，予測固定費の金額や予測変動費の仕入単価・予測販売単価などの見直しを行い，実現可能な予測損益分岐点と予測必要売上高を算出します。

　この事例の売上高（＝損益分岐点）157,842千円を実現可能と考えた場合，損益分岐点157,842千円に対応する変動費は「最終変動費合計」64,242千円となりますので，この金額を「利益計画シート」の変動費とします。さらに，実績と予測を同額とした各変動費の構成割合を「最終変動費合計」64,242千円に掛けることによって，損益分岐点157,842千円に対する各変動費の内訳金額を求めています。

　「費用分解シート」の予測変動費59,300千円は使用しません。これは実績売上高145,700千円に対応する変動費だからです。

　一方，固定費は売上高に比例しませんので，「費用分解シート」上の予測固定費の金額93,600千円をそのまま「利益計画シート」で使用します。

(3)　目標経常利益（率）を決める

　『5−下準備』資金計画下準備シート（以下，「資金計画下準備シート」）の図表D−7の一番下の行にある「翌月繰越現金・当座預金」をご覧ください。

　上記の損益分岐点157,842千円をベースに，後述する「取引条件入力シート」や「季節指数入力シート」を経て「資金計画下準備シート」まで計画を立てたところ，期首現金30,000千円は10,226千円減少し，期末現金は19,774千円となりました。

　予測損益分岐点157,842千円を実現しても，期末現金等は10,226千円減少しています。このように，現預金が減少するのでは，これで完成とすることは出来ません。

　期末現金も期首現金と同額の30,000千円にするなら，「費用分解シート」に戻り，減少する10,226千円を補う手立てを講じなければなりません。ここでは，固定費を10,226千円減少させ，同額を目標経常利益とする方法で補うこととします。この部分についてもう少し説明します。

図表 D-7　[入力④] 資金計画下準備

(単位:千円)

区分	項目	備考	4月	5月	6月	7月	8月	9月	10月	11月	12月	1月	2月	3月	合計
	製品売上高		18,360	20,670	14,227	10,156	11,006	13,228	10,746	11,903	12,810	15,439	11,952	7,344	157,842
	商品売上高		0	0	0	0	0	0	0	0	0	0	0	0	0
	主要材料費		6,427	7,235	4,980	3,555	3,882	4,630	3,761	4,167	4,484	5,404	4,184	2,571	55,250
	補助材料費		0	0	0	0	0	0	0	0	0	0	0	0	0
	変動消耗品費		0	0	0	0	0	0	0	0	0	0	0	0	0
	変動労務費		1,109	1,248	859	613	665	799	649	719	774	932	722	444	9,533
	変動経費		0	0	0	0	0	0	0	0	0	0	0	0	0
	仕入高		0	0	0	0	0	0	0	0	0	0	0	0	0
	販売費中の変動費		0	0	0	0	0	0	0	0	0	0	0	0	0
	管理費中の変動費		0	0	0	0	0	0	0	0	0	0	0	0	0
	製造間接中の固定経費		2,417	2,417	2,417	2,417	2,417	2,417	2,417	2,417	2,417	2,417	2,417	2,417	30,000
	販売費中の固定費		146	146	146	146	146	146	146	146	146	146	146	146	1,750
	製造間接中の固定管理費		8	8	8	8	8	8	8	8	8	8	8	8	100
	販売費中の固定管理費		4,118	4,118	4,118	4,118	4,118	4,118	4,118	4,118	4,118	4,118	4,118	4,118	49,412
	営業外収益		1	1	1	1	1	1	1	1	1	1	1	1	12
	営業外費用		21	21	21	21	21	21	21	21	21	21	21	21	250
	前月繰越現金・当期現金	(A)	30,000												
経常 収入	製品現金売														
	商品現金売		0	0	0	0	0	0	0	0	0	0	0	0	0
	売上代金(手形回収)														
	手形割引														
	営業外収入		1	1	1	1	1	1	1	1	1	1	1	1	12
	収入合計	(B)	9,777	18,162	18,403	12,692	11,148	12,418	12,833	11,101	12,449	12,744	14,273	11,117	157,116
経常 支出	主要材料料														
	補助材料料														
	変動消耗品														
	変動労務費														
	変動経費														
	仕入高														
	固定製造経費		2,417	2,417	2,417	2,817	2,417	2,417	2,417	3,017	3,017	2,417	2,417	2,417	30,000
	固定販売費		146	146	146	146	146	146	146	146	146	146	146	146	1,750
	固定製造管理		8	8	8	8	8	8	8	8	8	8	8	8	100
	固定管理費		4,118	4,118	4,118	4,118	4,118	4,118	4,118	4,118	4,118	4,118	4,118	4,118	49,412
	営業外支出		21	21	21	21	21	21	21	21	21	21	21	21	250
	掛未払		3,672	4,134	2,845	2,031	2,201	2,646	2,149	2,381	2,562	3,088	2,390	1,469	31,568
	支出合計	(C)	10,852	13,467	13,130	13,209	12,217	11,755	11,612	11,276	12,564	11,667	12,513	11,331	145,592
	差引過不足	(D=B−C)	−1,074	4,696	5,273	−517	−1,070	662	1,220	−176	−114	1,077	1,760	−213	11,524
経常外 収入	固定資産等売却収入		0	0	0	0	0	0	0	0	0	0	0	0	0
	収入合計	(E)	0	0	0	0	0	0	0	0	0	0	0	0	0
経常外 支出	税金・役員賞与配当			2,500											2,500
	保険積立金														0
	消費税納税額			2,000			1,750			1,750			1,750		7,250
	固定資産等購入														0
	支出合計	(F)	0	4,500	0	0	1,750	0	0	1,750	0	0	1,750	0	9,750
	差引過不足	(G=E−F)	0	−4,500	0	0	−1,750	0	0	−1,750	0	0	−1,750	0	−9,750
財務 収入	長期借入金入金調達		0	0	0	0	0	0	0	0	0	0	0	0	0
	短期借入金入金調達		0	0	0	0	0	0	0	0	0	0	0	0	0
	定期性預金取崩		0	0	0	0	0	0	0	0	0	0	0	0	0
	増資		0	0	0	0	0	0	0	0	0	0	0	0	0
	収入合計	(H)	0	0	0	0	0	0	0	0	0	0	0	0	0
財務 支出	長期借入金入金返済		0	0	0	0	0	0	0	0	0	0	0	0	0
	短期借入金入金返済		0	0	0	0	0	0	0	0	0	0	0	0	0
	定期性預金入金		1,000	1,000	1,000	1,000	1,000	1,000	1,000	1,000	1,000	1,000	1,000	1,000	12,000
	支出合計	(I)	1,000	1,000	1,000	1,000	1,000	1,000	1,000	1,000	1,000	1,000	1,000	1,000	12,000
	差引過不足	(J=H−I)	−1,000	−1,000	−1,000	−1,000	−1,000	−1,000	−1,000	−1,000	−1,000	−1,000	−1,000	−1,000	−12,000
	翌月繰越現金・当期現金	(A+D+G+J)	27,926	27,121	31,394	29,876	26,057	25,719	25,940	23,014	21,900	21,977	20,987	19,774	

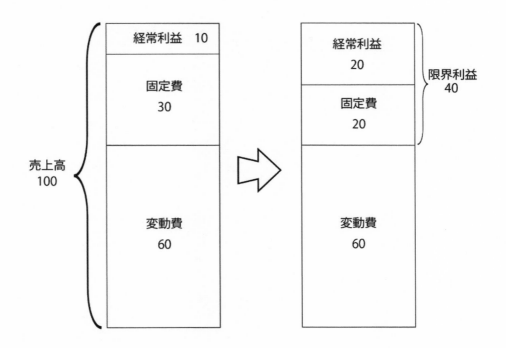

　第4章　損益分岐点について　3　収益上のゆとり（経営安全余裕率）の説明
の中で「経常利益10円は限界利益40円−固定費30円でも算出できる」と解説しま
した。この例の経常利益10円を20円にしたければ，固定費を10円減少させて20円
にすればよいのです。つまり，限界利益40円−固定費20円＝経常利益20円で，減
少させた固定費がそのまま経常利益になるということです。

　「資金計画下準備シート」まで入力した後，固定費を見直すことにした場合は
「費用分解シート」に戻ります。図表D−8「費用分解シート」をご覧くださ
い。

　「費用分解シート」の「固定費減少額①」で，予測固定費を10,226千円減少さ
せています。この金額を割り当てる具体的な勘定科目や勘定科目ごとの割合は後
で考えることにして，この段階では，固定費を全体としてどの程度減少させれば
良いかを，実現可能性も考慮しながら検討します。この事例では，固定費減少額
を▲10,226千円としました。

　「費用分解シート」の図表D−9をご覧ください。

　これは，固定費を減少させた後の「予測データに基づく必要売上高の予測計算」
の表です。

　減少させた固定費10,226千円と同額を目標経常利益にしています。この時の必

図表D－8 【入力①-A】 変動費と固定費の費用分解

（単位：千円）

実績売上高 145,700

売上高

勘定科目	変動割合(%)	実績[余額]	固定費	変動費	予測確定 固定費	予測 固定費	実績・予測 変動費
材 期首材料棚卸高	100	7,000					7,000
料 主要材料費	100	51,000					51,000
補助材料費	100						0
費 期末材料棚卸高	100	-7,500					-7,500
消耗品費	100						0
労 賃金給料	100	25,000	25,000		25,000		0
雑給	100						0
務 法定福利費	0	4,000	4,000		4,000		0
費 賞与	0	1,000	1,000		1,000		0
経 外注加工費	100						0
旅費交通費	100	1,500	1,500		1,500		1,500
通信費	0						0
交際費	0						0
減価償却費	0	3,000	3,000		3,000		0
賃借料	0						0
保険料	0	50	50		50		0
修繕費	90	1,500	1,500		1,500		1,800
水道光熱費	90	2,000	200		200		0
費 電力費	100						0
消耗品費	100	1,500	1,500		1,500		1,500
租税公課	100						0
造 運賃	100	4,000	4,000		4,000		0
各種引当金費用							
費 雑費・その他	0						0
小計		34,850	34,850		34,850		59,300
a＋bの合計 c		94,150	94,150		94,150		
棚 製品	0	2,000	2,000 (変動混在)	2,200	2,200		
卸 半製品		0	0	0	0		
資 仕掛品		300	300	400	400		
産 製品		-2,200	-2,200	-2,200	-2,200		
半製品		0	0	0	0		
仕掛品		400	-400 (変動費)	400	-400		
製品売上原価計 d		93,850	93,850		94,150		
棚 期首商品棚卸高							
卸 仕入高							
資 期末商品棚卸高 e							
産 商品売上原価計 f		93,850	93,850		94,150		

実額入力あり

補助科目	変動割合(%)	実績[余額]	固定費	予測 固定費	予測確定 固定費	実績・予測 変動費
販 販売員給与						0
売 運賃						0
費 広告宣伝費						0
支払手数料						0
貸倒損失						0
雑費		100	100		100	0
管 役員報酬		33,000	33,000		33,000	0
給料手当						0
雑給						0
賞与						0
理 法定福利費		5,200	5,200		5,200	0
福利厚生費		100	100		100	0
広告宣伝費		50	50		50	0
支払手数料		600	600		600	0
外注費						0
旅費交通費		700	700		700	0
通信費		600	600		600	0
費 交際費		300	300		300	0
減価償却費		2,000	2,000		2,000	0
保険料		4,000	4,000		4,000	0
修繕費		2,500	2,500		2,500	0
新聞図書費		1,100	1,100		1,100	0
燃料費		20	20		20	0
消費税以外の租税公課		500	500		500	0
消費税		100	100		100	0
事務用品費		500	500		500	0
諸会費		7,000	7,000		7,000	0
雑費		142	142		142	0
各種引当金費用						0
固定費減少額①		0	0	-10,226	-10,226	0
固定費減少額②		0	0	0	0	0
営 雑損・その他		250	250		250	0
業外費用 支払利息割引料						0
営 雑損失		-12	-12		-12	0
業外収益 受取利息						0
受取配当金						0
雑収入		5,000	-5,000			0
合計	g	53,750		g	48,524 h	0

検算 -1,900　　　実績データの経常利益 -1,900

図表Ｄ－９　【入力①-B】予測データに基づく必要売上高の予測計算

※固定費に変更がある場合は、【入力①-A】の表に入力してください。
※変動費に変更がある場合は、以下の【入力①-B】の表の変動費の増減率を入力して下さい。

（単位：千円）

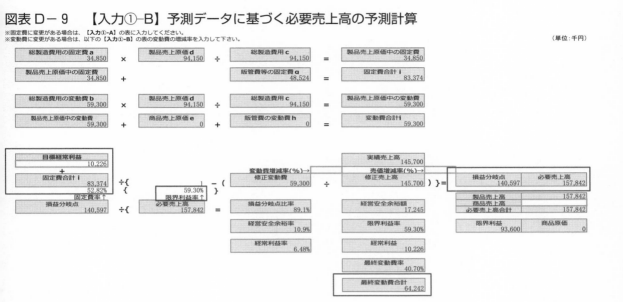

要売上高は157,842千円です。固定費の減少によって損益分岐点が下がり，目標経常利益が０だった時の予測損益分岐点157,842千円が，目標経常利益10,226千円を実現するための必要売上高となりました。

　この表には「費用分解シート」の予測金額の変動費と固定費が連動しています。ここで，予測損益分岐点を始めとする分析数値を把握しておきます。必要売上高157,842千円に対応する変動費は「最終変動費合計」64,242千円です。これらの金額は「利益計画シート」で使います。

分析数値	計算式
予測損益分岐点140,597千円	固定費83,374千円÷限界利益率59.30％
損益分岐点比率89.1％	損益分岐点140,597千円÷必要売上高157,842千円
経営安全余裕率10.9％	必要売上高100％－損益分岐点比率89.1％
経営安全余裕額17,245千円	必要売上高157,842千円－損益分岐点140,597千円
経常利益10,226千円	経営安全余裕額17,245千円×限界利益率59.30％
経常利益率6.48％	経営安全余裕率10.9％×限界利益率59.30％

　図表Ｄ－10をご覧ください。

　これは再計算後の「資金計画下準備シート」です。

　一番下の行の「翌月繰越現金・当座預金」を見ると，期首現金30,000千円が期

図表 D－10　【入力④】　資金計画下準備

（単位：千円）

品目		期首	4月	5月	6月	7月	8月	9月	10月	11月	12月	1月	2月	3月	合計
製品売上高			18,360	20,670	14,227	10,156	11,006	13,228	10,746	12,810	11,903	15,439	11,952	7,344	157,842
商品売上高			0	0	0	0	0	0	0	0	0	0	0	0	0
主要材料費			6,427	7,235	4,980	3,555	3,852	4,630	3,761	4,484	4,167	5,404	4,184	2,571	55,250
補助材料費			0	0	0	0	0	0	0	0	0	0	0	0	0
変動消耗品費			0	0	0	0	0	0	0	0	0	0	0	0	0
変動労務費			1,109	1,248	859	613	665	799	649	774	719	932	722	444	9,533
仕入高			0	0	0	0	0	0	0	0	0	0	0	0	0
販売費中の変動費			0	0	0	0	0	0	0	0	0	0	0	0	0
管理費中の変動費			2,417	2,417	2,417	2,817	2,417	2,417	2,417	2,417	3,017	2,417	2,417	2,417	30,000
固定労務費			146	146	146	146	146	146	146	146	146	146	146	146	1,750
製造間接費中の固定経費			8	8	8	8	8	8	8	8	8	8	8	8	100
販売費中の固定費			3,266	3,266	3,266	3,266	3,266	3,266	3,266	3,266	3,266	3,266	3,266	3,266	39,186
営業外収益			21	21	21	21	21	21	21	21	21	21	21	21	250
前月繰越残高・当期開始金	(A)	30,000	30,000	28,778	28,825	33,950	33,285	30,318	30,832	31,905	29,831	29,569	30,499	30,361	
経常 収入 現金 製品売現金			3,672	4,134	2,845	2,031	2,201	2,646	2,149	2,562	2,381	3,088	2,390	1,469	31,568
商品売現金			0	0	0	0	0	0	0	0	0	0	0	0	0
製品売掛金			4,904	12,852	14,469	9,959	7,109	7,704	9,260	7,522	8,967	8,332	10,807	8,367	110,252
手形期日回収			701	1,836	2,067	1,423	1,016	1,101	1,323	1,075	1,281	1,190	1,544	1,195	15,750
手形割引			1,201	1,175	1,087	701	1,836	2,067	1,423	1,016	1,101	1,323	1,075	1,281	15,284
収入合計	(B)		9,777	18,162	18,403	12,692	11,148	12,418	12,833	11,101	12,449	12,744	14,273	11,117	157,116
支出 管理費中の変動費			2,417	2,417	2,417	2,817	2,417	2,417	2,417	2,417	3,017	2,417	2,417	2,417	30,000
固定労務費			146	146	146	146	146	146	146	146	146	146	146	146	1,750
固定製造経費			8	8	8	8	8	8	8	8	8	8	8	8	100
固定販売			3,266	3,266	3,266	3,266	3,266	3,266	3,266	3,266	3,266	3,266	3,266	3,266	39,186
固定管理			21	21	21	21	21	21	21	21	21	21	21	21	250
仕入高（買掛払い）			1,594	4,177	4,703	3,237	2,311	2,504	3,010	2,445	2,915	2,708	3,513	2,719	35,835
支出合計	(C)		9,999	12,615	12,278	12,357	11,365	10,903	10,760	10,424	11,711	10,814	11,661	10,478	135,366
差引過不足	(D=B-C)		-222	5,548	6,125	335	-217	1,515	2,072	677	738	1,929	2,612	639	21,750
経常外 収入 固定資産等売却収入			0	0	0	0	0	0	0	0	0	0	0	0	0
収入合計	(E)		0	0	0	0	0	0	0	0	0	0	0	0	0
支出 税金・役員賞与配当			0	2,500	0	0	0	0	0	0	0	0	0	0	2,500
消費税納付税			0	2,000	0	0	1,750	0	0	1,750	0	0	1,750	0	7,250
固定資産等購入			0	0	0	0	0	0	0	0	0	0	0	0	0
支出合計	(F)		0	4,500	0	0	1,750	0	0	1,750	0	0	1,750	0	9,750
差引過不足	(G=E-F)		0	-4,500	0	0	-1,750	0	0	-1,750	0	0	-1,750	0	-9,750
財務 収入			0	0	0	0	0	0	0	0	0	0	0	0	0
収入合計	(H)		0	0	0	0	0	0	0	0	0	0	0	0	0
支出 長期借入金返済			1,000	1,000	1,000	1,000	1,000	1,000	1,000	1,000	1,000	1,000	1,000	1,000	12,000
支出合計	(I)		1,000	1,000	1,000	1,000	1,000	1,000	1,000	1,000	1,000	1,000	1,000	1,000	12,000
差引過不足	(J=H-I)		-1,000	-1,000	-1,000	-1,000	-1,000	-1,000	-1,000	-1,000	-1,000	-1,000	-1,000	-1,000	-12,000
翌月繰越残高・当期末残金	(A+D+G+J)		28,778	28,825	33,950	33,285	30,318	30,832	31,905	29,831	29,569	30,499	30,361	30,000	30,000

末現金も30,000千円となっています。これで問題がなければ，作業は完結となります。

　この事例では，初期の利益計画の消費税は売上高130,000千円から145,000千円を想定して一律7,000千円（売上高×５％と想定）としています。本来ならば，実現可能な予測売上高が確定したら「費用分解シート」に戻り，売上高の増減に合わせて消費税（税込み）の予測金額も変更すべきですが，紙面の都合上，ここでは割愛します。

　このように，資金計画は「費用分解シート」への実績金額の入力から順に「資金計画下準備シート」まで入力を進め，満足のいく結果にならなければ入力済みのワークシートに戻って修正します。その際，消費税のように経常損益に影響があるものの他，経常損益に反映されていない法人税等も考慮する必要がありますが，本書では割愛します。

　まずは会社全体の目標経常利益を決めて，各部門や支店などの部門目標や管理者目標を定め，そのうえで，各部門などが提案する計画案と調整し，その結果を資金計画に反映させるのが望ましいでしょう。

(4)　売上原価・販売費及び一般管理費に関する方針を決定
「費用分解シート」の予測金額で確認

　資金計画の作成にあたっては，この事例のように「固定費減少額」で減少させた固定費をどの勘定科目に割り当てるかだけでなく，売上高の増減に比例して変動する仕入高・外注費などの変動費の割合や固定費とする勘定科目の見極めと，それらを検討して確定したルールを継続適用するための管理方針も決定する必要があります。

　その方針の下に，損益分岐点や必要売上高を確定させ，年間利益計画を立案します。

(5)　年間利益計画を月次利益計画に配分

　図表Ｄ−11『３−季節指数』タブの「季節指数入力シート」（以下，「季節指数入力シート」）をご覧ください。

　ここでは，年間売上高を各月に按分する割合を算出します。

　季節指数の求め方は様々ありますが，代表的な「直前三期平均」「直前二期平

図表 D−11

					(単位:千円)	リスト選択→	直前二期平均
月	3年前期	2年前期	直前期	三期平均	直近二期平均	実額	季節指数
4	23,300	20,252	15,549	19,700	17,901		11.63%
5	20,550	19,255	21,050	20,285	20,153		13.10%
6	14,500	13,419	14,322	14,080	13,871		9.01%
7	10,430	9,330	10,474	10,078	9,902		6.43%
8	12,243	11,434	10,026	11,234	10,730		6.97%
9	15,457	14,233	11,561	13,750	12,897		8.38%
10	11,850	10,795	10,158	10,934	10,477		6.81%
11	15,480	14,052	10,927	13,486	12,490		8.12%
12	12,698	11,204	12,006	11,969	11,605		7.54%
1	19,842	18,353	11,751	16,649	15,052		9.78%
2	14,123	12,435	10,871	12,476	11,653		7.57%
3	8,421	7,315	7,005	7,580	7,160		4.65%
合計	178,894	162,077	145,700	162,224	153,889	0	100%
平均	14,908	13,506	12,142	13,519	12,824		
					必要売上高	157,842	

均」「直前期」に加え，変動がない場合に用いる「使わない」，直接入力する「実
額」がドロップダウンリストから選べるようになっています。これらの中から実
態に最も近いものを選択します。

　ここで選択した方法に従って，年間利益計画の売上高・変動費の金額が月次利
益計画の売上高・変動費の金額に振り分けられます。

　この事例では季節指数として「直前二期平均」を使用していますので，図表
D−12の「利益計画シート」はこの指数に基づいて計算されています。

　では，図表D−12「利益計画シート」をご覧ください。このシートはここまで
の計算結果のチェックと印刷のためのものですから，入力項目はありません。

　先ほど季節指数として「直前二期平均」を選択しましたが，その結果が正しく
反映されているかを確認します。4月の売上高は18,360千円となっています。こ
れは年間の売上高157,842千円×季節指数11.63%の結果です。4月の変動費は
7,473千円となっています。これは年間の変動費64,242千円×11.63%の結果です。
以下同様に，各月の変動費が算出されます。

　年間固定費は均等に按分しますが，賞与は後述する「取引条件入力シート」で，
該当する月と金額を入力します。

図表 D－12　利 益 計 画

（単位：千円）

季節指数の対象

科目	%	年間予想（月別）／季節指数→	4月 11.63%	5月 13.10%	6月 9.01%	7月 6.43%	8月 6.97%	9月 8.38%	10月 6.81%	11月 8.13%	12月 7.56%	1月 9.78%	2月 7.57%	3月 4.65%	合計 100.00%
売上高	100.00	157,842	18,360	20,670	14,227	10,156	11,006	13,228	10,746	12,810	11,903	15,439	11,952	7,344	157,842
製品売上高	100.00	157,842	18,360	20,670	14,227	10,156	11,006	13,228	10,746	12,810	11,903	15,439	11,952	7,344	157,842
商品売上高	0.00	0	0	0	0	0	0	0	0	0	0	0	0	0	0
変動費	40.70	64,242	7,473	8,413	5,790	4,134	4,479	5,384	4,373	5,214	4,845	6,284	4,865	2,989	64,242
材料費	34.66	54,708	6,364	7,164	4,931	3,520	3,815	4,585	3,724	4,440	4,126	5,351	4,143	2,545	54,708
主要材料費	35.00	55,250	6,427	7,235	4,980	3,555	3,852	4,630	3,761	4,484	4,167	5,404	4,184	2,571	55,250
補助材料費	0.00	0	0	0	0	0	0	0	0	0	0	0	0	0	0
変動消耗品費	0.00	0	0	0	0	0	0	0	0	0	0	0	0	0	0
変動労務費	0.00	0	0	0	0	0	0	0	0	0	0	0	0	0	0
変動経費	6.04	9,533	1,109	1,248	859	613	665	799	649	774	719	932	722	444	9,533
製品原価中の変動費調整額	0.00	0	0	0	0	0	0	0	0	0	0	0	0	0	0
商品売上原価	0.00	0	0	0	0	0	0	0	0	0	0	0	0	0	0
仕入高	0.00	0	0	0	0	0	0	0	0	0	0	0	0	0	0
管理費中の変動費	0.00	0	0	0	0	0	0	0	0	0	0	0	0	0	0
限界利益	59.30	93,600	10,888	12,257	8,437	6,023	6,526	7,844	6,372	7,597	7,059	9,155	7,088	4,355	93,600
固定費（①②を除く固定費合計）	52.67	83,136	6,928	6,928	6,928	6,928	6,928	6,928	6,928	6,928	6,928	6,928	6,928	6,928	83,136
固定製造労務費	19.01	30,000	2,417	2,417	2,417	2,817	2,417	2,417	2,417	2,417	3,017	2,417	2,417	2,417	30,000
固定製造経費	3.07	4,850	404	404	404	404	404	404	404	404	404	404	404	404	4,850
固定製造経費中の減価償却費等	1.96	3,100	258	258	258	258	258	258	258	258	258	258	258	258	3,100
上記以外の固定経費	1.11	1,750	146	146	146	146	146	146	146	146	146	146	146	146	1,750
固定製造労務費のうち賞与	0.63	1,000	0	0	0	400	0	0	0	0	600	0	0	0	1,000
製品原価中の固定費調整額	0.00	0	0	0	0	0	0	0	0	0	0	0	0	0	0
販売費中の固定費	0.06	100	8	8	8	8	8	8	8	8	8	8	8	8	100
管理費中の固定費	30.53	48,186	4,016	4,016	4,016	4,016	4,016	4,016	4,016	4,016	4,016	4,016	4,016	4,016	48,186
管理費中の減価償却費等	5.70	9,000	750	750	750	750	750	750	750	750	750	750	750	750	9,000
上記以外の固定管理費	24.83	39,186	3,266	3,266	3,266	3,266	3,266	3,266	3,266	3,266	3,266	3,266	3,266	3,266	39,186
管理費のうち賞与	0.00	0	0	0	0	0	0	0	0	0	0	0	0	0	0
営業利益	6.63	10,464	3,960	5,329	1,509	-905	-402	916	-556	669	131	2,227	160	-2,573	10,464
①営業外収益（固定費補填額）	0.01	12	1	1	1	1	1	1	1	1	1	1	1	1	12
②営業外費用（固定費）	0.16	250	21	21	21	21	21	21	21	21	21	21	21	21	250
経常利益	6.48	10,226	3,940	5,310	1,489	-925	-421	897	-576	649	111	2,207	140	-2,593	10,226

83

(6)　月次利益計画から月次資金計画（資金繰り表）へ

　勘定科目・固定費・変動費の他のワークシートへの連動について

　前掲の図表D−8「費用分解シート」の予測の固定費は，図表D−9の「予測データに基づく必要売上高の予測計算」の表と図表D−13の「取引条件入力シート」の表に連動しています。変動費は売上高の増減に比例して変動しますから，前掲の図表D−9の「予測データに基づく必要売上高の予測計算」の表にある「必要売上高」157,842千円に対応する「最終変動費合計」64,242千円は図表D−13の「取引条件入力シート」の表にある変動費に連動しています。

　ここでは，実績と予測で同額としている各変動費の構成割合（「取引条件入力シート」図表D−13−1）を「最終変動費合計」64,242千円に掛けることによって，売上高に対する各内訳変動費の金額としています。この過程を経て，勘定科目・固定費・変動費の内容を図表D−13の「取引条件入力シート」や前掲の図表D−12の「利益計画シート」に連動させています。

　「利益計画シート」の月次利益計画の金額は，「取引条件入力シート」で指定した収入と支出の対応関係を反映させたうえで「資金計画下準備シート」の月次資金計画の金額に連動させています。

　固定費は基本的に毎月同額で按分しますが，固定製造労務費と固定管理費に含まれる賞与は発生月の収支にだけ影響する固定費です。そこで，賞与については「取引条件入力シート」で反映させる月を指定することで，無理なく「資金計画下準備シート」（前掲図表D−10）に連動させています。

　「取引条件入力シート」をご覧ください。

　この事例では，製品売上高157,842千円のうち現金取引が20％の31,568千円，売掛金取引が70％の110,489千円，そして受取手形が10％の15,784千円としました。現金取引は請求月に入金となり，売掛金は請求月の1ヵ月後に入金です。受取手形は請求月の1ヵ月後に引き渡され，請求月の4ヵ月後に期日を迎えるという取引条件です。

　主要材料費55,250千円のうち買掛金取引が65％の35,913千円，そして支払手形が35％の19,338千円としました。買掛金は請求月の1ヵ月後に支出し，支払手形は請求月の1ヵ月後に引き渡し，請求月の3ヵ月後に期日を迎えるという取引条件としています。変動経費と固定費は請求月に全額，現金取引の支出とし，営業外収益は請求月に全額，現金取引の収入としました。賞与は支出する月を任意に

図表D-13　【入力②】取引条件

（単位：千円）

図表D-13-1　構成割合

金額	大項目構成割合	小項目構成割合
50500	0.851602024	
7000		0.138613861
51000	1.00990099	
0		0
▲ 7500		-0.148514851
0		0
0		0
0	0	1
8,800	0.148397976	
0		0
0		0
0		0
0	0	0
0		0
0	0	
0	0	
59,300	1	

手形の場合：1の場合 → 2・3・4、2の場合 → 3・4・5

項目	100%チェック	現金%	現金金額	掛け%	掛け金額	売掛買掛発生月数	手形%	手形金額	手形期日落	合計
売上高	157,842									
製品売上高	157,842	20	31,568	70	110,489	1	10	15,784	4	157,842
商品売上高	0						5		5	0
変動費	64,242									
材料費	54,708									
期首材料棚卸高	7,583									
主要材料費	55,250		0	65	35,913	1	35	19,338	3	55,250
補助材料費	0	100	0	0	0	5			3	0
期末材料棚卸高	-8,125									
変動消耗品費	0	100	0	0	0	5			3	0
変動労務費	0	100	0	0	0	1			4	0
変動経費	9,533	100	9,533	0	0	5			3	9,533
製品原価中の変動費調整額	0									
商品売上原価	0									
期首商品棚卸高	0									
仕入高	0	100	0	0	0	5			3	0
期末商品棚卸高	0									
販売費中の変動費	0	100	0	0	0	5				0
管理費中の変動費	0	100	0	0	0	5				0
限界利益	93,600									
固定費(①と②を除く固定費合計)	83,136									
固定製造労務費	30,000	100	30,000	0	0	1				30,000
うち賞与以外の固定製造労務費	29,000	100	29,000	0	0	1				
うち賞与総額　内訳一致	1,000	100	1,000							
うち賞与1　7月	400	100	400							
うち賞与2　12月	600	100	600							
うち賞与3　月	0	100	0							
固定製造経費	4,850									
固定製造経費中の減価償却費等	3,100									
上記以外の固定経費	1,750	100	1,750	0	0	5				1,750
製品原価中の固定費調整額	0									
販売費中の固定費	100	100	100	0	0	5				100
管理費中の固定費	48,186									
管理費中の減価償却費等	9,000									
上記以外の固定管理費	39,186	100	39,186	0	0	1				39,186
うち賞与以外の固定管理費	39,186	100	39,186	0	0	1				39,186
うち賞与総額　内訳一致	0	100	0							
うち賞与1　月		100	0							
うち賞与2　月		100	0							
うち賞与3　月		100	0							
営業利益	10,464									
①営業外収益(固定費補填額)	12									
②営業外費用(固定費)	250									
経常利益	10,226									

注記：「製品売上高」欄には「最終変動費合計」から、「販売費中の変動費」「管理費中の変動費」欄には「予測費用分解シート」から入力できるようにしてあります。

製品売上高の例

図表D-14をご覧ください。

これは製品売上高に関わる「利益計画」と「取引条件」の関係を表したものです。月々の製品売上高は現金取引20％，売掛金取引70％，そして受取手形10％としています。たとえば４月の製品売上高は18,360千円の20％で現金取引額3,672千円，70％で売掛金取引額12,852千円，10％で受取手形取引金額1,836千円となっています。

図表D-15をご覧ください。

これは製品売上高に関わる「取引条件」と「資金計画下準備シート」の関係を表したものです。上記の４月の製品売上高の20％，現金取引額3,672千円は同シートにおいて４月の製品現金欄にあります。同じく70％の売掛金取引額12,852千円は請求月の１ヵ月後に入金となりますので，５月の製品売掛欄にあります。そ

「利益計画」と「取引条件」　売掛金は請求月の1ヵ月後に入金、受取手形は請求月の1ヵ月後に回収・請求月の4ヵ月後に期日入金

（単位：千円）

12	1	2	3		条件%		4	5	6	7	8	9	10	11	12	1	2	3	合計
12,006	11,751	10,871	7,005	製品売上	100		18,360	20,670	14,227	10,156	11,006	13,228	10,746	12,810	11,903	15,439	11,952	7,344	157,842
2,401	2,350	2,174	1,401	現金	20		3,672	4,134	2,845	2,031	2,201	2,646	2,149	2,562	2,381	3,088	2,390	1,469	31,568
8,404	8,226	7,610	4,904	売掛金	70		12,852	14,469	9,959	7,109	7,704	9,260	7,522	8,967	8,332	10,807	8,367	5,141	110,489
1,201	1,175	1,087	701	受取手形	10		1,836	2,067	1,423	1,016	1,101	1,323	1,075	1,281	1,190	1,544	1,195	734	15,784
12,006	11,751	10,871	7,005	TOTAL	100		18,360	20,670	14,227	10,156	11,006	13,228	10,746	12,810	11,903	15,439	11,952	7,344	157,842

「取引条件」と「資金計画下準備シート」

（単位：千円）

						4	5	6	7	8	9	10	11	12	1	2	3	合計
前月繰越現金・当座現金			(A)			30,000	28,778	28,825	33,950	33,285	30,318	30,832	31,905	29,831	29,569	30,499	30,361	0
経常収支	収入	現金	製品現金			3,672	4,134	2,845	2,031	2,201	2,646	2,149	2,562	2,381	3,088	2,390	1,469	31,568
0	0	現金	商品現金			0	0	0	0	0	0	0	0	0	0	0	0	0
0	0	売掛	製品売掛			4,904	12,852	14,469	9,959	7,109	7,704	9,260	7,522	8,967	8,332	10,807	8,367	110,252
0	0	売掛	商品売掛			0	0	0	0	0	0	0	0	0	0	0	0	0
0	0	売上	(手形回収)			701	1,836	2,067	1,423	1,016	1,101	1,323	1,075	1,281	1,190	1,544	1,195	15,750
0	0	代	手形期日落			1,201	1,175	1,087	701	1,836	2,067	1,423	1,075	1,101	1,323	1,075	1,281	15,284
0	0		(割引手形落込)			0	0	0	0	0	0	0	0	0	0	0	0	0
0	0	営業外収入		0	12	1	1	1	1	1	1	1	1	1	1	1	1	12
0	0	収入合計		0	(B)	9,777	18,162	18,403	12,692	11,148	12,418	12,833	11,101	12,449	12,744	14,273	11,117	157,116

「利益計画」と「取引条件」　買掛金は請求月の1ヵ月後に支払、支払手形は請求月の1ヵ月後に引渡・請求月の3ヵ月後に期日支出

（単位：千円）

12	1	2	3		条件%		4	5	6	7	8	9	10	11	12	1	2	3	合計
4,203	4,113	3,805	2,452	主要材料	100		6,427	7,235	4,980	3,555	3,852	4,630	3,761	4,484	4,167	5,404	4,184	2,571	55,250
2,732	2,673	2,473	1,594	買掛金	65		4,177	4,703	3,237	2,311	2,504	3,010	2,445	2,915	2,708	3,513	2,719	1,671	35,913
1,471	1,440	1,332	858	支払手形	35		2,249	2,532	1,743	1,244	1,348	1,621	1,316	1,569	1,458	1,891	1,464	900	19,338
4,203	4,113	3,805	2,452	TOTAL	100		6,427	7,235	4,980	3,555	3,852	4,630	3,761	4,484	4,167	5,404	4,184	2,571	55,250

「取引条件」と「資金計画下準備シート」

（単位：千円）

					4	5	6	7	8	9	10	11	12	1	2	3	合計
		主要材料			0	0	0	0	0	0	0	0	0	0	0	0	0
		補助材料			0	0	0	0	0	0	0	0	0	0	0	0	0
		変動消耗			0	0	0	0	0	0	0	0	0	0	0	0	0
		変動労務			0	0	0	0	0	0	0	0	0	0	0	0	0
		変動経費			1,109	1,248	859	613	665	799	649	774	719	932	722	444	9,533
		仕入高			0	0	0	0	0	0	0	0	0	0	0	0	0
		変動販売			0	0	0	0	0	0	0	0	0	0	0	0	0
	現金	変動管理			0	0	0	0	0	0	0	0	0	0	0	0	0
		固定製造労務費			2,417	2,417	2,417	2,817	2,417	2,417	2,417	2,417	3,017	2,417	2,417	2,417	30,000
		固定製造経費			146	146	146	146	146	146	146	146	146	146	146	146	1,750
		固定販売			8	8	8	8	8	8	8	8	8	8	8	8	100
		固定管理			3,266	3,266	3,266	3,266	3,266	3,266	3,266	3,266	3,266	3,266	3,266	3,266	39,186
経常利益	支出	営業外損	250		21	21	21	21	21	21	21	21	21	21	21	21	250
		主要材料			1,594	4,177	4,703	3,237	2,311	2,504	3,010	2,445	2,915	2,708	3,513	2,719	35,835
		補助材料			0	0	0	0	0	0	0	0	0	0	0	0	0
		変動消耗			0	0	0	0	0	0	0	0	0	0	0	0	0
		変動労務			0	0	0	0	0	0	0	0	0	0	0	0	0
		変動経費			0	0	0	0	0	0	0	0	0	0	0	0	0
		仕入高			0	0	0	0	0	0	0	0	0	0	0	0	0
		変動販売			0	0	0	0	0	0	0	0	0	0	0	0	0
	掛け未払	変動管理			0	0	0	0	0	0	0	0	0	0	0	0	0
		固定製造労務費			0	0	0	0	0	0	0	0	0	0	0	0	0
		固定製造経費			0	0	0	0	0	0	0	0	0	0	0	0	0
		固定販売			0	0	0	0	0	0	0	0	0	0	0	0	0
		固定管理			0	0	0	0	0	0	0	0	0	0	0	0	0
		(手形支払)			858	2,249	2,532	1,743	1,244	1,348	1,621	1,316	1,569	1,458	1,891	1,464	19,296
		手形決済 掛1ヶ月			1,440	1,332	858	2,249	2,532	1,743	1,244	1,348	1,621	1,316	1,569	1,458	18,712
		手形決済 掛2ヶ月															
		支出合計		(C)	9,999	12,615	12,278	12,357	11,365	10,903	10,760	10,424	11,711	10,814	11,661	10,478	135,366

「利益計画」と「取引条件」　表の科目は請求月に支払、営業外収益は請求月に入金

（単位：千円）

					4	5	6	7	8	9	10	11	12	1	2	3	合計
変動経費					1,109	1,248	859	613	665	799	649	774	719	932	722	444	9,533
仕入高					0	0	0	0	0	0	0	0	0	0	0	0	0
販売費中の変動費					0	0	0	0	0	0	0	0	0	0	0	0	0
管理費中の変動費					0	0	0	0	0	0	0	0	0	0	0	0	0
固定製造労務費					2,417	2,417	2,417	2,817	2,417	2,417	2,417	2,417	3,017	2,417	2,417	2,417	30,000
償却費等以外の固定製造経費					146	146	146	146	146	146	146	146	146	146	146	146	1,750
販売費中の固定費					8	8	8	8	8	8	8	8	8	8	8	8	100
償却費以外の固定管理費					3,266	3,266	3,266	3,266	3,266	3,266	3,266	3,266	3,266	3,266	3,266	3,266	39,186
営業外収益					1	1	1	1	1	1	1	1	1	1	1	1	12
営業外費用					21	21	21	21	21	21	21	21	21	21	21	21	250

して10%の受取手形取引金額1,836千円は請求月の1ヵ月後に引き渡され，請求月の4ヵ月後に期日となります。そのため1,836千円が5月の手形回収欄と8月の手形期日欄にあります。

主要材料費の例

　図表D−16をご覧ください。

　これは主要材料費に関わる「利益計画」と「取引条件」の関係を表したものです。月々の主要材料費は買掛金取引65％，そして支払手形35％としています。た

　とえば４月の主要材料費6,427千円のうち65％の買掛金取引額は4,177千円，そして35％の支払手形取引金額は2,249千円となっています。

　前掲の図表Ｄ−17をご覧ください。

　これは主要材料費に関わる「取引条件」と「資金計画下準備シート」の関係を表したものです。上記の４月の主要材料費のうち65％の買掛金取引額4,177千円は１ヵ月後に支払いとなりますので，５月の掛け未払いの主要材料欄にあります。そして35％の支払手形取引金額2,249千円は請求月の１ヵ月後に手形引渡し，請求月の３ヵ月後に期日となりますので，2,249千円は５月の手形支払欄と７月の手形決済欄にあります。

その他の例

　前掲の図表Ｄ−18をご覧ください。

　これはその他の科目に関わる「利益計画」と「取引条件」の関係を表したものです。変動経費と固定費は100％現金取引とします。なお，固定製造労務費には賞与，７月400千円と12月600千円が含まれています。

　前掲の図表Ｄ−17をご覧ください。

　これはその他の科目に関わる「取引条件」と「資金計画下準備シート」の関係も表しています。上記発生月の変動経費と固定費は100％発生月の現金取引としています。たとえば４月に発生した変動経費1,109千円は同シートの現金の同月の変動経費欄にあります。

　収益・費用を収入・支出に対応させる作業はエクセルで計算式を組んで自動計算させると便利ですが，ワークシートの作成には相当な手間がかかります。その点，取引条件が限定的ではありますが，このような表を使えば簡単に作成できますから，この表から自動計算させるかあるいは手入力で「資金計画下準備シート」に連動させることも一法でしょう。

　売掛金・買掛金・未払金の期首残高の有無や取引条件によっては過去の月次データが必要となります。その場合は「取引条件入力シート」図表Ｄ−19のように期首より前の各月のデータを入力しておく必要があります。

　ここまでの作業で，経常損益項目に関わる収支が前掲の図表Ｄ−10「資金計画下準備シート」に反映できました。実務的には手形の割引や裏書きも検討すべきですが，システムが複雑になりすぎますので，本書では割愛します。

図表D-19

(単位：千円)

	10月	11月	12月	1月	2月	3月
	6ヶ月前	5ヶ月前	4ヶ月前	3ヶ月前	2ヶ月前	1ヶ月前
	10,158	10,927	12,006	11,751	10,871	7,005
	3,556	3,825	4,203	4,113	3,805	2,452

（7）　経常損益に関わるもの以外の資金の「入」と「出」を検討

「資金計画下準備シート」で確認

　経常収支以外の収支項目についても検討します。

　前掲の図表D-10「資金計画下準備シート」の下段にある「経常外収支」と「財務収支」をご覧ください。

　「経常外収支」の支出として，保険積立金は5月に2,500千円，消費税納税額は5月に2,000千円，8月，11月，2月にそれぞれ1,750千円があります。「財務収支」の支出には長期借入金元金返済額が毎月1,000千円あります。経常収支にこれらの支出が加わり，収支の金額が複雑に入り込む「資金計画下準備シート」が出来上がります。

　前期の「法人税等」・「予定納税額等」がある場合，これらは「経常外収支」の支出欄に入力しますが，紙面の都合上，本書では割愛しています。

　このシートは最終的な計算結果のチェックと印刷を目的に作成した「資金計画シート」に連動しています。

事例２（算出した必要売上高が実現できないと考えた例）

　事例２の「季節指数」や「取引条件」は事例１と同じです。

　事例１と同様，実績データの「雑収入」5,000千円は新型コロナウイルスに係る助成金としました。来期はこの助成金を得られないと考え，予測金額を０としています。

　事例１では，前掲の図表Ｄ－３－１・Ｄ－６「費用分解シート」の損益分岐点は157,842千円で，これを実現可能と判断した場合の計画を作成しました。

　事例２では，この損益分岐点157,842千円を実現不可能と判断した場合について考えます。この時点での固定費（固定費合計 i）は93,600千円ですが，たとえば実現可能額をおおむね132,000千円台としたときは，どう対応すれば良いでしょうか。

　この場合は「損益分岐点・必要売上高早見表」を用いて検討します。

　図表Ｄ－20「必要売上高　早見表」をご覧ください。

　この「損益分岐点・必要売上高早見表」は縦に固定費，横に限界利益率を割り当てています。これを用いることで，求めたい損益分岐点と目標経常利益を実現するための必要売上高を素早く見つけられます。

　132,000千円台の損益分岐点としては，一番下の行の右から７列目の132,587千円が該当します。この時の限界利益率は一番上の行に示した59.30％ですから，固定費は固定費列の一番下から８番目，78,624千円です。これを実現するには，固定費を14,976千円（93,600千円－78,624千円）減少させなければなりません。

　図表Ｄ－20－１「費用分解シート」をご覧ください。

　見直しデータを「固定費減少額」の予測欄に入力し，固定費を14,976千円減少させます。

　固定費と損益分岐点はどう変化したでしょうか。図表Ｄ－20－２「予測データに基づく必要売上高の予測計算」をご覧ください。

　「固定費合計 i」は78,624千円（93,600千円－14,976千円），限界利益率は先ほどの図表Ｄ－３－１「費用分解シート」59.30％と同一ですから，損益分岐点は132,587千円となり，早見表の損益分岐点132,587千円と一致しました。事例では

図表 D－20　予測　損益分岐点：必要売上高早見表

増加＝1 →　　　← 減少＝2

固定費の列み→ [2]

固定費の列み→ [2] ％

経常利益→ [0]

限界利益率の列み→ [1] ％

（単位：千円）

差額	固定費	％	50.30%	51.30%	52.30%	53.30%	54.30%	55.30%	56.30%	57.30%	58.30%	59.30%	60.30%	61.30%	62.30%	63.30%	64.30%	65.30%
-46,800	46,800	-50	93,042	91,228	89,484	87,805	86,188	84,629	83,126	81,675	80,275	78,921	77,612	76,346	75,120	73,934	72,784	71,669
-44,928	48,672	-48	96,764	94,877	93,063	91,317	89,635	88,015	86,451	84,943	83,486	82,078	80,717	79,400	78,125	76,891	75,695	74,536
-43,056	50,544	-46	100,485	98,526	96,643	94,829	93,083	91,400	89,776	88,210	86,697	85,235	83,821	82,454	81,130	79,848	78,607	77,403
-41,184	52,416	-44	104,207	102,176	100,222	98,342	96,531	94,785	93,101	91,477	89,907	88,391	86,925	85,507	84,135	82,806	81,518	80,270
-39,312	54,288	-42	107,929	105,825	103,801	101,854	99,978	98,170	96,426	94,744	93,118	91,548	90,030	88,561	87,140	85,763	84,429	83,136
-37,440	56,160	-40	111,650	109,474	107,381	105,366	103,426	101,555	99,751	98,011	96,329	94,705	93,134	91,615	90,145	88,720	87,341	86,003
-35,568	58,032	-38	115,372	113,123	110,960	108,878	106,873	104,940	103,077	101,278	99,540	97,862	96,239	94,669	93,149	91,678	90,252	88,870
-33,696	59,904	-36	119,094	116,772	114,539	112,390	110,321	108,326	106,402	104,545	102,751	101,019	99,343	97,723	96,154	94,635	93,163	91,737
-31,824	61,776	-34	122,815	120,421	118,119	115,903	113,768	111,711	109,727	107,812	105,962	104,176	102,448	100,777	99,159	97,593	96,075	94,603
-29,952	63,648	-32	126,537	124,070	121,698	119,415	117,216	115,096	113,052	111,079	109,173	107,332	105,552	103,830	102,164	100,550	98,986	97,470
-28,080	65,520	-30	130,259	127,719	125,277	122,927	120,663	118,481	116,377	114,346	112,384	110,489	108,657	106,884	105,169	103,507	101,897	100,337
-26,208	67,392	-28	133,980	131,369	128,857	126,439	124,111	121,866	119,702	117,613	115,595	113,646	111,761	109,938	108,173	106,465	104,809	103,204
-24,336	69,264	-26	137,702	135,018	132,436	129,951	127,558	125,252	123,027	120,880	118,806	116,803	114,866	112,992	111,178	109,422	107,720	106,071
-22,464	71,136	-24	141,424	138,667	136,015	133,464	131,006	128,637	126,352	124,147	122,017	119,960	117,970	116,046	114,183	112,379	110,632	108,937
-20,592	73,008	-22	145,145	142,316	139,595	136,976	134,453	132,022	129,677	127,414	125,228	123,117	121,075	119,100	117,188	115,337	113,543	111,804
-18,720	74,880	-20	148,867	145,965	143,174	140,488	137,901	135,407	133,002	130,681	128,439	126,273	124,179	122,153	120,193	118,294	116,454	114,671
-16,848	76,752	-18	152,589	149,614	146,754	144,000	141,348	138,792	136,327	133,948	131,650	129,430	127,284	125,207	123,198	121,251	119,366	117,538
-14,976	78,624	-16	156,310	153,263	150,333	147,512	144,796	142,177	139,652	137,215	134,861	132,587	130,388	128,261	126,202	124,209	122,277	120,404
-13,104	80,496	-14	160,032	156,912	153,912	151,025	148,243	145,563	142,977	140,482	138,072	135,744	133,493	131,315	129,207	127,166	125,188	123,271
-11,232	82,368	-12	163,754	160,562	157,492	154,537	151,691	148,948	146,302	143,749	141,283	138,901	136,597	134,369	132,212	130,123	128,100	126,138
-9,360	84,240	-10	167,475	164,211	161,071	158,049	155,138	152,333	149,627	147,016	144,494	142,058	139,702	137,423	135,217	133,081	131,011	129,005
-7,488	86,112	-8	171,197	167,860	164,650	161,561	158,586	155,718	152,952	150,283	147,705	145,214	142,806	140,477	138,222	136,038	133,922	131,872
-5,616	87,984	-6	174,919	171,509	168,230	165,073	162,033	159,103	156,277	153,550	150,916	148,371	145,911	143,530	141,226	138,995	136,834	134,738
-3,744	89,856	-4	178,640	175,158	171,809	168,586	165,481	162,488	159,602	156,817	154,127	151,528	149,015	146,584	144,231	141,953	139,745	137,605
-1,872	91,728	-2	182,362	178,807	175,388	172,098	168,928	165,874	162,927	160,084	157,338	154,685	152,120	149,638	147,236	144,910	142,656	140,472
☆	93,600	0	186,084	182,456	178,968	175,610	172,376	169,259	166,252	163,351	160,549	157,842	155,224	152,692	150,241	147,867	145,568	143,339

図表 D−20−1　【入力①−A】変動費と固定費の費用分解

実績売上高　145,700　　（単位：千円）

実額入力あり　　　予測　　　予測確定　　　実績・予測

売上原価 ／ 製造費用

勘定科目	変動割合(%)	実額 令額	予測 固定費	予測 変動費	予測確定 固定費	実績・予測 変動費
期首材料棚卸高	100	7,000				7,000
主要材料料費	100	51,000				51,000
補助材料費	100					
期末材料棚卸高	100	7,500				−7,500
消耗品費	100					
賃金給料	100	25,000		25,000	25,000	
雑給	100	4,000		4,000	4,000	
法定福利費	0	1,000		1,000	1,000	
賞与	0					
外注加工費	100	1,500				1,500
旅費交通費	0					
交際費	0					
減価償却費	0	3,000		3,000	3,000	
保険料	0					
賃借料	0	50		50	50	
水道光熱費	90	1,500		1,500	1,500	
電力費	0	2,000		200	200	1,800
消耗品費	100	1,500				1,500
租税公課	0					
運賃	100	4,000				4,000
各種非営管会費用	0					
雑費・その他	0	100		100	100	
小計　総製造費用 c		34,850		34,850	34,850	59,300
期首半製品		94,150		94,150	94,150	
半製品						
製品		300		400	400	
期末半製品		2,200		−2,200	−2,200	
製品						
製品売上原価計 d		93,850		94,150	94,150	
期首商品棚卸高						
仕入高						
期末商品棚卸高 e		5,000		−5,000		
商品売上原価計 f						
売上原価		93,850				

a＋bの合計 c　145,700

（変固混在）a　（変動費）b

販売費 ／ 一般管理費 ／ 営業外費用 ／ 営業外収益 ／ 収益

助定科目	変動割合(%)	実額 令額	固定費	予測 固定費	予測変動費	予測確定 固定費	実績・予測 変動費
販売員給与							0
運賃							0
広告宣伝費							0
支払手数料							0
貸倒損失							0
雑費		100	100	100		100	0
役員報酬		33,000	33,000	33,000		33,000	0
給与手当							0
雑給							0
賞与							0
法定福利費		5,200	5,200	5,200		5,200	0
福利厚生費		100	100	100		100	0
広告宣伝費		50	50	50		50	0
支払手数料		600	600	600		600	0
外注費							0
旅費交通費		700	700	700		700	0
通信費		600	600	600		600	0
交際費		300	300	300		300	0
減価償却費		2,000	2,000	2,000		2,000	0
書借料		4,000	4,000	4,000		4,000	0
保険料		2,500	2,500	2,500		2,500	0
修繕費		1,100	1,100	1,100		1,100	0
新聞図書費		20	20	20		20	0
燃料費		500	500	500		500	0
消費税以外の租税公課		100	100	100		100	0
消費税		500	500	500		500	0
事務用品費		7,000	7,000	7,000		7,000	0
諸会費		142	142	142		142	0
各種非営管会費用							0
固定費減少額①		0	0			−14,976	0
固定費減少額②		0	0			−14,976	0
雑費・その他	0						0
支払利息割引料	0	250	250			250	0
雑損失	0	12	−12			−12	0
受取利息	0						0
受取配当金	0						0
雑収入	0	5,000	−5,000				0
合計			53,750			43,774	0

g　　g　　h

実績データの経常利益　−1,900

検算

図表 D−20−2 　【入力①−B】予測データに基づく必要売上高の予測計算

※固定費に変更がある場合は、【入力①-A】の表に入力してください。
※変動費に変更がある場合は、以下の【入力①-B】の表の変動費の増減率を入力して下さい。

（単位：千円）

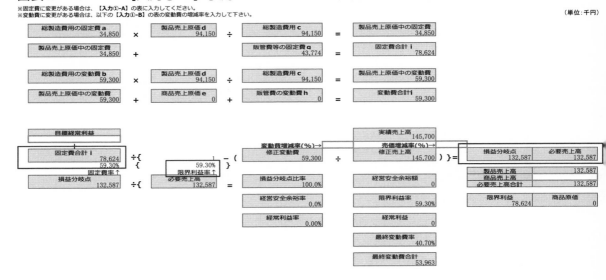

目標経常利益が 0 です。この場合，必要売上高は単に損益分岐点を表しています
ので，損益分岐点と読み替えてください。

　では，期首と期末で現預金はどう変化したでしょうか。

　図表 D−21「資金計画下準備シート」をご覧ください。

　一番下の「翌月繰越現金・当座預金」を見ると，期首に30,000千円あった現預
金が期末には20,481千円に減少しています。

　予測損益分岐点132,587千円を実現しても，期末現金等は9,519千円（30,000千
円−20,481千円）減少しています。現預金が減少するのでは，これで完成とする
ことは出来ません。

　図表 D−22「費用分解シート」をご覧ください。

　期末現金も期首現金と同額の30,000千円にするなら，「費用分解シート」に戻
り，減少する現預金9,519千円を補う手立てを講じなければなりません。ここで
は，固定費をさらに9,519千円減少させ，同額を目標経常利益とする方法で補う
こととします。

　図表 D−23「予測データに基づく必要売上高の予測計算」をご覧ください。

　この時の必要売上高は132,587千円で，変化はありません。固定費の減少によ
って損益分岐点が下がり，当初の予測損益分岐点132,587千円が，目標経常利益
9,519千円を実現するための必要売上高となりました。

図表 D−21　【入力④】資金計画下準備

（単位：千円）

項目	記号	期首	4月	5月	6月	7月	8月	9月	10月	11月	12月	1月	2月	3月	合計
現金売上高			15,423	17,363	11,951	8,531	9,245	11,112	9,026	10,761	9,999	12,968	10,040	6,169	132,587
掛売上高			5,398	6,078	4,183	2,986	3,236	3,890	3,160	3,767	3,500	4,539	3,514	2,159	46,410
主要材料費			0	0	0	0	0	0	0	0	0	0	0	0	0
補助材料費			0	0	0	0	0	0	0	0	0	0	0	0	0
変動消耗品費			932	1,049	722	515	558	671	545	650	604	783	606	373	8,008
仕入高			0	0	0	0	0	0	0	0	0	0	0	0	0
販売費中の変動費			2,417	2,417	2,417	2,817	2,417	2,417	2,417	2,417	3,017	2,417	2,417	2,417	30,000
管理費中の変動費			146	146	146	146	146	146	146	146	146	146	146	146	1,750
固定労務費			8	8	8	8	8	8	8	8	8	8	8	8	100
減価償却以外の固定経費			2,870	2,870	2,870	2,870	2,870	2,870	2,870	2,870	2,870	2,870	2,870	2,870	34,436
減価償却費			1	1	1	1	1	1	1	1	1	1	1	1	12
販売費以外の固定管理費			21	21	21	21	21	21	21	21	21	21	21	21	250
販売費以外の固定管理費			0	0	0	0	0	0	0	0	0	0	0	0	0
営業外収益															12
所得税引当金・当期税金	(A)		3,085	3,473	2,390	1,706	1,849	2,222	1,805	2,152	2,000	2,594	2,008	1,234	26,517
収入合計	(B)		9,190	15,445	15,632	10,773	9,364	10,431	10,780	9,325	10,458	10,705	11,990	9,339	133,430
主要材料費			4,904	10,796	12,154	8,365	5,972	6,471	7,778	6,318	7,532	6,999	9,078	7,028	93,396
補助材料費			0	0	0	0	0	0	0	0	0	0	0	0	0
変動消耗品費			932	1,049	722	515	558	671	545	650	604	783	606	373	8,008
仕入高			0	0	0	0	0	0	0	0	0	0	0	0	0
変動労務費			2,417	2,417	2,417	2,817	2,417	2,417	2,417	2,417	3,017	2,417	2,417	2,417	30,000
変動販売費			146	146	146	146	146	146	146	146	146	146	146	146	1,750
変動管理費			8	8	8	8	8	8	8	8	8	8	8	8	100
固定製造労務費			2,870	2,870	2,870	2,870	2,870	2,870	2,870	2,870	2,870	2,870	2,870	2,870	34,436
固定製造経費			21	21	21	21	21	21	21	21	21	21	21	21	250
固定販売費			0	0	0	0	0	0	0	0	0	0	0	0	0
固定管理費			1,594	3,509	3,950	2,719	1,941	2,103	2,528	2,054	2,448	2,275	2,951	2,284	30,357
支出合計	(C)		9,426	11,351	10,992	10,985	10,088	9,700	9,580	9,298	10,475	9,625	10,337	9,343	121,199
差引過不足	(D＝B−C)		−237	4,094	4,640	−212	−724	731	1,200	27	−17	1,080	1,653	−4	12,231
固定資産等売却収入			0	0	0	0	0	0	0	0	0	0	0	0	0
収入合計	(E)		0	0	0	0	0	0	0	0	0	0	0	0	0
税金・役員賞与配当			0	2,500	0	0	0	0	0	0	0	0	0	0	2,500
消却固定資産税			0	2,000	0	0	1,750	0	0	1,750	0	0	1,750	0	7,250
固定資産等購入			0	0	0	0	0	0	0	0	0	0	0	0	0
支出合計	(F)		0	4,500	0	0	1,750	0	0	1,750	0	0	1,750	0	9,750
差引過不足	(G＝E−F)		0	−4,500	0	0	−1,750	0	0	−1,750	0	0	−1,750	0	−9,750
長期借入金収入			0	0	0	0	0	0	0	0	0	0	0	0	0
短期借入金収入			0	0	0	0	0	0	0	0	0	0	0	0	0
増資			0	0	0	0	0	0	0	0	0	0	0	0	0
収入合計	(H)		0	0	0	0	0	0	0	0	0	0	0	0	0
長期借入金返済			1,000	1,000	1,000	1,000	1,000	1,000	1,000	1,000	1,000	1,000	1,000	1,000	12,000
短期借入金返済			0	0	0	0	0	0	0	0	0	0	0	0	0
定期預金預入			0	0	0	0	0	0	0	0	0	0	0	0	0
定期預金取崩			0	0	0	0	0	0	0	0	0	0	0	0	0
支出合計	(I)		1,000	1,000	1,000	1,000	1,000	1,000	1,000	1,000	1,000	1,000	1,000	1,000	12,000
差引過不足	(J＝H−I)		−1,000	−1,000	−1,000	−1,000	−1,000	−1,000	−1,000	−1,000	−1,000	−1,000	−1,000	−1,000	−12,000
期末繰越現金・当座預金	(A＋D＋G＋J)	30,000	28,763	27,357	30,998	29,786	26,312	26,043	26,243	23,520	22,503	22,582	21,485	20,481	

（表側区分：経常　収入／支出、経常外　収入／支出、財務　収入／支出）

93

図表 D-22 [入力①-A] 変動費と固定費の費用分解

実績売上高　145,700

（単位：千円）

売上原価

	勘定科目	変動費割合(%)	実績 金額	実績 固定費	予測 固定費	予測・確定 固定費	実績・予測 変動費
材料	期首材料棚卸高	100	7,000				7,000
	主要材料費	100	51,000				51,000
	補助材料費	100					
	期末材料棚卸高	100	-7,500				-7,500
	消耗品雑費	0					
労務	賃金給料	100	25,000	25,000	25,000		
	雑給	0	4,000	4,000	4,000		
務	法定福利費	0					
	賞与	0	1,000	1,000	1,000		
経	外注加工費	100	1,500				1,500
	旅費交通費	0					
	通信費	0					
	交際費	0					
	減価償却費	0	3,000	3,000	3,000		
	保険料	0	50	50	50		
	修繕料	0	1,500	1,500	1,500		
造	水道光熱費	90	2,000	200	200		1,800
	電力費	100	1,500				1,500
	消耗品費	0					
	租税公課	100					
費	運賃	100	4,000				4,000
用	各種非課金費用	0					
		0					
	雑費・その他	0		100	100		

小計　a＋bの合計 c
| | | | 34,850 | 34,850 | 34,850 | | 59,300 |
| 総製造費用 | | | 94,150 | 94,150 | 94,150 | | |

棚卸資産		(変動現在)			2,200		
製	期首 製品		2,000	2,000	2,000		
卸	半製品			300	400		
資	仕掛品						
産	製品		2,200	-2,200	-2,200		
	末 半製品						
	仕掛品		400	-400	-400		
製品売上原価 d		(変動費)	400				
			93,850	93,850	94,150		
卸	期首商品棚卸高						
資	仕入高						
産	期末商品棚卸高						
	商品売上原価 e		0	0	0		
	売上原価計 f		93,850	93,850	94,150		

販売費・一般管理費

（単位：千円）

	勘定科目	変動割合(%)	実績 金額	実績 固定費	予測 固定費	実績入力あり 予測 固定費	予測確定 固定費	実績・予測 変動費
販	販売員給与							0
売	運賃							0
費	広告宣伝費							0
	支払手数料							0
	貸倒損失							0
	雑費		100	100	100		100	0
管	役員報酬		33,000	33,000	33,000		33,000	0
	給与手当							0
	雑給							0
	賞与							0
	法定福利費		5,200	5,200	5,200		5,200	0
	福利厚生費		100	100	100		100	0
	広告宣伝費		50	50	50		50	0
	支払手数料		600	600	600		600	0
	外注費							0
理	旅費交通費		700	700	700		700	0
	通信費		600	600	600		600	0
	交際費		300	300	300		300	0
	減価償却費		2,000	2,000	2,000		2,000	0
	賃借料		4,000	4,000	4,000		4,000	0
	保険料		2,500	2,500	2,500		2,500	0
	修繕費		1,100	1,100	1,100		1,100	0
	新聞図書費		20	20	20		20	0
費	燃料費		500	500	500		500	0
	消耗品費		100	100	100		100	0
	消費税以外の租税公課		500	500	500		500	0
	事務用品費		7,000	7,000	7,000		7,000	0
	諸会費		142	142	142		142	0
	各種非課金費用							0
	固定費減少額①	0			-14,976	-14,976	-14,976	0
	固定費減少額②	0			-9,519	-9,519	-9,519	0
営業外費用	雑費・その他	0	250	250			250	0
	支払利息割引料	0						0
営業外収益	雑損失	0	12	-12			-12	0
	受取利息	0						0
	受取配当金	0						0
	雑収入	0	5,000	-5,000				0
合計				53,750			34,255	0

検算　-1,900　　実績データの経常利益

図表D−23　【入力①−B】予測データに基づく必要売上高の予測計算

※固定費に変更がある場合は、【入力①-A】の表に入力してください。
※変動費に変更がある場合は、以下の【入力①-B】の表の変動費の増減率を入力して下さい。
（単位：千円）

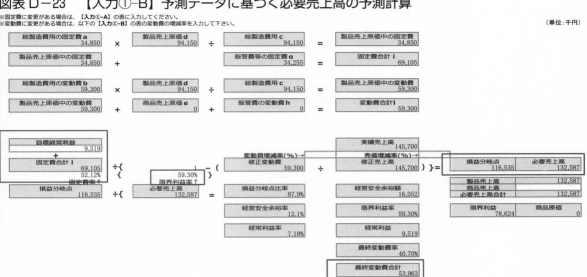

　ここで，予測損益分岐点を始めとする分析数値を把握しておきます。必要売上高132,587千円に対応する変動費は「最終変動費合計」53,963千円です。これらの金額は「利益計画シート」で使用します。

分析数値	計算式
予測損益分岐点116,535千円	固定費69,105千円÷限界利益率59.30％
損益分岐点比率87.9％	損益分岐点116,535千円÷必要売上高132,587千円
経営安全余裕率12.1％	必要売上高100％−損益分岐点比率87.9％
経営安全余裕額16,052千円	必要売上高132,587千円−損益分岐点116,535千円
経常利益9,519千円	経営安全余裕額16,052千円×限界利益率59.30％
経常利益率7.18％	経営安全余裕率12.1×限界利益率59.30％

　図表D−23−1「利益計画シート」をご覧ください。
　これが事例2の「利益計画シート」です。この段階では，固定費はまとめて「固定費減少額」に割り当てている状態ですから，この後，具体的にどの固定費を削減するかを考えなければなりません。
　図表D−24「資金計画下準備シート」の一番下の行，「翌月繰越現金・当座預金」で確認すると，期末現金は期首現金と同額の30,000千円となっています。

図表 D－23－1　利益計画

（単位：千円）

科目	年間予想（月別） 季節指数→	%	4月 11.63%	5月 13.10%	6月 9.01%	7月 6.43%	8月 6.97%	9月 8.38%	10月 6.81%	11月 8.12%	12月 7.51%	1月 9.78%	2月 7.57%	3月 4.65%	合計 100.00%
売上高	132,587	100.00	15,423	17,363	11,951	8,531	9,245	11,112	9,026	10,761	9,999	12,968	10,040	6,169	132,587
製品売上高	132,587	100.00	15,423	17,363	11,951	8,531	9,245	11,112	9,026	10,761	9,999	12,968	10,040	6,169	132,587
商品売上高	0	0.00	0	0	0	0	0	0	0	0	0	0	0	0	0
変動費	53,963	40.70	6,277	7,067	4,864	3,472	3,763	4,523	3,674	4,380	4,069	5,278	4,086	2,511	53,963
材料費	45,955	34.66	5,346	6,018	4,142	2,957	3,204	3,851	3,129	3,730	3,466	4,495	3,480	2,138	45,955
主要材料費	46,410	35.00	5,398	6,078	4,183	2,986	3,236	3,890	3,160	3,767	3,500	4,539	3,514	2,159	46,410
補助材料費	0	0.00	0	0	0	0	0	0	0	0	0	0	0	0	0
変動消耗品費	0	0.00	0	0	0	0	0	0	0	0	0	0	0	0	0
変動労務費	0	0.00	0	0	0	0	0	0	0	0	0	0	0	0	0
変動経費	8,008	6.04	932	1,049	722	515	558	671	545	650	604	783	606	373	8,008
製品原価中の変動費調整額	0	0.00	0	0	0	0	0	0	0	0	0	0	0	0	0
商品売上原価	0	0.00	0	0	0	0	0	0	0	0	0	0	0	0	0
仕入高	0	0.00	0	0	0	0	0	0	0	0	0	0	0	0	0
販売費中の変動費	0	0.00	0	0	0	0	0	0	0	0	0	0	0	0	0
管理費中の変動費	0	0.00	0	0	0	0	0	0	0	0	0	0	0	0	0
限界利益	78,624	59.30	9,146	10,296	7,087	5,059	5,482	6,589	5,353	6,381	5,929	7,690	5,954	3,658	78,624
固定費（①と②を除く固定費合計）	68,867	51.94	5,739	5,739	5,739	5,739	5,739	5,739	5,739	5,739	5,739	5,739	5,739	5,739	68,867
固定製造経費	30,000	22.63	2,417	2,417	2,417	2,417	2,417	2,417	2,417	2,417	2,417	2,417	2,417	2,417	30,000
固定製造労務費	4,850	3.66	404	404	404	404	404	404	404	404	404	404	404	404	4,850
固定製造経費中の減価償却費等	3,100	2.34	258	258	258	258	258	258	258	258	258	258	258	258	3,100
上記以外の固定経費	1,750	1.32	146	146	146	146	146	146	146	146	146	146	146	146	1,750
固定製造労務費のうち賞与	1,000	0.75	0	0	0	400	0	0	0	0	600	0	0	0	1,000
製造原価中の固定費調整額	0	0.00	0	0	0	0	0	0	0	0	0	0	0	0	0
販売費中の固定費	100	0.08	8	8	8	8	8	8	8	8	8	8	8	8	100
管理費中の固定費	33,917	25.58	2,826	2,826	2,826	2,826	2,826	2,826	2,826	2,826	2,826	2,826	2,826	2,826	33,917
管理費中の減価償却費等	9,000	6.79	750	750	750	750	750	750	750	750	750	750	750	750	9,000
上記以外の固定管理費	24,917	18.79	2,076	2,076	2,076	2,076	2,076	2,076	2,076	2,076	2,076	2,076	2,076	2,076	24,917
管理費のうち賞与	0	0.00	0	0	0	0	0	0	0	0	0	0	0	0	0
営業利益	9,757	7.36	3,407	4,557	1,348	-680	-257	850	-386	642	190	1,951	215	-2,081	9,757
①営業外収益（固定費補填額）	12	0.01	1	1	1	1	1	1	1	1	1	1	1	1	12
②営業外費用（固定費）	250	0.19	21	21	21	21	21	21	21	21	21	21	21	21	250
経常利益	9,519	7.18	3,387	4,537	1,328	-700	-277	831	-406	622	170	1,932	195	-2,101	9,519

図表 D−24 【入力④】資金計画下準備

（単位：千円）

科目		期初	4月	5月	6月	7月	8月	9月	10月	11月	12月	1月	2月	3月	合計
商品売上高			15,423	17,363	11,951	8,531	9,245	11,112	9,026	10,761	9,999	12,968	10,040	6,169	132,587
商品売上高			5,398	6,078	4,183	2,986	3,236	3,890	3,160	3,767	3,500	4,539	3,514	2,159	46,410
主要材料費			0	0	0	0	0	0	0	0	0	0	0	0	0
補助材料費			0	0	0	0	0	0	0	0	0	0	0	0	0
変動労務費			0	0	0	0	0	0	0	0	0	0	0	0	0
変動販売費			932	1,049	722	515	558	671	545	650	604	783	606	373	8,008
変動金利			0	0	0	0	0	0	0	0	0	0	0	0	0
仕入高			2,417	2,417	2,417	2,817	2,417	2,417	2,417	2,417	3,017	2,417	2,417	2,417	30,000
販売間接中の変動費			146	146	146	146	146	146	146	146	146	146	146	146	1,750
管理費中の変動費			8	8	8	8	8	8	8	8	8	8	8	8	100
固定労務費			2,076	2,076	2,076	2,076	2,076	2,076	2,076	2,076	2,076	2,076	2,076	2,076	24,917
復旧費等中の固定経費			1	1	1	1	1	1	1	1	1	1	1	1	12
販売費中の固定費			21	21	21	21	21	21	21	21	21	21	21	21	250
営業外収益			30,000	29,557	28,944	33,377	32,959	30,278	30,803	31,795	29,886	29,642	30,515	30,211	
繰越利用可能現金・当座残高	(A)		3,085	3,473	2,390	1,706	1,849	2,222	1,805	2,152	2,000	2,594	2,008	1,234	26,517
現金　現金売上			4,904	10,796	12,154	8,365	5,972	6,471	7,778	6,318	7,532	6,999	9,078	7,028	93,396
現金　売掛現金			701	1,542	1,736	1,195	853	924	1,111	903	1,076	1,000	1,297	1,004	13,342
売掛　売掛売上			1,201	1,175	1,087	701	1,542	1,736	1,195	853	924	1,111	903	1,076	13,504
売上　代			0	0	0	0	0	0	0	0	0	0	0	0	0
金 (手形期日回収)			0	0	0	0	0	0	0	0	0	0	0	0	0
手形期日回答			0	0	0	0	0	0	0	0	0	0	0	0	0
手形割引			0	0	0	0	0	0	0	0	0	0	0	0	0
(割引手形買戻)			0	0	0	0	0	0	0	0	0	0	0	0	0
営業外収入		12	1	1	1	1	1	1	1	1	1	1	1	1	12
収入合計	(B)		9,190	15,445	15,632	10,773	9,364	10,431	10,780	9,325	10,458	10,705	11,990	9,339	133,430
主要材料			0	0	0	0	0	0	0	0	0	0	0	0	0
変動材料			0	0	0	0	0	0	0	0	0	0	0	0	0
現金　商品仕入			932	1,049	722	515	558	671	545	650	604	783	606	373	8,008
変動販売費			0	0	0	0	0	0	0	0	0	0	0	0	0
仕入高			2,417	2,417	2,417	2,817	2,417	2,417	2,417	2,417	3,017	2,417	2,417	2,417	30,000
固定製造労務費			146	146	146	146	146	146	146	146	146	146	146	146	1,750
固定製造経費			8	8	8	8	8	8	8	8	8	8	8	8	100
固定販売費			2,076	2,076	2,076	2,076	2,076	2,076	2,076	2,076	2,076	2,076	2,076	2,076	24,917
固定管理費		250	21	21	21	21	21	21	21	21	21	21	21	21	250
変動外商			1,594	3,509	3,950	2,719	1,941	2,103	2,528	2,054	2,448	2,275	2,951	2,284	30,357
主要材料			0	0	0	0	0	0	0	0	0	0	0	0	0
補助材料			0	0	0	0	0	0	0	0	0	0	0	0	0
変動消耗品			0	0	0	0	0	0	0	0	0	0	0	0	0
変動経費			0	0	0	0	0	0	0	0	0	0	0	0	0
仕入高			0	0	0	0	0	0	0	0	0	0	0	0	0
固定製造労務費			0	0	0	0	0	0	0	0	0	0	0	0	0
固定製造経費			0	0	0	0	0	0	0	0	0	0	0	0	0
固定販売費			0	0	0	0	0	0	0	0	0	0	0	0	0
固定管理費			0	0	0	0	0	0	0	0	0	0	0	0	0
変動外商	掛1ヶ月		858	1,889	2,127	1,464	1,045	1,133	1,361	1,106	1,318	1,225	1,589	1,230	16,346
手形決済	掛2ヶ月		1,440	1,332	858	1,889	2,127	1,464	1,045	1,133	1,361	1,106	1,318	1,225	16,298
手形決済			0	0	0	0	0	0	0	0	0	0	0	0	0
営業外支払			0	0	0	0	0	0	0	0	0	0	0	0	0
支出合計	(C)		8,633	10,558	10,199	10,192	9,295	8,907	8,787	8,504	9,682	8,832	9,543	8,550	111,680
差引過不足	(D＝B−C)		557	4,887	5,434	581	69	1,524	1,993	820	776	1,873	2,446	789	21,750
固定資産等売却収入			0	0	0	0	0	0	0	0	0	0	0	0	0
収入合計	(E)		0	0	0	0	0	0	0	0	0	0	0	0	0
税金・役員賞与配当			0	2,500	0	0	1,750	0	0	0	0	0	0	2,500	
保険積立金			0	2,000	0	0	0	0	0	1,750	0	0	1,750	0	7,250
消耗品等取得			0	0	0	0	0	0	0	0	0	0	0	0	0
固定資産等購入			4,500	0	0	1,750	0	0	1,750	0	0	1,750	0	9,750	
支出合計	(F)		4,500	0	0	1,750	0	0	1,750	0	0	1,750	0	9,750	
差引過不足	(G＝E−F)		−4,500	0	0	−1,750	0	0	−1,750	0	0	−1,750	0	−9,750	
長期借入金調達			0	0	0	0	0	0	0	0	0	0	0	0	0
短期借入金調達			0	0	0	0	0	0	0	0	0	0	0	0	0
定期預金取崩			0	0	0	0	0	0	0	0	0	0	0	0	0
収入合計	(H)		0	0	0	0	0	0	0	0	0	0	0	0	0
長期借入金返済			1,000	1,000	1,000	1,000	1,000	1,000	1,000	1,000	1,000	1,000	1,000	1,000	12,000
短期借入金返済			0	0	0	0	0	0	0	0	0	0	0	0	0
定期預金等積入			0	0	0	0	0	0	0	0	0	0	0	0	0
支出合計	(I)		1,000	1,000	1,000	1,000	1,000	1,000	1,000	1,000	1,000	1,000	1,000	1,000	12,000
差引過不足	(J＝H−I)		−1,000	−1,000	−1,000	−1,000	−1,000	−1,000	−1,000	−1,000	−1,000	−1,000	−1,000	−1,000	−12,000
当月繰越現金・当座残金	(A＋D＋G＋J)	30,000	29,557	28,944	33,377	32,959	30,278	30,803	31,795	29,886	29,642	30,515	30,211	30,000	

97

図表 D-25　[入力①-A]　変動費と固定費の費用分解

実績売上高　145,700　　　　　　　　　　　　　　　　　　　　　　（単位：千円）

製造費用（売上原価）

区分	助定科目	変動費割合(%)	実績 金額	実績 固定費	実績・予測 変動費	予測 固定費	予測確定 固定費	実績・予測 変動費
材料費	期首材料棚卸高	100	7,000		7,000			7,000
	主要材料費	100	51,000		51,000			51,000
	補助材料費	100	-7,500		-7,500			-7,500
	期末材料棚卸高	100	0		0			0
	消耗品費	100	0		0			0
労務費	賃金合給	0	25,000	25,000	0	25,000		0
	雑給	100	0	0				
	法定福利費	0	4,000	4,000	0	4,000		0
	賞与	0	1,000	1,000	0	1,000		1,500
経費	外注加工費	100	1,500	0	1,500			
	旅費交通費	0	0	0				
	通信費	0	0	0				
	交際費	0	0	0				
	減価償却費	0	3,000	3,000	0	3,000		
	賃借料	0	0	0				
	保険料	0	50	50	0	50		
	修繕費	0	1,500	1,500	0	1,500		1,800
	水道光熱費	90	2,000	200		200		1,500
	電力費	100	1,500	0	1,500			
	租税公課	100	0	0				4,000
	運賃	100	4,000	0				
	消耗品費	100	100	0	100	100		
	雑費・その他	0	0	0				
小計								
a+bの合計 c		[変固混在]	34,850	34,850	59,300	2,200	34,850	59,300
			a	a	b	[変動費]	a	b

棚卸資産

区分	助定科目	実績 金額	実績 固定費	予測 固定費	予測確定 固定費
製品 総製造費用		94,150	94,150	2,200	94,150
棚卸資産 期首 半製品		2,000	2,000	0	2,200
	製品	300	300	400	400
期末 半製品		-2,200	-2,200	2,200	-2,200
	製品	0	0	0	0
製品売上原価計 d		400	-400	-400	-400
棚卸資産 期首商品棚卸高		93,850	93,850		94,150
商品 仕入高		0	0		
期末商品棚卸高		0	0		
商品売上原価計 e		93,850	93,850		94,150
売上原価計 f					

販売費・管理費（実績入力あり）

区分	助定科目	変動費割合(%)	実績 金額	実績確定 固定費	予測 固定費	予測確定 固定費	実績・予測 変動費
販売費	販売員給与					0	0
	運賃					0	0
	広告宣伝費					0	0
	支払手数料					0	0
	貸倒損失					0	0
管理費	給料報酬	100	33,000	33,000	33,000	33,000	0
	給与手当		100	100	100	100	0
	雑給						
	賞与						
	法定福利費		5,200	5,200	5,200	5,200	0
	福利厚生費		100	100	100	100	0
	広告宣伝費		50	50	50	50	0
	支払手数料		600	600	600	600	0
	外注費						
	旅費交通費		700	700	700	700	0
	通信費		600	600	600	600	0
	交際費		300	300	300	300	0
	減価償却費		2,000	2,000	2,000	2,000	0
	賃借料		4,000	4,000	4,000	4,000	0
	保険料		2,500	2,500	2,500	2,500	0
	新聞図書費		1,100	1,100	1,100	1,100	0
	修繕費		20	20	20	20	0
	燃料費		500	500	500	500	0
	消耗品費		100	100	100	100	0
	消費税以外の租税公課		500	500	500	500	0
	事務用品費		7,000	7,000	7,000	7,000	0
	諸会費		142	142	142	142	0
	各種非資金費用		0	0	0	0	0
	固定費減少額①			-12,476	-12,476	-12,476	
	固定費減少額②			-2,500	-2,500	-2,500	
営業外費用	雑費・その他		250	250		250	0
	支払利息割引料					0	0
営業外収益	雑損失		12	-12		-12	0
	受取利息					0	0
	受取配当金					0	0
	雑収入		5,000	-5,000		0	0
合計				53,750		43,774	0
				g	g	h	h

検算　実績データの経常利益 -1,900

事例3（固定費削減に加え「経常外収支」・「財務収支」の修正を検討する例）

事例3も「季節指数」や「取引条件」は事例1と同一とします。

この事例でも，事例1と同様，実績データの「雑収入」5,000千円は新型コロナウイルス感染症対策に係る助成金としました。来期はこの助成金を得られないと考え，予測金額を0としています。また，事例2の前掲図表D−20−1「費用分解シート」の「予測データに基づく必要売上高の予測計算」と同様，実現可能額は132,000千円台とします。

この事例では，保険を払い済みにする方法を取り上げます。

この事例の保険料は年払いで，支払額の半分を損金に，残り半分を資産計上しています。したがって，支払額5,000千円の1/2の2,500千円は費用となる保険料，残り1/2の2,500千円は資産となる保険積立金です。これを支払った月に払い済みに変更したことで，予測の会計期間では2,500千円の保険料（費用）と2,500千円の保険積立金（資産）がなくなります。

事例2，前掲の図表D−20−1「費用分解シート」では，損益分岐点132,587千円のとき，固定費を14,976千円減少させました。

図表D−25「費用分解シート」をご覧ください。

事例3ではまず固定費から，支払った保険料のうち費用となる2,500千円を取り消します。その結果，固定費減少額は12,476千円（14,976千円−2,500千円）

図表D−26　【入力①−B】予測データに基づく必要売上高の予測計算

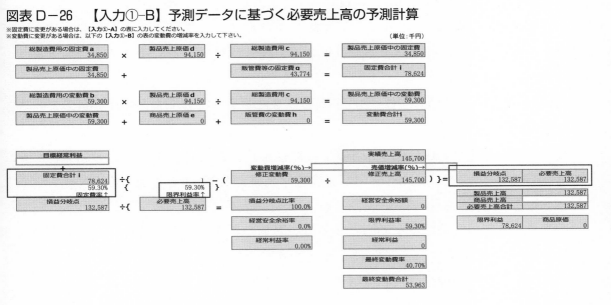

と2,500千円で，減少する総額は変わりません。

　図表D-26「費用分解シート」の「予測データに基づく必要売上高の予測計算」
をご覧ください。

　固定費は2,500千円減少しましたが，前掲の図表D-20-1，図表D-20-2
「予測データに基づく必要売上高の予測計算」と違いはありません。

　「固定費合計 i」は78,624千円（93,600千円－14,976千円）です。限界利益率
は59.30％なので，損益分岐点は132,587千円と変わりなく，目標経常利益は0で
す。この場合，必要売上高は単に損益分岐点を表していますので，損益分岐点と
読み替えてください。

　次に，資産となる保険積立金2,500千円を減少させます。ここでは保険を払い
済みとしましたが，解約していませんので，入金はありません。

　図表-27「資金計画下準備シート」をご覧ください。

　「経常外収支」の支出にある支払い済みの保険積立金（資産）2,500千円を消
去するために，同支出欄に保険積立金減少額－2,500千円としました。しかし，
一番下の「翌月繰越現金・当座預金」を見ると，期首現金30,000千円は期末に
22,981千円となっていて，7,019千円減少しています。現預金が減少するのでは，
これで完成とすることは出来ません。

　図表D-28「費用分解シート」をご覧ください。

　期末現金も期首現金と同額の30,000千円にするなら，「費用分解シート」に戻
り，減少する7,019千円を補う手立てを講じなければなりません。ここでは，固
定費をさらに7,019千円減少させ，同額を目標経常利益とする方法で補うことと
します。

　「費用分解シート」の図表D-29「予測データに基づく必要売上高の予測計算」
をご覧ください。

　減少させた固定費7,019千円と同額を目標経常利益に入力します。その結果，
当初の予測損益分岐点132,587千円が目標経常利益7,019千円を実現する必要売上
高となりました。

　ここで，予測損益分岐点を始めとする分析数値を把握しておきます。必要売上
高132,587千円に対応する変動費は「最終変動費合計」53,963千円です。前の事
例と同様，これらの金額は「利益計画シート」で使用します。

図表 D－27　【入力④】資金計画下準備

（単位：千円）

科目	総括	4月	5月	6月	7月	8月	9月	10月	11月	12月	1月	2月	3月	合計
商品売上高（現金）		15,423	17,363	11,951	8,531	9,245	11,112	9,026	10,761	9,999	12,968	10,040	6,169	132,587
商品売上高（掛）		5,398	6,078	4,183	2,986	3,236	3,890	3,160	3,767	3,500	4,539	3,514	2,159	46,410
主要材料費		0	0	0	0	0	0	0	0	0	0	0	0	0
補助材料費		0	0	0	0	0	0	0	0	0	0	0	0	0
変動労務費		0	0	0	0	0	0	0	0	0	0	0	0	0
変動製造経費		0	0	0	0	0	0	0	0	0	0	0	0	0
変動売上原価（仕入）		932	1,049	722	515	558	671	545	650	604	783	606	373	8,008
仕入高		0	0	0	0	0	0	0	0	0	0	0	0	0
固定労務費		2,417	2,417	2,417	2,817	2,417	2,417	2,417	2,417	3,017	2,417	2,417	2,417	30,000
固定製造経費		146	146	146	146	146	146	146	146	146	146	146	146	1,750
販売費中の固定費		8	8	8	8	8	8	8	8	8	8	8	8	100
一般管理費中の固定費		2,870	2,870	2,870	2,870	2,870	2,870	2,870	2,870	2,870	2,870	2,870	2,870	34,436
営業外収益		21	21	21	21	21	21	21	21	21	21	21	21	250
営業外費用		1	1	1	1	1	1	1	1	1	1	1	1	12

経常収支

収入

科目	総括	4月	5月	6月	7月	8月	9月	10月	11月	12月	1月	2月	3月	合計
現金売上回収		3,085	3,473	2,390	1,706	1,849	2,222	1,805	2,152	2,000	2,594	2,008	1,234	26,517
売掛金回収		4,904	10,796	12,154	8,365	5,972	6,471	7,778	6,318	7,532	6,999	9,078	7,028	93,396
受取手形期日入金		1,201	1,175	1,087	701	1,542	1,736	1,195	853	924	1,111	903	1,076	13,504
（手形期日予定）		701	1,542	1,736	1,195	853	924	1,111	903	1,076	1,000	1,297	1,004	13,342
収入合計（C）		9,190	15,445	15,632	10,773	9,364	10,431	10,780	9,325	10,458	10,705	11,990	9,339	133,430

支出

科目	総括	4月	5月	6月	7月	8月	9月	10月	11月	12月	1月	2月	3月	合計
仕入・変動費		932	1,049	722	515	558	671	545	650	604	783	606	373	8,008
固定労務費		2,417	2,417	2,417	2,817	2,417	2,417	2,417	2,417	3,017	2,417	2,417	2,417	30,000
固定製造経費		146	146	146	146	146	146	146	146	146	146	146	146	1,750
固定販売費		8	8	8	8	8	8	8	8	8	8	8	8	100
固定管理費		2,870	2,870	2,870	2,870	2,870	2,870	2,870	2,870	2,870	2,870	2,870	2,870	34,436
手形決済		1,594	3,509	3,950	2,719	1,941	2,103	2,528	2,054	2,448	2,275	2,951	2,284	30,357
支出合計（B）		9,426	11,351	10,992	10,985	10,088	9,700	9,580	9,298	10,475	9,625	10,337	9,343	121,199
経常収支過不足（D＝B－C）		-237	4,094	4,640	-212	-724	731	1,200	27	-17	1,080	1,653	4	12,231

経常外収支

科目	総括	4月	5月	6月	7月	8月	9月	10月	11月	12月	1月	2月	3月	合計
固定資産等売却収入		0	0	0	0	0	0	0	0	0	0	0	0	0
収入合計（E）		0	0	0	0	0	0	0	0	0	0	0	0	0
保険積立金掛金		0	2,000	0	0	0	0	0	0	0	0	0	0	2,000
消耗品的資産購入		0	0	0	0	0	0	0	0	0	0	0	0	0
固定資産等購入支出		0	0	0	0	1,750	0	0	1,750	0	0	1,750	0	5,250
支出合計（F）		0	2,000	0	0	1,750	0	0	1,750	0	0	1,750	0	7,250
経常外収支過不足（G＝E－F）		0	-2,000	0	0	-1,750	0	0	-1,750	0	0	-1,750	0	-7,250

財務収支

科目	総括	4月	5月	6月	7月	8月	9月	10月	11月	12月	1月	2月	3月	合計
長期借入金調達		0	0	0	0	0	0	0	0	0	0	0	0	0
短期借入金調達		0	0	0	0	0	0	0	0	0	0	0	0	0
増資		0	0	0	0	0	0	0	0	0	0	0	0	0
収入合計		0	0	0	0	0	0	0	0	0	0	0	0	0
定期性預金預入		1,000	1,000	1,000	1,000	1,000	1,000	1,000	1,000	1,000	1,000	1,000	1,000	12,000
支出合計（H）		1,000	1,000	1,000	1,000	1,000	1,000	1,000	1,000	1,000	1,000	1,000	1,000	12,000
財務収支過不足（I）		-1,000	-1,000	-1,000	-1,000	-1,000	-1,000	-1,000	-1,000	-1,000	-1,000	-1,000	-1,000	-12,000

繰越現金

科目	総括	4月	5月	6月	7月	8月	9月	10月	11月	12月	1月	2月	3月
前月繰越現金・当座預金（A）	30,000	30,000	28,763	29,857	33,498	32,286	28,812	28,543	28,743	26,020	25,003	25,082	23,985
翌月繰越現金＝当月残高（J＝A＋D＋G＋I）		28,763	29,857	33,498	32,286	28,812	28,543	28,743	26,020	25,003	25,082	23,985	22,981

図表 D－28　[入力①－A]　変動費と固定費の費用分解

（単位：千円）

売上高 145,700

実績売上高

勘定科目	変動割合(%)	実額 金額	予測 固定費	予測固定 固定費	予測 変動費	実績・予測 変動費
材料費 期首材料棚卸高	100	7,000	0			7,000
主要材料費	100	51,000	0			51,000
補助材料費	100	7,500	0			
期末材料棚卸高	100	-7,500	0			-7,500
労務費 賃金給料	0	25,000	25,000		25,000	0
雑給	100	4,000	0		4,000	0
法定福利費	0	1,000	1,000		1,000	0
賞与	100	1,500	0			1,500
経費 外注加工費	100	1,500	0			1,500
旅費交通費	0					0
通信費	0					0
交際費	0					0
減価償却費	0	3,000	3,000		3,000	0
保険料	0	50	50		50	0
修繕費	0	1,500	1,500		1,500	0
水道光熱費	90	2,000	200		200	1,800
電力費	0					0
消耗品費	100	1,500	0			1,500
租税公課	100					0
運賃	100	4,000	0			4,000
各種非資金費用	0					0
雑費・その他	0	100	100		100	0
	0	0	0			0
小計 a＋bの合計 c		34,850	34,850		a	59,300 b
総製造費用		94,150	94,150	94,150		
期首 製品 半製品		2,000	2,000	2,000	2,200	
期首 仕掛品		300	300	400	400	
期末 製品 半製品		-2,200	-2,200	-2,200	-2,200	
期末 仕掛品		400	400	400	400	
製品売上原価計 d		93,850	93,850	94,150		
期首商品棚卸高						
仕入高						
期末商品棚卸高						
商品売上原価計 e						
売上原価計 f		93,850		94,150		

実額入力あり

勘定科目	変動割合(%)	実額 合計	実績 固定費	予測 変動費	予測確定 固定費	実績・予測 変動費
販売費 販売員給与						0
運賃						0
広告宣伝費						0
支払手数料						0
貸倒損失						0
管理費 雑費		100	100		100	0
役員報酬		33,000	33,000		33,000	0
給与手当						0
雑給						0
賞与						0
法定福利費		5,200	5,200		5,200	0
福利厚生費		100	100		100	0
広告宣伝費		50	50		50	0
支払手数料		600	600		600	0
外注費						0
旅費交通費		700	700		700	0
通信費		600	600		600	0
交際費		300	300		300	0
減価償却費		2,000	2,000		2,000	0
地代家賃		4,000	4,000		4,000	0
保険料		2,500	2,500		2,500	0
新聞図書費		1,100	1,100		1,100	0
燃料費		20	20		20	0
消耗品費		500	500		500	0
消費税以外の租税公課		100	100		100	0
消費税		500	500		500	0
事務用品費						0
諸会費		7,000	7,000		7,000	0
各種非資金費用		142	142		142	0
雑費・その他						0
		0	0	0	0	0
営業費 固定費減少額①			-12,476		-12,476	
固定費増減額②			-2,500		-2,500	
固定費減少額③			-7,019		-7,019	
雑費・その他		250	250		250	0
営業外費用 支払利息割引料						0
雑損失						0
営業外収益 受取利息		12	-12	0	-12	0
受取配当金				0		0
雑収入 雑収入				0		0
		5,000	-5,000	0		0
合計		53,750	g		36,755 h	0

検算　実績データの経常利益 ー1,900

図表D−29　【入力①−B】予測データに基づく必要売上高の予測計算

※固定費に変更がある場合は、【入力①-A】の表に入力してください。
※変動費に変更がある場合は、以下の【入力①-B】の表の変動費の増減率を入力して下さい。

（単位：千円）

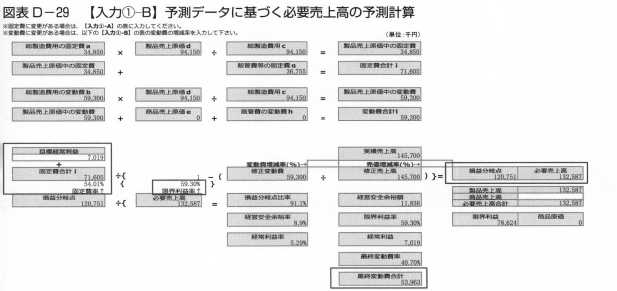

分析数値	計算式
予測損益分岐点120,751千円	固定費71,605千円÷限界利益率59.30％
損益分岐点比率91.1％	損益分岐点120,751千円÷必要売上高132,587千円
経営安全余裕率8.9％	必要売上高100％−損益分岐点比率91.1％
経営安全余裕額は11,836千円	必要売上高132,587千円−損益分岐点120,751千円
経常利益は7,019千円	経営安全余裕額11,836千円×限界利益率59.30％
経常利益率5.29％	経営安全余裕率8.9％×限界利益率59.30％

　この段階では，固定費はまとめて「固定費減少額」に割り当てている状態ですから，この後，具体的にどの固定費を削減するかを考えなければなりません。

　図表D−30「資金計画下準備シート」をご覧ください。

　保険積立金のような，経常損益と関係のない「経常外収支」や「財務収支」があれば，ここで入力します。

　「資金計画下準備シート」の一番下の行，「翌月繰越現金・当座預金」で確認すると，期末残高は期首残高と同じ30,000千円となっています。

事例4　（変動費率を変更する例）

　事例4も「季節指数」や「取引条件」は事例1と同一とします。

　この事例でも，事例1と同様，実績データの「雑収入」5,000千円は新型コロ

図表 D-30 【入力④】資金計画下準備

（単位：千円）

項目	順番	4月	5月	6月	7月	8月	9月	10月	11月	12月	1月	2月	3月	合計
商品売上高		15,423	17,363	11,951	8,531	9,245	11,112	9,026	10,761	9,999	12,968	10,040	6,169	132,357
商品売上原価		0	0	0	0	0	0	0	0	0	0	0	0	0
主要材料費		5,398	6,078	4,183	2,986	3,236	3,890	3,160	3,767	3,500	4,539	3,514	2,159	46,410
補助材料費		0	0	0	0	0	0	0	0	0	0	0	0	0
変動加工費		0	0	0	0	0	0	0	0	0	0	0	0	0
変動労務費		932	1,049	722	515	558	671	545	650	604	783	606	373	8,008
販売費中の変動費		0	0	0	0	0	0	0	0	0	0	0	0	0
管理費中の変動費		0	0	0	0	0	0	0	0	0	0	0	0	0
償却費以外の固定労務費		2,417	2,417	2,417	2,817	2,417	2,417	2,417	2,417	3,017	2,417	2,417	2,417	30,000
管理費中の固定管理費		146	146	146	146	146	146	146	146	146	146	146	146	1,750
販売費以外の固定管理費		8	8	8	8	8	8	8	8	8	8	8	8	100
償却以外の固定管理費		2,285	2,285	2,285	2,285	2,285	2,285	2,285	2,285	2,285	2,285	2,285	2,285	27,417
		1	1	21	21	21	21	21	21	21	21	21	1	12
営業外収益		21	21	21	21	21	21	21	21	21	21	21	21	250
前月繰越現金・当座預金	(A)	30,000	29,348	31,027	35,252	34,625	31,737	32,053	32,837	30,699	30,267	30,931	30,419	133,330
営業外収入	12	1	1	1	1	1	1	1	1	1	1	1	1	12
収入合計	(B)	9,190	15,445	15,632	10,773	9,364	10,431	10,780	9,325	10,458	10,705	11,990	9,339	133,330
		0	0	0	0	0	0	0	0	0	0	0	0	0
固定資産除却等		932	1,049	722	515	558	671	545	650	604	783	606	373	8,008
仕入高	(C)	0	0	0	0	0	0	0	0	0	0	0	0	0
固定製造労務費		2,417	2,417	2,417	2,817	2,417	2,417	2,417	2,417	3,017	2,417	2,417	2,417	30,000
固定製造経費		146	146	146	146	146	146	146	146	146	146	146	146	1,750
固定販売費	250	8	8	8	8	8	8	8	8	8	8	8	8	100
固定管理費		2,285	2,285	2,285	2,285	2,285	2,285	2,285	2,285	2,285	2,285	2,285	2,285	27,417
		21	21	21	21	21	21	21	21	21	21	21	21	250
		1,594	3,509	3,950	2,719	1,941	2,103	2,528	2,054	2,448	2,275	2,951	2,284	30,357
支出合計（手形支払）		0	0	0	0	0	0	0	0	0	0	0	0	0
手形決済用 掛1ヶ月		858	1,889	2,127	1,464	1,045	1,133	1,106	1,106	1,318	1,225	1,589	1,230	16,346
手形決済用 掛2ヶ月		1,440	1,332	858	1,889	2,127	1,464	1,045	1,133	1,361	1,106	1,318	1,225	16,298
支出合計	(D=B-C)	8,841	10,766	10,407	10,400	9,503	9,115	8,995	8,713	9,890	9,040	9,752	8,758	114,180
差引過不足		348	4,679	5,225	373	-139	1,316	1,785	612	568	1,664	2,238	581	19,250
固定資産売却・除却収入	(E)	0	0	0	0	0	0	0	0	0	0	0	0	0
収入合計		0	-2,500	0	0	0	0	0	0	0	0	0	0	-2,500
保険積立金減少分		0	2,500	0	0	0	0	0	0	0	0	0	0	2,500
保険積立金		0	2,000	0	0	1,750	0	1,750	0	0	1,750	0	0	7,250
消費税納税額		0	0	1,000	1,000	0	1,000	0	0	0	0	0	0	0
固定資産等購入	(F)	0	2,000	0	0	1,750	0	1,750	0	0	1,750	0	0	7,250
支出合計		0	-2,000	0	0	-1,750	0	-1,750	0	0	-1,750	0	0	-7,250
差引過不足	(G=E-F)	0	0	0	0	0	0	0	0	0	0	0	0	0
長期借入金調達		0	0	0	0	0	0	0	0	0	0	0	0	0
短期借入金調達		0	0	0	0	0	0	0	0	0	0	0	0	0
定期性預金取崩	(H)	0	0	0	0	0	0	0	0	0	0	0	0	0
収入合計		1,000	1,000	1,000	1,000	1,000	1,000	1,000	1,000	1,000	1,000	1,000	1,000	12,000
長期借入金返済		0	0	0	0	0	0	0	0	0	0	0	0	0
短期借入金返済		0	0	0	0	0	0	0	0	0	0	0	0	0
定期性預金預入	(I)	1,000	1,000	1,000	1,000	1,000	1,000	1,000	1,000	1,000	1,000	1,000	1,000	12,000
支出合計		-1,000	-1,000	-1,000	-1,000	-1,000	-1,000	-1,000	-1,000	-1,000	-1,000	-1,000	-1,000	-12,000
差引過不足	(J=H-I)	-1,000	-1,000	-1,000	-1,000	-1,000	-1,000	-1,000	-1,000	-1,000	-1,000	-1,000	-1,000	
当月繰越現金・当座預金	(A+D+G+J)	29,348	31,027	35,252	34,625	31,737	32,053	32,837	30,699	30,267	30,931	30,419	30,931	30,419

経常収支（経常収入／経常支出）／経常外収支（経常外収入／経常外支出）／財務収支（財務収入／財務支出）

前月繰越現金・当座預金　30,000

ナウイルス感染症対策に係る助成金としました。来期はこの助成金を得られないと考え，予測金額を0としています。

　事例4も事例2と同様に，「費用分解シート」の「予測データに基づく必要売上高の予測計算」で使う損益分岐点の実現可能額を132,000千円台とします。

　以上の条件で，一般経済の情勢や業界動向などを考慮した結果，変動費が10％増えると考えた場合について説明します。

　事例1の前掲図表D－3－1「費用分解シート」では固定費の控除項目となる雑収入を0としたため，前掲の図表D－4「実績データに基づく必要売上高の予測計算」の実績「固定費i」は88,489千円でしたが，図表D－6「予測データに基づく必要売上高の予測計算」にある予測「固定費i」は93,600千円となりました。その結果，予測の損益分岐点は157,842千円（固定費93,600千円÷限界利益率59.30％）となっています。

　図表D－31「費用分解シート」をご覧ください。

　この事例では事例1と異なり，「変動費増減率」を10％増としました。その結果，限界利益率が55.23％となり，予測の損益分岐点は169,473千円（固定費93,600千円÷限界利益率55.23％）となりました。目標経常利益は0です。この場合，必要売上高は単に損益分岐点を表していますので，損益分岐点と読み替えてください。

図表D－31　【入力①-B】予測データに基づく必要売上高の予測計算

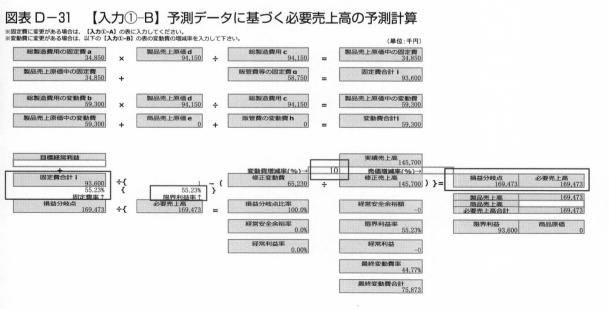

図表 D−32 予測 損益分岐点：必要売上高早見表

増加＝1 → 2
固定費の刻み→ 2 %

経常利益→ 0

減少＝2

限界利益率の刻み→ 1 %

(単位：千円)

限界利益率

差額	%	固定費	46.23%	47.23%	48.23%	49.23%	50.23%	51.23%	52.23%	53.23%	54.23%	55.23%	56.23%	57.23%	58.23%	59.23%	60.23%	61.23%
-46,800	-50	46,800	101,233	99,090	97,035	95,064	93,172	91,353	89,604	87,920	86,299	84,737	83,230	81,775	80,371	79,014	77,702	76,433
-44,928	-48	48,672	105,282	103,053	100,917	98,867	96,898	95,007	93,188	91,437	89,751	88,126	86,559	85,046	83,586	82,175	80,810	79,491
-43,056	-46	50,544	109,332	107,017	104,798	102,669	100,625	98,661	96,772	94,954	93,203	91,516	89,888	88,317	86,801	85,335	83,918	82,548
-41,184	-44	52,416	113,381	110,980	108,679	106,472	104,352	102,315	100,356	98,471	96,655	94,905	93,217	91,588	90,016	88,496	87,027	85,605
-39,312	-42	54,288	117,430	114,944	112,561	110,274	108,079	105,969	103,940	101,988	100,107	98,295	96,546	94,859	93,230	91,656	90,135	88,663
-37,440	-40	56,160	121,480	118,908	116,442	114,077	111,806	109,623	107,525	105,505	103,559	101,684	99,876	98,130	96,445	94,817	93,243	91,720
-35,568	-38	58,032	125,529	122,871	120,324	117,880	115,533	113,278	111,109	109,021	107,011	105,073	103,205	101,401	99,660	97,978	96,351	94,777
-33,696	-36	59,904	129,578	126,835	124,205	121,682	119,260	116,932	114,693	112,538	110,463	108,463	106,534	104,673	102,875	101,138	99,459	97,835
-31,824	-34	61,776	133,628	130,798	128,086	125,485	122,986	120,586	118,277	116,055	113,915	111,852	109,863	107,944	106,090	104,299	102,567	100,892
-29,952	-32	63,648	137,677	134,762	131,968	129,287	126,713	124,240	121,861	119,572	117,367	115,242	113,192	111,215	109,305	107,459	105,675	103,949
-28,080	-30	65,520	141,726	138,726	135,849	133,090	130,440	127,894	125,445	123,089	120,819	118,631	116,522	114,486	112,519	110,620	108,783	107,007
-26,208	-28	67,392	145,776	142,689	139,731	136,892	134,167	131,548	129,029	126,605	124,271	122,021	119,851	117,757	115,734	113,780	111,891	110,064
-24,336	-26	69,264	149,825	146,653	143,612	140,695	137,894	135,202	132,614	130,122	127,723	125,410	123,180	121,028	118,949	116,941	114,999	113,121
-22,464	-24	71,136	153,874	150,616	147,493	144,497	141,621	138,856	136,198	133,639	131,175	128,800	126,509	124,299	122,164	120,101	118,107	116,178
-20,592	-22	73,008	157,924	154,580	151,375	148,300	145,348	142,510	139,782	137,156	134,627	132,189	129,838	127,570	125,379	123,262	121,215	119,236
-18,720	-20	74,880	161,973	158,544	155,256	152,103	149,074	146,165	143,366	140,673	138,079	135,579	133,168	130,841	128,594	126,423	124,324	122,293
-16,848	-18	76,752	166,022	162,507	159,138	155,905	152,801	149,819	146,950	144,190	141,531	138,968	136,497	134,112	131,809	129,583	127,432	125,350
-14,976	-16	78,624	170,072	166,471	163,019	159,708	156,528	153,473	150,534	147,706	144,983	142,358	139,826	137,383	135,023	132,744	130,540	128,408
-13,104	-14	80,496	174,121	170,434	166,901	163,510	160,255	157,127	154,119	151,223	148,435	145,747	143,155	140,654	138,238	135,904	133,648	131,465
-11,232	-12	82,368	178,170	174,398	170,782	167,313	163,982	160,781	157,703	154,740	151,887	149,137	146,484	143,925	141,453	139,065	136,756	134,522
-9,360	-10	84,240	182,220	178,361	174,663	171,115	167,709	164,435	161,287	158,257	155,339	152,526	149,813	147,196	144,668	142,225	139,864	137,580
-7,488	-8	86,112	186,269	182,325	178,545	174,918	171,436	168,089	164,871	161,774	158,791	155,915	153,143	150,467	147,883	145,386	142,972	140,637
-5,616	-6	87,984	190,318	186,289	182,426	178,721	175,163	171,743	168,455	165,290	162,243	159,305	156,472	153,738	151,098	148,547	146,080	143,694
-3,744	-4	89,856	194,368	190,252	186,308	182,523	178,889	175,397	172,039	168,807	165,694	162,694	159,801	157,009	154,312	151,707	149,188	146,752
-1,872	-2	91,728	198,417	194,216	190,189	186,326	182,616	179,052	175,623	172,324	169,146	166,084	163,130	160,280	157,527	154,868	152,296	149,809
☆	0	93,600	202,466	198,179	194,070	190,128	186,343	182,706	179,208	175,841	172,598	169,473	166,459	163,551	160,742	158,028	155,404	152,866

図表 D－33　【入力①-A】変動費と固定費の費用分解

（単位：千円）

実績売上高　145,700

製造原価（変動費と固定費の費用分解）

勘定科目	変動費割合(%)	実績 変動費	実績 固定費	予測確定 固定費	予測 変動費	実績・予測 変動費
期首材料棚卸高	100	7,000				7,000
主要材料費	100	51,000				51,000
補助材料費	100					
期末材料棚卸高	100	-7,500				-7,500
消耗品費	100					
賃金給料			25,000	25,000		
雑給	100					
法定福利費	0		4,000	4,000		
賞与	0		1,000	1,000		
外注加工費	100	1,500				1,500
旅費交通費	0					
通信費	0					
交際費	0					
減価償却費	0		3,000	3,000		
保険料	0					
修繕費	0		50	50		
水道光熱費	90	1,500	1,500	1,500		1,800
電力費	0		200	200		
消耗品費	100	1,500				1,500
租税公課	0					
運賃	100	4,000				4,000
各種非営業金費用						
雑費・その他	0		100	100		
小計 c		34,850 (a)	94,150	34,850 (a)	94,150	59,300 (b)

総製造費用	(変固混在)		2,200	2,200		
期首 製品	0		0	0		
棚卸 半製品		300	400	400		
期末 製品	-2,200		-2,200	-2,200		
資産 半製品		400	400	400		
製品売上原価計 d		93,850 (a)	93,850	94,150 (a)	94,150	-400
期首商品棚卸高						
仕入高						
期末商品棚卸高 e						
商品売上原価計 f		93,850		94,150		
売上原価						

販売費・一般管理費

勘定科目	変動費割合(%)	実績 変動費	固定費	予測 固定費	予測確定 固定費	実績・予測 変動費 固定費
販売員給与						
運賃						
広告宣伝費						
支払手数料						
貸倒損失						
雑費		100	100	100	100	
役員報酬		33,000	33,000	33,000	33,000	
給与手当						
雑給						
賞与						
法定福利費		5,200	5,200	5,200	5,200	
福利厚生費		100	100	100	100	
広告宣伝費		50	50	50	50	
支払手数料		600	600	600	600	
外注費						
旅費交通費		700	700	700	700	
通信費		600	600	600	600	
交際費		300	300	300	300	
減価償却費		2,000	2,000	2,000	2,000	
電信料		4,000	4,000	4,000	4,000	
保険料		2,500	2,500	2,500	2,500	
修繕費		1,100	1,100	1,100	1,100	
新聞図書費		20	20	20	20	
消耗品費		500	500	500	500	
燃料費		100	100	100	100	
事務用品費		500	500	500	500	
消耗品		7,000	7,000	7,000	7,000	
諸会費		142	142	142	142	
各種非営業金費用						
固定費減少額①				-20,592	-20,592	-20,592
固定費減少額②						
雑費・その他	0					
支払利息割引料	0	250	250	250	250	
雑損失	0	-12	-12		-12	
受取利息	0					
受取配当金	0					
雑収入		-5,000	-5,000			
合計		53,750 (g)	53,750	-20,592 (g)	38,158 (h)	0

検算　-1,900

実績データの経常利益

145,700

実現可能額は事例2と同じ132,000千円台ですから，事例2と同じく，「損益分岐点・必要売上高早見表」を用いて検討します。

図表D−32「必要売上高早見表」をご覧ください。

これによると，限界利益率が55.23％の場合，132,000千円台の損益分岐点は132,189千円が該当します。左端の差額を見ると，固定費を20,592千円（93,600千円−73,008千円）減少させなければならないことが分かります。

図表D−33の「費用分解シート」をご覧ください。

固定費を修正します。固定費減少額①に−20,592千円を入力して，固定費を20,592千円減少させます。

図表D−34「予測データに基づく必要売上高の予測計算」をご覧ください。

「固定費合計i」は73,008千円（93,600千円−20,592千円）となりました。限界利益率は55.23％ですから，損益分岐点は132,189千円となり，早見表の損益分岐点132,189千円と一致しました。この事例では目標経常利益が0です。この場合，必要売上高は単に損益分岐点を表していますので，損益分岐点と読み替えてください。

図表D−35「資金計画下準備シート」をご覧ください。

一番下の「翌月繰越現金・当座預金」を見ると，期首に30,000千円あった現預金が期末には20,943千円に減少しています。

図表D−34　【入力①-B】予測データに基づく必要売上高の予測計算

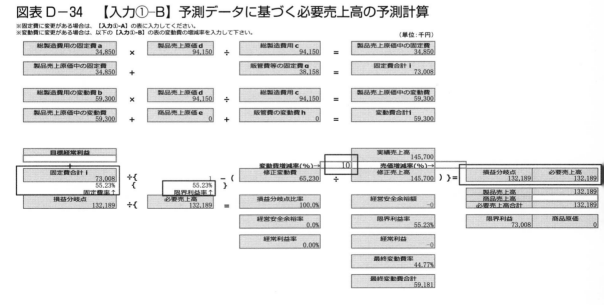

※固定費に変更がある場合は，【入力①-A】の表に入力してください。
※変動費に変更がある場合は，以下の【入力①-B】の表の変動費の増減率を入力して下さい。
（単位：千円）

図表 D-35　【入力④】資金計画下準備

（単位：千円）

項目		期初	4月	5月	6月	7月	8月	9月	10月	11月	12月	1月	2月	3月	合計
製品売上高			15,376	17,311	11,915	8,506	9,217	11,078	8,999	10,728	9,969	12,930	10,010	6,150	132,189
商品売上高			5,920	6,665	4,588	3,275	3,549	4,266	3,465	4,131	3,838	4,978	3,854	2,368	50,898
主要材料費			0	0	0	0	0	0	0	0	0	0	0	0	0
補助材料費			0	0	0	0	0	0	0	0	0	0	0	0	0
変動消耗品費			0	0	0	0	0	0	0	0	0	0	0	0	0
変動労務費			1,022	1,150	792	565	612	736	598	713	662	859	665	409	8,782
仕入高			0	0	0	0	0	0	0	0	0	0	0	0	0
販売費中の変動費			0	0	0	0	0	0	0	0	0	0	0	0	0
管理費中の変動費			2,417	2,417	2,417	2,817	2,417	2,417	2,417	2,417	3,017	2,417	2,417	2,417	30,000
固定労務費			146	146	146	146	146	146	146	146	146	146	146	146	1,750
償却費以外の固定管理費			8	8	8	8	8	8	8	8	8	8	8	8	100
販売費以外の固定管理費			2,402	2,402	2,402	2,402	2,402	2,402	2,402	2,402	2,402	2,402	2,402	2,402	28,820
営業外収益			21	21	21	21	21	21	21	21	21	21	21	21	250
営業外費用			1	1	1	1	1	1	1	1	1	1	1	1	12
前月繰越現金・当座預金	(A)	30,000	30,000	29,132	27,710	31,323	30,054	26,572	26,330	26,567	23,914	22,906	23,019	21,883	133,057
収	現金 製品現金		3,075	3,462	2,383	1,701	1,843	2,216	1,800	2,146	1,994	2,586	2,002	1,230	26,438
経	現金 商品現金		4,904	10,763	12,118	8,340	5,954	6,452	7,755	6,299	7,510	6,978	9,051	7,007	93,131
常	売上 製品売上		0	0	0	0	0	0	0	0	0	0	0	0	0
入	売上 商品売上		701	1,538	1,731	1,191	851	922	1,108	900	1,073	997	1,293	1,001	13,304
	代金 (手形回収)		1,201	1,175	1,087	701	1,538	1,731	1,191	851	1,108	922	900	1,073	13,476
	手形期日落		0	0	0	0	0	0	0	0	0	0	0	0	0
	（割引手形繰入）		1	1	1	1	1	1	1	1	1	1	1	1	12
	営業外収入														
	収入合計	(B)	9,180	15,402	15,589	10,743	9,336	10,400	10,747	9,297	10,426	10,673	11,954	9,311	133,057
支	現金 仕入高		1,022	1,150	792	565	612	736	598	713	662	859	665	409	8,782
	現金 変動販売		0	0	0	0	0	0	0	0	0	0	0	0	0
	現金 変動管理		2,417	2,417	2,417	2,817	2,417	2,417	2,417	2,417	3,017	2,417	2,417	2,417	30,000
	固定製造労務費		146	146	146	146	146	146	146	146	146	146	146	146	1,750
	固定製造経費		8	8	8	8	8	8	8	8	8	8	8	8	100
	固定販売		2,402	2,402	2,402	2,402	2,402	2,402	2,402	2,402	2,402	2,402	2,402	2,402	28,820
	固定管理		21	21	21	21	21	21	21	21	21	21	21	21	250
	掛末払 仕入高		1,594	3,848	4,332	2,962	2,129	2,307	2,773	2,252	2,685	2,495	3,236	2,505	33,138
	補助材料														
	変動労務														
	変動経費														
	主要材料														
	変動販売														
	変動管理														
	固定製造労務費														
	固定製造経費														
	固定販売														
	固定管理														
	（手形支払）														
	手形決済														
	支出合計	(C)	9,048	11,323	10,976	11,013	10,067	9,642	9,510	9,200	10,434	9,560	10,340	9,251	120,364
	差引過不足	(D=B-C)	132	4,078	4,613	-270	-731	758	1,237	96	-7	1,113	1,613	60	12,693
経常外 収入	固定資産等売却収入		0	0	0	0	0	0	0	0	0	0	0	0	0
	収入合計	(E)	0	0	0	0	0	0	0	0	0	0	0	0	0
経常外 支出	税金・役員賞与配当		0	2,500	0	0	0	0	0	0	0	0	0	0	2,500
	保険積立金		0	2,000	0	0	1,750	0	0	1,750	0	0	1,750	0	7,250
	消費税納税額														
	固定資産購入		0	0	0	0	0	0	0	0	0	0	0	0	0
	支出合計	(F)	0	4,500	0	0	1,750	0	0	1,750	0	0	1,750	0	9,750
	差引過不足	(G=E-F)	0	-4,500	0	0	-1,750	0	0	-1,750	0	0	-1,750	0	-9,750
財務 収入	長期借入金調達		0	0	0	0	0	0	0	0	0	0	0	0	0
	短期借入金調達														
	定期預金取崩														
	増資														
	収入合計	(H)	0	0	0	0	0	0	0	0	0	0	0	0	0
財務 支出	長期借入金返済		1,000	1,000	1,000	1,000	1,000	1,000	1,000	1,000	1,000	1,000	1,000	1,000	12,000
	短期借入金返済														
	定期預金預入														
	支出合計	(J)	1,000	1,000	1,000	1,000	1,000	1,000	1,000	1,000	1,000	1,000	1,000	1,000	12,000
	差引過不足	(J=H-J)	-1,000	-1,000	-1,000	-1,000	-1,000	-1,000	-1,000	-1,000	-1,000	-1,000	-1,000	-1,000	-12,000
翌月繰越現金・当座預金	(A+D+G+J)	30,000	29,132	27,710	31,323	30,054	26,572	26,330	26,567	23,914	22,906	23,019	21,883	20,943	20,943

（掛1ヶ月） 　（掛2ヶ月）　250

図表 D-36　【入力①-A】　変動費と固定費の費用分解

実績売上高　145,700　　　　　　　　　　　　　　　　　　　　　　　　　　　　　実績売上高　145,700　　（単位：千円）

売上原価（製造費用）

勘定科目	変動割合(%)	実績 変動費	実績 固定費 (a)	予測確定 固定費	予測確定 変動費 (b)	予測 固定費	予測 変動費
材料費 期首材料棚卸高	100						
主要材料費	100	51,000			51,000		
補助材料費	100						
期末材料棚卸高	100	-7,500			-7,500		
消耗品費	100						
労務費 賃金給料	0		25,000	25,000		25,000	
雑給	100						
法定福利費	0		4,000	4,000		4,000	
賞与	0		1,000	1,000		1,000	1,500
経費 外注加工費	100	1,500					
旅費交通費	0						
通信費	0						
交際費	0						
減価償却費	0		3,000	3,000		3,000	1,800
電信料	0		50	50		50	
保険料	0		1,500	1,500		1,500	
修繕費	90	1,500	200	200	100	200	1,500
水道光熱費	90	2,000					
電力費	100	1,500					
消耗品費	100						4,000
租税公課	100						
運賃	100	4,000					
雑費・その他	0						
小計 a＋bの合計 c		(変固混在) 2,000	(a) 34,850 / 94,150	34,850 / 94,150	(b) 59,300		
棚卸 製品 期首		2,000	2,000	2,200	2,200		
半製品		300	300	400	400		
期末 製品		-2,200	-2,200	-2,200	-2,200		
半製品		-400	-400	-400	-400		
製品売上原価計 d		(変動費)	93,850	94,150			
棚卸 卸 期首商品棚卸高							
仕入高							
期末商品棚卸高 e							
商品売上原価計 f			93,850	94,150			
売上原価 売上原価計 f			93,850	94,150			

販売費・管理費／営業外

勘定科目	変動割合(%)	実績 変動費	実績 固定費 (g)	予測 固定費	予測 変動費	予測確定 固定費 (h)	実績・予測 変動費
販売費 販売員給与			0	0	0	0	0
運賃			0	0	0	0	0
広告宣伝費			0	0	0	0	0
支払手数料			0	0	0	0	0
貸倒相当損失			0	0	0	0	0
管理費 雑費		100	100			100	0
役員報酬		33,000	33,000	33,000		33,000	0
給与手当			0			0	0
雑給			0			0	0
賞与			0			0	0
法定福利費		5,200	5,200	5,200		5,200	0
福利厚生費		100	100	100		100	0
広告宣伝費		50	50	50		50	0
支払手数料		600	600	600		600	0
外注費			0			0	0
旅費交通費		700	700	700		700	0
通信費		600	600	600		600	0
交際費		300	300	300		300	0
減価償却費		2,000	2,000	2,000		2,000	0
保険料		4,000	4,000	4,000		4,000	0
修繕費		2,500	2,500	2,500		2,500	0
新聞図書費		1,100	1,100	1,100		1,100	0
燃料費		20	20	20		20	0
消耗品費		500	500	500		500	0
消費税以外の租税公課		100	100	100		100	0
事務用品費		500	500	500		500	0
諸会費		7,000	7,000	7,000		7,000	0
各種非営業費用		142	142	142		142	0
固定費減少額①		-20,592	0	-20,592		-20,592	
固定費減少額②		-9,057	0	-9,057		-9,057	
その他 雑費・その他		0	0				0
営業外費用 雑損失		250	250	250		250	0
支払利息割引料			0			0	0
営業外収益 雑損失		12	-12	-12		-12	0
受取利息			0			0	0
受取配当金			0			0	0
雑収入		5,000	-5,000				0
合計		(g) 0 / 53,750	(g)	(g) 0		(h) 29,101	0

検証　-1,900　　　実績データの経常利益

図表D-37　【入力①-B】予測データに基づく必要売上高の予測計算

※固定費に変更がある場合は，【入力①-A】の表に入力してください。
※変動費に変更がある場合は，以下の【入力①-B】の表の変動費の増減率を入力して下さい。

（単位：千円）

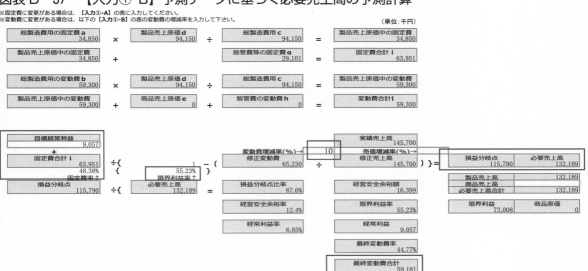

予測損益分岐点132,189千円を実現しても，期末現金等は9,057千円（30,000千円－20,943千円）減少しています。現預金が減少するのでは，これで完成とすることは出来ません。

図表D-36「費用分解シート」をご覧ください。

期末現金も期首現金と同額の30,000千円にするなら，「費用分解シート」に戻り，減少する9,057千円を補う手立てを講じなければなりません。ここでは，固定費をさらに9,057千円減少させ，同額を目標経常利益とする方法で補うこととします。

「費用分解シート」の図表D-37「予測データに基づく必要売上高の予測計算」をご覧ください。

修正の結果，当初の予測損益分岐点132,189千円が目標経常利益9,057千円を実現するための必要売上高になりました。

ここで，予測損益分岐点を始めとする分析数値を把握しておきます。必要売上高132,189千円に対応する変動費は「最終変動費合計」59,181千円となります。これらの金額は「利益計画シート」で使用します。

図表 D-37-1　利益計画

(単位:千円)

科目	%	年間予想(月別)季節指数→	4月 11.63%	5月 13.10%	6月 9.01%	7月 6.43%	8月 6.97%	9月 8.33%	10月 6.81%	11月 8.12%	12月 7.5%	1月 9.78%	2月 7.57%	3月 4.65%	合計 100.00%
売上高	100.00	132,189	15,376	17,311	11,915	8,506	9,217	11,078	8,999	10,728	9,969	12,930	10,010	6,150	132,189
製品売上高	100.00	132,189	15,376	17,311	11,915	8,506	9,217	11,078	8,999	10,728	9,969	12,930	10,010	6,150	132,189
商品売上高	0.00	0	0	0	0	0	0	0	0	0	0	0	0	0	0
変動費	44.77	59,181	6,884	7,750	5,334	3,808	4,126	4,960	4,029	4,803	4,463	5,789	4,481	2,754	59,181
材料費	38.13	50,399	5,862	6,600	4,543	3,243	3,514	4,224	3,431	4,090	3,801	4,930	3,816	2,345	50,399
主要材料費	38.50	50,898	5,920	6,665	4,588	3,275	3,549	4,266	3,465	4,131	3,838	4,978	3,854	2,368	50,898
補助材料費	0.00	0	0	0	0	0	0	0	0	0	0	0	0	0	0
変動労務費	0.00	0	0	0	0	0	0	0	0	0	0	0	0	0	0
変動経費	6.64	8,782	1,022	1,150	792	565	612	736	598	713	662	859	665	409	8,782
製品原価中の変動費調整額	0.00	0	0	0	0	0	0	0	0	0	0	0	0	0	0
商品売上原価	0.00	0	0	0	0	0	0	0	0	0	0	0	0	0	0
仕入高	0.00	0	0	0	0	0	0	0	0	0	0	0	0	0	0
販売費中の変動費	0.00	0	0	0	0	0	0	0	0	0	0	0	0	0	0
管理費中の変動費	0.00	0	0	0	0	0	0	0	0	0	0	0	0	0	0
限界利益	55.23	73,008	8,492	9,561	6,580	4,698	5,091	6,119	4,970	5,925	5,506	7,141	5,528	3,397	73,008
固定費(①と②を除く固定費合計)	48.20	63,713	5,309	5,309	5,309	5,309	5,309	5,309	5,309	5,309	5,309	5,309	5,309	5,309	63,713
固定製造労務費	22.69	30,000	2,417	2,417	2,417	2,417	2,417	2,417	2,417	2,417	3,017	2,417	2,417	2,417	30,000
固定製造経費	3.67	4,850	404	404	404	404	404	404	404	404	404	404	404	404	4,850
固定製造経費中の減価償却費等	2.35	3,100	258	258	258	258	258	258	258	258	258	258	258	258	3,100
上記以外の固定経費	1.32	1,750	146	146	146	146	146	146	146	146	146	146	146	146	1,750
固定製造労務費のうち賞与	0.76	1,000	0	0	0	400	0	0	0	0	600	0	0	0	1,000
製造原価中の固定費調整額	0.00	0	0	0	0	0	0	0	0	0	0	0	0	0	0
販売費中の固定費	0.08	100	8	8	8	8	8	8	8	8	8	8	8	8	100
管理費中の固定費	21.76	28,763	2,397	2,397	2,397	2,397	2,397	2,397	2,397	2,397	2,397	2,397	2,397	2,397	28,763
管理費中の減価償却費等	6.81	9,000	750	750	750	750	750	750	750	750	750	750	750	750	9,000
上記以外の固定管理費	14.95	19,763	1,647	1,647	1,647	1,647	1,647	1,647	1,647	1,647	1,647	1,647	1,647	1,647	19,763
管理費のうち賞与	0.00	0	0	0	0	0	0	0	0	0	0	0	0	0	0
営業利益	7.03	9,295	3,183	4,251	1,271	-612	-219	809	-339	616	196	1,832	219	-1,913	9,295
①営業外収益(固定費補填費)	0.01	12	1	1	1	1	1	1	1	1	1	1	1	1	12
②営業外費用(固定費)	0.19	250	21	21	21	21	21	21	21	21	21	21	21	21	250
経常利益	6.85	9,057	3,163	4,232	1,251	-632	-239	789	-359	596	176	1,812	199	-1,932	9,057

図表 D−38　【入力④】資金計画下準備

（単位：千円）

	期初	4月	5月	6月	7月	8月	9月	10月	11月	12月	1月	2月	3月	合計
商品売上高		15,376	17,311	11,915	8,506	9,217	11,078	8,999	10,728	9,969	12,930	10,010	6,150	132,189
完成品売上高		5,920	6,665	4,588	3,275	3,549	4,266	3,465	4,131	3,838	4,978	3,854	2,368	50,898
主要材料費		0	0	0	0	0	0	0	0	0	0	0	0	0
補助材料費		0	0	0	0	0	0	0	0	0	0	0	0	0
変動加工賃		0	0	0	0	0	0	0	0	0	0	0	0	0
変動労務費		1,022	1,150	792	565	612	736	598	713	662	859	665	409	8,782
変動経費		0	0	0	0	0	0	0	0	0	0	0	0	0
仕入高		0	0	0	0	0	0	0	0	0	0	0	0	0
製造費中の変動費		2,417	2,417	2,417	2,817	2,417	2,417	2,417	2,417	3,017	2,417	2,417	2,417	30,000
管理費中の変動費		146	146	146	146	146	146	146	146	146	146	146	146	1,750
製造費中の2以外の固定経費		8	8	8	8	8	8	8	8	8	8	8	8	100
販売費中の2固定経費		1,647	1,647	1,647	1,647	1,647	1,647	1,647	1,647	1,647	1,647	1,647	1,647	19,763
製造費中の2の固定経費		21	21	21	21	21	21	21	21	21	21	21	21	250
営業外収益		0	0	0	0	0	0	0	0	0	0	0	0	0
営業外費用														
期初繰越現金・当座預金 (A)	30,000													

収入

	期初	4月	5月	6月	7月	8月	9月	10月	11月	12月	1月	2月	3月	合計
現金 製品現金		3,075	3,462	2,383	1,701	1,843	2,216	1,800	2,146	1,994	2,886	2,002	1,230	26,438
現金 商品現金		4,904	10,763	12,118	8,340	5,954	6,452	7,755	6,299	7,510	6,978	9,051	7,007	93,131
売掛 製品売掛		701	1,538	1,731	1,191	851	922	1,108	900	1,073	997	1,293	1,001	13,304
売掛 商品売掛		1,201	1,175	1,087	701	1,538	1,731	1,191	851	922	1,108	900	1,073	13,476
売上 代金 金 (手形回収)		1	1	1	1	1	1	1	1	1	1	1	1	12
営業外収入														
収入合計 (B)		9,180	15,402	15,589	10,743	9,336	10,400	10,747	9,297	10,426	10,673	11,954	9,311	133,057

支出

	期初	4月	5月	6月	7月	8月	9月	10月	11月	12月	1月	2月	3月	合計
主要材料		1,022	1,150	792	565	612	736	598	713	662	859	665	409	8,782
製造費中の変動費		2,417	2,417	2,417	2,817	2,417	2,417	2,417	2,417	3,017	2,417	2,417	2,417	30,000
変動管理		146	146	146	146	146	146	146	146	146	146	146	146	1,750
固定製造経費		8	8	8	8	8	8	8	8	8	8	8	8	100
固定販売		1,647	1,647	1,647	1,647	1,647	1,647	1,647	1,647	1,647	1,647	1,647	1,647	19,763
固定管理		21	21	21	21	21	21	21	21	21	21	21	21	250
掛買払 仕入高		1,594	3,848	4,332	2,982	2,129	2,307	2,773	2,252	2,685	2,495	3,236	2,505	33,138
営業外支出														
支出合計 (C)		8,294	10,569	10,221	10,258	9,313	8,887	8,755	8,446	9,679	8,805	9,585	8,496	111,307
差引過不足 (D＝B−C)		887	4,833	5,368	485	23	1,513	1,992	851	747	1,868	2,368	815	21,750

経常外　収入

	期初	4月	5月	6月	7月	8月	9月	10月	11月	12月	1月	2月	3月	合計
固定資産等売却収入		0	0	0	0	0	0	0	0	0	0	0	0	0
収入合計 (E)		0	0	0	0	0	0	0	0	0	0	0	0	0

経常外　支出

	期初	4月	5月	6月	7月	8月	9月	10月	11月	12月	1月	2月	3月	合計
税金・配当金支払		2,500	2,500											2,500
保険積立金		2,000			1,750		1,750		1,750			1,750		7,250
消費税等支払														
固定資産購入		4,500	4,500		1,750		1,750		1,750			1,750		9,750
支出合計 (F)		4,500			1,750		1,750		1,750			1,750		9,750
差引過不足 (G＝E−F)		−4,500			−1,750		−1,750		−1,750			−1,750		−9,750

財務　収入

	期初	4月	5月	6月	7月	8月	9月	10月	11月	12月	1月	2月	3月	合計
長期借入金調達														
短期借入金調達														
定期性預金取崩														
増資		0	0	0	0	0	0	0	0	0	0	0	0	0
収入合計 (H)		1,000	1,000	1,000	1,000	1,000	1,000	1,000	1,000	1,000	1,000	1,000	0	12,000

財務　支出

	期初	4月	5月	6月	7月	8月	9月	10月	11月	12月	1月	2月	3月	合計
長期借入金返済		1,000	1,000	1,000	1,000	1,000	1,000	1,000	1,000	1,000	1,000	1,000	1,000	12,000
短期借入金返済														
定期性預金預入														
支出合計 (I)		−1,000	−1,000	−1,000	−1,000	−1,000	−1,000	−1,000	−1,000	−1,000	−1,000	−1,000	−1,000	−12,000
差引過不足 (J＝H−I)		−1,000	−1,000	−1,000	−1,000	−1,000	−1,000	−1,000	−1,000	−1,000	−1,000	−1,000	−1,000	−12,000
翌月繰越残高・当座預金 (A＋D＋G＋J)	30,000	29,887	29,220	33,588	33,073	30,346	30,859	31,851	29,952	29,699	30,567	30,185	30,000	

分析数値	計算式
予測損益分岐点115,790千円	固定費63,951千円÷限界利益率55.23%
損益分岐点比率87.6%	損益分岐点115,790千円÷必要売上高132,189千円
経営安全余裕率12.4%	必要売上高100%－損益分岐点比率87.6%
経営安全余裕額16,399千円	必要売上高132,189千円－損益分岐点115,790千円
経常利益9,057千円	経営安全余裕額16,399千円×限界利益率55.23%
経常利益率6.85%	経営安全余裕率12.4%×限界利益率55.23%

図表D−37−1「利益計画シート」をご覧ください。

これが事例4の「利益計画シート」です。この段階では，固定費はまとめて「固定費減少額」に割り当てている状態ですから，この後，具体的にどの固定費を削減するかを考えなければなりません。

図表D−38「資金計画下準備シート」の一番下の行，「翌月繰越現金・当座預金」で確認すると，期末現金は期首現金と同額の30,000千円となっています。

事例5 （変動費率と売価率を変更する例）

事例5は事例4に売価15%の変更を追加する事例です。

事例4前掲図表D−31（「予測データに基づく必要売上高の予測計算」）では一般経済の情勢や業界動向などを考慮した結果，「変動費増減率」を10%増としま

図表D−39　【入力①−B】予測データに基づく必要売上高の予測計算

※固定費に変更がある場合は、【入力①-A】の表に入力してください。
※変動費に変更がある場合は、以下の【入力①-B】の表の変動費の増減率を入力して下さい。

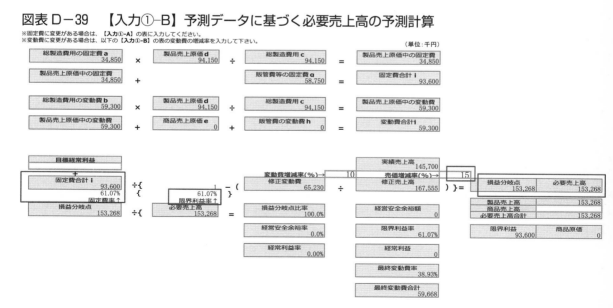

114

図表 D−40　予測　損益分岐点：必要売上高早見表

増加＝1　→　| 2 |
　　　　　→　| 2 | %
固定費の刻み→　| 0 |

減少＝2

経常利益→　| 0 |

限界利益率の刻み→　| 1 | %

☆

（単位：千円）

限界利益率

差額	固定費	%	52.07%	53.07%	54.07%	55.07%	56.07%	57.07%	58.07%	59.07%	60.07%	61.07%	62.07%	63.07%	64.07%	65.07%	66.07%	67.07%
-46,800	46,800	-50	89,880	88,186	86,555	84,984	83,468	82,005	80,593	79,229	77,910	76,634	75,399	74,204	73,046	71,923	70,835	69,778
-44,928	48,672	-48	93,475	91,714	90,017	88,383	86,807	85,285	83,817	82,398	81,026	79,699	78,415	77,172	75,968	74,800	73,668	72,569
-43,056	50,544	-46	97,070	95,241	93,480	91,782	90,145	88,566	87,041	85,567	84,143	82,765	81,431	80,140	78,889	77,677	76,501	75,361
-41,184	52,416	-44	100,665	98,769	96,942	95,182	93,484	91,846	90,264	88,736	87,259	85,830	84,447	83,108	81,811	80,554	79,335	78,152
-39,312	54,288	-42	104,261	102,296	100,404	98,581	96,823	95,126	93,488	91,905	90,375	88,895	87,463	86,076	84,733	83,431	82,168	80,943
-37,440	56,160	-40	107,856	105,823	103,866	101,980	100,161	98,406	96,712	95,074	93,492	91,961	90,479	89,045	87,655	86,308	85,001	83,734
-35,568	58,032	-38	111,451	109,351	107,329	105,380	103,500	101,687	99,935	98,244	96,608	95,026	93,495	92,013	90,577	89,185	87,835	86,525
-33,696	59,904	-36	115,046	112,878	110,791	108,779	106,839	104,967	103,159	101,413	99,724	98,092	96,511	94,981	93,498	92,062	90,668	89,316
-31,824	61,776	-34	118,641	116,406	114,253	112,178	110,178	108,247	106,383	104,582	102,841	101,157	99,527	97,949	96,420	94,938	93,502	92,107
-29,952	63,648	-32	122,237	119,933	117,715	115,578	113,516	111,527	109,607	107,751	105,957	104,222	102,543	100,917	99,342	97,815	96,335	94,899
-28,080	65,520	-30	125,832	123,461	121,177	118,977	116,855	114,807	112,830	110,920	109,074	107,288	105,559	103,885	102,264	100,692	99,168	97,690
-26,208	67,392	-28	129,427	126,988	124,640	122,376	120,194	118,088	116,054	114,089	112,190	110,353	108,575	106,854	105,186	103,569	102,002	100,481
-24,336	69,264	-26	133,022	130,516	128,102	125,776	123,532	121,368	119,278	117,258	115,306	113,418	111,591	109,822	108,108	106,446	104,835	103,272
-22,464	71,136	-24	136,617	134,043	131,564	129,175	126,871	124,648	122,501	120,428	118,423	116,484	114,607	112,790	111,029	109,323	107,668	106,063
-20,592	73,008	-22	140,213	137,571	135,026	132,574	130,210	127,928	125,725	123,597	121,539	119,549	117,623	115,758	113,951	112,200	110,502	108,854
-18,720	74,880	-20	143,808	141,098	138,488	135,974	133,549	131,208	128,949	126,766	124,656	122,614	120,639	118,726	116,873	115,077	113,335	111,645
-16,848	76,752	-18	147,403	144,625	141,951	139,373	136,887	134,489	132,173	129,935	127,772	125,680	123,655	121,694	119,795	117,954	116,169	114,437
-14,976	78,624	-16	150,998	148,153	145,413	142,772	140,226	137,769	135,396	133,104	130,888	128,745	126,671	124,662	122,717	120,831	119,002	117,228
-13,104	80,496	-14	154,593	151,680	148,875	146,172	143,565	141,049	138,620	136,273	134,005	131,810	129,687	127,631	125,639	123,708	121,835	120,019
-11,232	82,368	-12	158,189	155,208	152,337	149,571	146,903	144,329	141,844	139,443	137,121	134,876	132,703	130,599	128,560	126,585	124,669	122,810
-9,360	84,240	-10	161,784	158,735	155,799	152,970	150,242	147,609	145,068	142,612	140,238	137,941	135,719	133,567	131,482	129,462	127,502	125,601
-7,488	86,112	-8	165,379	162,263	159,262	156,369	153,581	150,890	148,291	145,781	143,354	141,007	138,735	136,535	134,404	132,339	130,335	128,392
-5,616	87,984	-6	168,974	165,790	162,724	159,769	156,920	154,170	151,515	148,950	146,470	144,072	141,751	139,503	137,326	135,215	133,169	131,183
-3,744	89,856	-4	172,569	169,318	166,186	163,168	160,258	157,450	154,739	152,119	149,587	147,137	144,767	142,471	140,248	138,092	136,002	133,974
-1,872	91,728	-2	176,165	172,845	169,648	166,568	163,597	160,730	157,962	155,288	152,703	150,203	147,783	145,440	143,170	140,969	138,836	136,766
☆	93,600	0	179,760	176,372	173,111	169,967	166,936	164,011	161,186	158,457	155,820	153,268	150,799	148,408	146,091	143,846	141,669	139,557

115

図表 D-41 [入力①-A] 変動費と固定費の費用分解

実績売上高　145,700

（単位：千円）

売上原価

区分	勘定科目	実績配賦(%)	実績 金額	固定費	予測確定 固定費	実績・予測 変動費
材料費	期首材料棚卸高	100	7,000			7,000
	主要材料費	100	51,000			51,000
	補助材料費	100	0			0
	期末材料棚卸高	100	-7,500			-7,500
	消耗品費	100	0			0
労務費	賃金給料	0	25,000	25,000	25,000	
	雑給	100	0	0	0	0
	法定福利費	0	4,000	4,000	4,000	
	賞与	0	1,000	1,000	1,000	
経費	外注加工費	100	1,500	0	0	1,500
	旅費交通費	0	0	0	0	0
	通信費	0	0	0	0	0
	交際費	0	0	0	0	0
	減価償却費	0	3,000	3,000	3,000	0
	償却料	0	0	0	0	0
	保険料	0	50	50	50	0
	修繕料	0	1,500	1,500	1,500	0
	水道光熱費	90	2,000	200	200	1,800
	電力費	0	0	0	0	0
	消耗品費	100	1,500	0	0	1,500
	租税公課	0	0	0	0	0
	運賃	100	4,000	0	0	4,000
	各種非課税割合費用	0	100	100	100	0
	雑費・その他	0	0	0	0	0
小計 c				a 34,850	34,850	b 59,300

a＋bの合計 c　94,150

棚卸資産		実績	固定費	予測確定 固定費	
総製造費用		94,150	94,150	94,150	
製品	期首	2,000	2,000	2,200	
半製品・仕掛品	期首	300	300	400	
製品	期末	2,200	-2,200	-2,200	
半製品・仕掛品	期末	400	-400	-400	
製品売上原価合計 d			93,850	94,150	
期首商品棚卸高		0			
仕入高		0			
期末商品棚卸高		0			
商品売上原価合計 e		0			
売上原価合計 f			93,850	94,150	

販売費・一般管理費・営業外

区分	勘定科目	変動配賦(%)	実績 金額	固定費	予測 固定費	予測確定 固定費	実績 変動費
販売費	販売員給与		0	0	0	0	0
	運賃		0	0	0	0	0
	広告宣伝費		0	0	0	0	0
	支払手数料		0	0	0	0	0
	貸倒損失		0	0	0	0	0
一般管理費	雑費		100	100	100	100	0
	役員報酬		33,000	33,000	33,000	33,000	0
	法定福利費		5,200	5,200	5,200	5,200	0
	福利厚生費		100	100	100	100	0
	広告宣伝費		50	50	50	50	0
	支払手数料		600	600	600	600	0
	外注費		0	0	0	0	0
	旅費交通費		700	700	700	700	0
	通信費		600	600	600	600	0
	交際費		300	300	300	300	0
	減価償却費		2,000	2,000	2,000	2,000	0
	諸借料		4,000	4,000	4,000	4,000	0
	保険料		2,500	2,500	2,500	2,500	0
	修繕費		1,100	1,100	1,100	1,100	0
	新聞図書費		20	20	20	20	0
	燃料費		500	500	500	500	0
	消耗品以外の租税公課		100	100	100	100	0
	消耗品費		500	500	500	500	0
	事務用品費		7,000	7,000	7,000	7,000	0
	諸会費		142	142	142	142	0
	各種非課税割合費用		0	0	0	0	0
営業外費用	固定費増減少額①	0	0	-13,104	-13,104	0
	固定費増減少額②	0	0	0	0	0
営業外費用	雑費・その他	0	250	250	250	0
	支払利息割引料	0	250	250	250	0
営業外収益	雑損失	0	-12	-12	-12	0
	受取利息	0	0	0	0	0
	受取配当金	0	0	0	0	0
	雑収入	0	-5,000	-5,000	-5,000	0
合計			g 53,750	g	h 45,646	0

検算　実績データの経常利益　-1,900

した。そのため限界利益率が55.23％となり，予測損益分岐点は169,473千円（固定費93,600千円÷限界利益率55.23％）となっていました。

　図表D−39「予測データに基づく必要売上高の予測計算」をご覧ください。

　事例5ではこの変動費の増加に対応するため，売価を15％増加したとします。そうすると，限界利益率は61.07％となり，予測の損益分岐点は153,268千円（固定費93,600千円÷限界利益率61.07％）になります。事例では目標経常利益が0です。この場合，必要売上高は単に損益分岐点を表していますので，損益分岐点と読み替えてください。

　この時，実現可能な予測売上高を131,000千円台と考えたとします。

　「損益分岐点・必要売上高早見表」を用いて検討します。

　図表D−40「損益分岐点・必要売上高早見表」をご覧ください。

　これによると，限界利益率が61.07％の場合，131,000千円台の損益分岐点は131,810千円が該当します。左端の差額を見ると，固定費を13,104千円（93,600千円−80,496千円）減少させなければならないことが分かります。

　図表D−41「費用分解シート」をご覧ください。

　固定費を修正します。固定費減少額①に−13,104千円を入力して，固定費を13,104千円減少させます。

　図表D−42「予測データに基づく必要売上高の予測計算」をご覧ください。

図表D−42　【入力①−B】予測データに基づく必要売上高の予測計算

※固定費に変更がある場合は，【入力①-A】の表に入力してください。
※変動費に変更がある場合は，以下の【入力①-B】の表の変動費の増減率を入力して下さい。　　　　　　　　　（単位：千円）

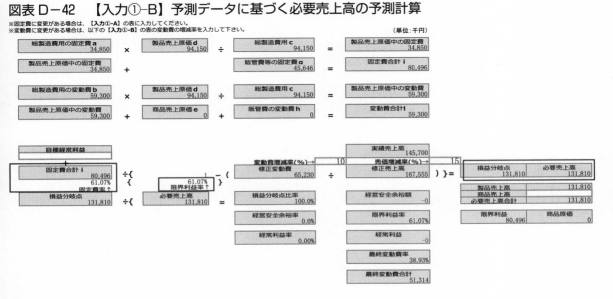

図表 D-43 【入力④】 資金計画下準備

（単位：千円）

項目	期首	4月	5月	6月	7月	8月	9月	10月	11月	12月	1月	2月	3月	合計
製品売上高		15,332	17,261	11,880	8,481	9,191	11,047	8,973	10,698	9,940	12,892	9,981	6,133	131,810
商品売上高		0	0	0	0	0	0	0	0	0	0	0	0	0
主要材料費		5,133	5,779	3,978	2,840	3,077	3,699	3,004	3,582	3,328	4,317	3,342	2,053	44,132
補助材料費		0	0	0	0	0	0	0	0	0	0	0	0	0
変動労務費		0	0	0	0	0	0	0	0	0	0	0	0	0
変動製造費		886	997	686	490	531	638	518	618	574	745	577	354	7,615
仕入高		0	0	0	0	0	0	0	0	0	0	0	0	0
販売費中の変動費		0	0	0	0	0	0	0	0	0	0	0	0	0
管理費中の変動費		0	0	0	0	0	0	0	0	0	0	0	0	0
固定労務費		2,417	2,417	2,417	2,817	2,417	2,417	2,417	2,417	3,017	2,417	2,417	2,417	30,000
償却費以外の固定製造経費		146	146	146	146	146	146	146	146	146	146	146	146	1,750
償却費以外の固定販売費		8	8	8	8	8	8	8	8	8	8	8	8	100
償却費以外の固定管理費		3,026	3,026	3,026	3,026	3,026	3,026	3,026	3,026	3,026	3,026	3,026	3,026	36,308
営業外収益		1	1	1	1	1	1	1	1	1	1	1	1	12
営業外費用		21	21	21	21	21	21	21	21	21	21	21	21	250
前月繰越現金・当座預金　(A)	30,000													

経常　収入・支出

項目		4月	5月	6月	7月	8月	9月	10月	11月	12月	1月	2月	3月	合計
収入合計　(B)		9,172	15,361	15,547	10,714	9,309	10,370	10,716	9,270	10,396	10,642	11,919	9,284	132,701
支出合計　(C)		9,536	11,283	10,918	10,890	10,017	9,648	9,534	9,265	10,414	9,577	10,253	9,309	120,644
経常収支過不足　(D＝B－C)		△365	4,078	4,629	△175	△708	722	1,183	5	△18	1,065	1,666	△25	12,057

固定資産等　収入・支出

項目		4月	5月	6月	7月	8月	9月	10月	11月	12月	1月	2月	3月	合計
収入合計　(E)		0	0	0	0	0	0	0	0	0	0	0	0	0
税金・役員賞与配当		0	0	0	0	0	0	0	0	0	0	0	0	0
保険・投資資産積立			2,500											2,500
消費税納税額						1,750			1,750			1,750		5,250
固定資産等購入			2,000											2,000
支出合計　(F)		0	4,500	0	0	1,750	0	0	1,750	0	0	1,750	0	9,750
(G＝E－F)		0	△4,500	0	0	△1,750	0	0	△1,750	0	0	△1,750	0	△9,750
差引過不足　(H)														

財務　収入・支出

項目		4月	5月	6月	7月	8月	9月	10月	11月	12月	1月	2月	3月	合計
長期借入金調達														0
短期借入金調達														0
定期性預金取崩														0
増資														0
収入合計　(I)		1,000	1,000	1,000	1,000	1,000	1,000	1,000	1,000	1,000	1,000	1,000	1,000	12,000
長期借入金返済														0
短期借入金返済														0
定期性預金預入		1,000	1,000	1,000	1,000	1,000	1,000	1,000	1,000	1,000	1,000	1,000	1,000	12,000
支出合計		1,000	1,000	1,000	1,000	1,000	1,000	1,000	1,000	1,000	1,000	1,000	1,000	12,000
翌月繰越現金・当座預金　(J＝H＋G＋I)　(A＋D＋G＋J)	30,000	28,635	27,213	30,842	29,666	26,209	25,930	26,113	23,368	22,350	22,415	21,331	20,307	20,307

図表 D−44　[入力①−A]　変動費と固定費の費用分解

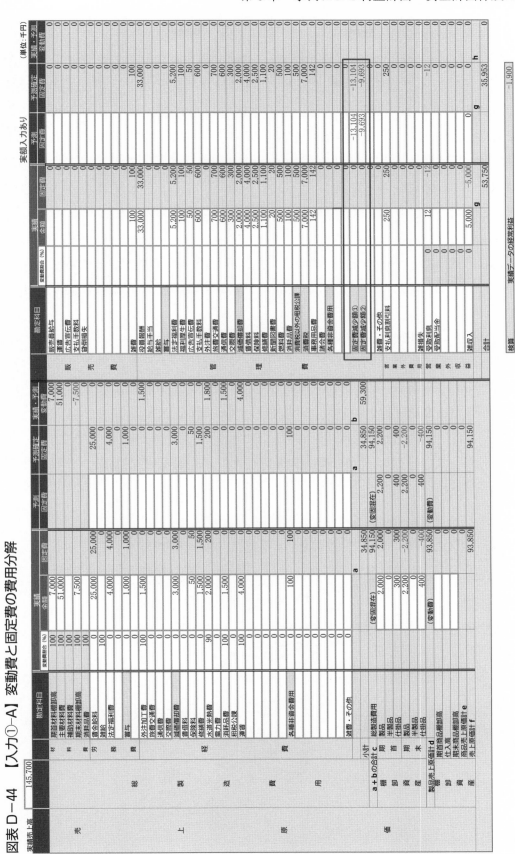

「固定費合計i」は80,496千円（93,600千円−13,104千円）となりました。限界利益率は61.07％ですから，損益分岐点は131,810千円となり，早見表の損益分岐点は131,810千円と一致しました。この事例では目標経常利益が0です。この場合，必要売上高は単に損益分岐点を表していますので，損益分岐点と読み替えてください。

図表D−43「資金計画下準備シート」の一番下の行，「翌月繰越現金・当座預金」を見ると，期首に30,000千円あった現預金が期末には20,307千円に減少しています。

予測損益分岐点131,810千円を実現しても，期末現金等は9,693千円（30,000千円−20,307千円）減少しています。現預金が減少するのでは，これで完成とすることは出来ません。

図表D−44「費用分解シート」をご覧ください。

期末現金も期首現金と同額の30,000千円にするなら，「費用分解シート」に戻り，減少する9,693千円を補う手立てを講じなければなりません。ここでは，固定費をさらに9,693千円減少させ，同額を目標経常利益とする方法で補うこととします。

「費用分解シート」の図表D−45「予測データに基づく必要売上高の予測計算」をご覧ください。

図表D−45　【入力①−B】予測データに基づく必要売上高の予測計算

※固定費に変更がある場合は，【入力①-A】の表に入力してください。
※変動費に変更がある場合は，以下の【入力①-B】の表の変動費の増減率を入力して下さい。

（単位：千円）

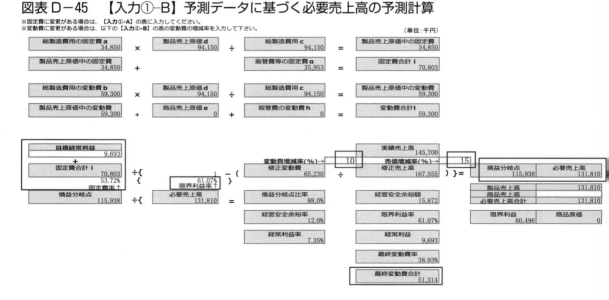

　当初の予測損益分岐点131,810千円が，目標経常利益9,693千円を実現する必要売上高となりました。

　ここで，予測損益分岐点を始めとする分析数値を把握しておきます。

　必要売上高131,810千円に比例する変動費は「最終変動費合計」51,314千円となります。これらの金額は利益計画で使用します。

分析数値	計算式
予測損益分岐点115,938千円	固定費70,803千円÷限界利益率61.07%
損益分岐点比率88%	損益分岐点115,938千円÷必要売上高131,810千円
経営安全余裕率12%	必要売上高100%－損益分岐点比率88%
経営安全余裕額15,872千円	必要売上高131,810千円－損益分岐点115,938千円
経常利益9,693千円	経営安全余裕額15,872千円×限界利益率61.07%
経常利益率7.35%	経営安全余裕率12%×限界利益率61.07%

　図表D－45－1「利益計画シート」をご覧ください。

　これが事例5の「利益計画シート」です。

　この段階では，固定費はまとめて「固定費減少額」に割り当てている状態ですから，この後，具体的にどの固定費を削減するかを考えなければなりません。

　図表D－46「資金計画下準備シート」の一番下の行，「翌月繰越現金・当座預金」で確認すると，期末現金は期首現金と同額の30,000千円となっています。

　ここまで事例解説してきたような方法で計画を修正できれば良いのですが，固定費の削減も難しく，かつ，経常外収支となる資産の売却や保険の解約などの手立てを講じることが困難なこともあるでしょう。まして，増資などの資金調達手段は中小企業には難しいことと思います。

　残る現実的な選択肢として借入金の借り換えがありますが，そのためには銀行に説明するための計画書が必要になります。本書がその一助になれば幸いです。

図表 D−45−1　利益計画

(単位:千円)

科目	%	年間予想（月別）	4月	5月	6月	7月	8月	9月	10月	11月	12月	1月	2月	3月	合計
季節指数→			11.63%	13.10%	9.01%	6.43%	6.97%	8.38%	6.81%	8.12%	7.54%	9.78%	7.57%	4.65%	100.00%
売上高	100.00	131,810	15,332	17,261	11,880	8,481	9,191	11,047	8,973	10,698	9,940	12,892	9,981	6,133	131,810
製品売上高	100.00	131,810	15,332	17,261	11,880	8,481	9,191	11,047	8,973	10,698	9,940	12,892	9,981	6,133	131,810
商品売上高	0.00	0	0	0	0	0	0	0	0	0	0	0	0	0	0
変動費															
材料費	38.93	51,314	5,969	6,720	4,625	3,302	3,578	4,301	3,493	4,165	3,870	5,019	3,886	2,388	51,314
主要材料費	33.15	43,699	5,083	5,723	3,939	2,812	3,047	3,662	2,975	3,547	3,295	4,274	3,309	2,033	43,699
補助材料費	33.48	44,132	5,133	5,779	3,978	2,840	3,077	3,699	3,004	3,582	3,328	4,317	3,342	2,053	44,132
変動消耗品費	0.00	0	0	0	0	0	0	0	0	0	0	0	0	0	0
変動労務費	0.00	0	0	0	0	0	0	0	0	0	0	0	0	0	0
変動経費	5.78	7,615	886	997	686	490	531	638	518	618	574	745	577	354	7,615
製品原価中の変動費調整額	0.00	0	0	0	0	0	0	0	0	0	0	0	0	0	0
商品売上原価	0.00	0	0	0	0	0	0	0	0	0	0	0	0	0	0
仕入高	0.00	0	0	0	0	0	0	0	0	0	0	0	0	0	0
販売費中の変動費	0.00	0	0	0	0	0	0	0	0	0	0	0	0	0	0
管理費中の変動費	0.00	0	0	0	0	0	0	0	0	0	0	0	0	0	0
限界利益	61.07	80,496	9,363	10,541	7,255	5,180	5,613	6,746	5,480	6,533	6,070	7,873	6,095	3,745	80,496
固定費（①と②を除く固定費合計）	53.54	70,565	5,880	5,880	5,880	5,880	5,880	5,880	5,880	5,880	5,880	5,880	5,880	5,880	70,565
固定製造労務費	22.76	30,000	2,417	2,417	2,417	2,817	2,417	2,417	2,417	2,417	3,017	2,417	2,417	2,417	30,000
固定製造経費	3.68	4,850	404	404	404	404	404	404	404	404	404	404	404	404	4,850
固定製造経費中の減価償却費等	2.35	3,100	258	258	258	258	258	258	258	258	258	258	258	258	3,100
上記以外の固定経費	1.33	1,750	146	146	146	146	146	146	146	146	146	146	146	146	1,750
固定製造労務費のうち賞与	0.76	1,000	0	0	0	400	0	0	0	0	600	0	0	0	1,000
製造原価中の固定費調整額	0.00	0	0	0	0	0	0	0	0	0	0	0	0	0	0
販売費中の固定費	0.08	100	8	8	8	8	8	8	8	8	8	8	8	8	100
管理費中の固定費	27.02	35,615	2,968	2,968	2,968	2,968	2,968	2,968	2,968	2,968	2,968	2,968	2,968	2,968	35,615
管理費中の減価償却費等	6.83	9,000	750	750	750	750	750	750	750	750	750	750	750	750	9,000
上記以外の固定管理費	20.19	26,615	2,218	2,218	2,218	2,218	2,218	2,218	2,218	2,218	2,218	2,218	2,218	2,218	26,615
管理費のうち賞与	0.00	0	0	0	0	0	0	0	0	0	0	0	0	0	0
営業利益	7.53	9,931	3,483	4,661	1,375	-701	-268	866	-400	653	190	1,993	215	-2,135	9,931
①営業外収益（固定費補填額）	0.01	12	1	1	1	1	1	1	1	1	1	1	1	1	12
②営業外費用（固定費）	0.19	250	21	21	21	21	21	21	21	21	21	21	21	21	250
経常利益	7.35	9,693	3,463	4,641	1,355	-721	-288	846	-420	633	170	1,973	195	-2,155	9,693

図表Ｄ－46　【入力④】資金計画下準備

（単位：千円）

項目		期初	4月	5月	6月	7月	8月	9月	10月	11月	12月	1月	2月	3月	合計
製品売上高			15,332	17,261	11,880	8,481	9,191	11,047	8,973	10,698	9,940	12,892	9,981	6,133	131,810
商品売上高			0	0	0	0	0	0	0	0	0	0	0	0	0
主材料費			5,133	5,779	3,978	2,840	3,077	3,699	3,004	3,582	3,328	4,317	3,342	2,053	44,132
補助材料費			0	0	0	0	0	0	0	0	0	0	0	0	0
変動加工費			0	0	0	0	0	0	0	0	0	0	0	0	0
変動販売費			886	997	686	490	531	638	518	618	574	745	577	354	7,615
仕入高			0	0	0	0	0	0	0	0	0	0	0	0	0
販売費中の変動経費			0	0	0	0	0	0	0	0	0	0	0	0	0
管理費中の変動経費			0	0	0	0	0	0	0	0	0	0	0	0	0
固定労務費			2,417	2,417	2,417	2,817	2,417	2,417	2,417	2,417	3,017	2,417	2,417	2,417	30,000
製造原価以外の固定経費			146	146	146	146	146	146	146	146	146	146	146	146	1,750
製造原価以外の固定管理費			8	8	8	8	8	8	8	8	8	8	8	8	100
製造原価以外の固定管理費			2,218	2,218	2,218	2,218	2,218	2,218	2,218	2,218	2,218	2,218	2,218	2,218	26,615
営業外収益			21	21	21	21	21	21	21	21	21	21	21	21	250
営業外費用			1	1	1	1	1	1	1	1	1	1	1	1	12
前月繰越現金・当座預金	(A)	30,000	30,000	29,443	28,828	33,265	32,897	30,247	30,777	31,767	29,830	29,620	30,493	30,217	132,701
収入 現金 製品売上高			3,066	3,452	2,376	1,696	1,838	2,209	1,795	2,140	1,988	2,578	1,996	1,227	26,362
現金 商品売上高			0	0	0	0	0	0	0	0	0	0	0	0	0
売掛 製品売上高			4,904	10,733	12,083	8,316	5,937	6,433	7,733	6,281	7,488	6,958	9,025	6,987	92,878
売掛 商品売上高			0	0	0	0	0	0	0	0	0	0	0	0	0
売上代金 (手形回収)			701	1,533	1,726	1,188	848	919	1,105	897	994	1,070	998	998	13,268
(割引)(手形落込)			1,201	1,175	1,087	701	1,533	1,726	1,188	848	919	1,105	897	1,070	13,450
手形割引			0	0	0	0	0	0	0	0	0	0	0	0	0
収入合計	(B)	12	9,172	15,361	15,547	10,714	9,309	10,370	10,716	9,270	10,396	10,642	11,919	9,284	132,701
支出 現金 変動販売費			886	997	686	490	531	638	518	618	574	745	577	354	7,615
掛払 固定製造労務費			2,417	2,417	2,417	2,817	2,417	2,417	2,417	2,417	3,017	2,417	2,417	2,417	30,000
固定製造経費			146	146	146	146	146	146	146	146	146	146	146	146	1,750
固定販売費		250	2,218	2,218	2,218	2,218	2,218	2,218	2,218	2,218	2,218	2,218	2,218	2,218	26,615
掛払 仕入等			1,594	3,337	3,757	2,586	1,846	2,000	2,404	1,953	2,328	2,163	2,806	2,172	28,945
支出合計	(C)(D=B-C)		8,729	10,475	10,111	10,082	9,209	8,840	8,726	8,457	9,606	8,769	9,446	8,501	110,951
差引過不足			443	4,886	5,436	632	100	1,530	1,990	813	790	1,873	2,474	783	21,750
経常外 収入 固定資産等売却収入	(E)		0	0	0	0	0	0	0	0	0	0	0	0	0
収入合計	(E)		0	0	0	0	0	0	0	0	0	0	0	0	0
支出 税金・役員賞与引当			0	2,500	0	0	0	0	0	0	0	0	0	0	2,500
保険積立金			0	2,000	0	0	1,750	0	0	1,750	0	0	1,750	0	7,250
消費税納税額	(F)		0	4,500	0	0	1,750	0	0	1,750	0	0	1,750	0	9,750
支出合計	(G=E-F)		0	-4,500	0	0	-1,750	0	0	-1,750	0	0	-1,750	0	-9,750
財務 収入 長期借入金調達			0	0	0	0	0	0	0	0	0	0	0	0	0
短期借入金調達			0	0	0	0	0	0	0	0	0	0	0	0	0
定期預金取崩			0	0	0	0	0	0	0	0	0	0	0	0	0
増資	(H)		0	0	0	0	0	0	0	0	0	0	0	0	0
収入合計			0	0	0	0	0	0	0	0	0	0	0	0	0
支出 長期借入金返済			1,000	1,000	1,000	1,000	1,000	1,000	1,000	1,000	1,000	1,000	1,000	1,000	12,000
短期借入金返済			0	0	0	0	0	0	0	0	0	0	0	0	0
定期預金預入	(I)		1,000	1,000	1,000	1,000	1,000	1,000	1,000	1,000	1,000	1,000	1,000	1,000	12,000
支出合計	(J=H-I)		-1,000	-1,000	-1,000	-1,000	-1,000	-1,000	-1,000	-1,000	-1,000	-1,000	-1,000	-1,000	-12,000
翌月繰越現金・当座預金	(A+D+G+J)	30,000	29,443	28,828	33,265	32,897	30,247	30,777	31,767	29,830	29,620	30,493	30,217	30,000	

保険のコラム

●資金が厳しくなった時の対応方法

＜長期平準定期保険の活用について＞

　ここでは，法人の生命保険の加入で多い長期平準定期保険の活用の仕方についてご説明させていただきます。

状況①：支払いをやめたい。まとまった現金が欲しい。利益額を増やしたい。

対処方法①：生命保険契約の解約

　○メリット

・毎月の支払いがなくなります。

・解約返戻金があれば受け取れます。

・解約返戻金－資産計上分＝○○円。「○○円分が，雑収入」となり，損益計算書の利益額にプラスの影響を与えます。

　○デメリット

・生命保険を解約するため保障はなくなります。

　○その後の対策

・保障がなくなるため，新たな生命保険を検討する必要があります。

対策例：保険料を抑えた短期間（5年間や10年間など）の定期保険など

状況②：支払いの負担を減らしたい。まとまった現金が欲しい。利益額を増やしたい。保障をある程度確保しておきたい。

対処方法②：減額（例：死亡保障1億円を5,000万円に減らすこと）

　○メリット

・減額した割合に応じて，保険料が抑えられます。

・減額した分だけ解約扱いになるため，解約返戻金の差額が支払われます。

・解約返戻金－資産計上分＝○○円。○○円分が，雑収入となり，損益計算書の利益額にプラスの影響を与えます。

・減額した分だけ保障は小さくなりますが，生命保険の契約を継続できます。

〇デメリット

・減額した分だけ，保障が小さくなります。

〇その後の対策

・保障が小さくなるため，新たな生命保険を検討する必要があります。

状況③：保険料の負担を減らし，保障を確保したい。

対処方法③：払済保険へ変更（洗替処理の選択はしない）

〇メリット

・変更時の解約返戻金を元に保険期間をそのままにした保険料払込済みの保険に変更することができます（保障は小さくなりますが，保険料負担なしに保障を継続できます。）。

・2年～3年以内であれば，元の契約に戻すことができます。※元の契約に戻せる猶予期間等，諸条件は保険会社により異なります。

〇デメリット

・払済保険へ変更すると，契約時の保障と比べて保障が小さくなります。

・2年～3年後に払済保険を元の契約に戻すとき，払済保険にしていた期間分の保険料をまとめて支払う必要があります。※診査（告知）が必要になります。

※2019年7月8日以降に，養老保険・終身保険・定期保険・第三分野保険および同種類の払済保険に変更した場合，原則洗替処理を行いますが，払済時の資産計上額を契約消滅まで計上することも可能です（法人税基本通達9－3－7の2）。

状況④：支払いの負担を減らしたい。まとまった現金は必要ない。利益額を増やしたい。保障は継続したい。

対処方法④：払済保険へ変更（洗替処理の選択をする）

〇メリット

・解約をせずに，保険料の支払いを止めることができます。

・2年～3年以内であれば，元の契約に戻すことができます。
　※元の契約に戻せる猶予期間等，諸条件は保険会社により異なります。
・変更時の解約返戻金を元に保険期間をそのままにした保険料払込済みの保険に変更することができます（保障が小さくなりますが，保険料負担なしに保障を継続できます。）。

〇デメリット

・払済保険へ変更すると，契約時の保障と比べて保障が小さくなります。
・2年～3年後に払済保険を元の契約に戻すとき，払済保険にしていた期間分の保険料をまとめて支払う必要があります。※診査（告知）が必要になります。

状況⑤：一時的に現金だけ欲しい。

対処方法⑤：契約者貸付

〇メリット

・解約返戻金の範囲内（保険会社の貸付範囲内）で，生命保険会社からお金を借りることができます。
・解約返戻金の範囲内（保険会社の貸付範囲内）で，何度でも実行でき，返済はいつでも可能です。

〇デメリット

・貸付金には会社所定の利息がかかります。

状況⑥：保障を維持したまま，まとまった現金が欲しい。

対処方法⑥：期間短縮　※対応できる生命保険会社は限られています。また，諸条件も生命保険会社により異なります。

〇メリット

・保障を維持したまま，責任準備金等に差額があれば現金を受け取ることができ，事業資金として利用することができます。
・保険料の支払いを抑えることができます。
・（会社の状況が回復したら）短縮した保険期間を延長して元に戻すことができます（無診査・無告知）。

○デメリット

・保険期間が短縮されます。（例：100歳→75歳）

・短縮した保険期間を延長して，元の保険期間に戻すときはまとまったお金が必要になります（責任準備金等の差額が必要になります。）。

状況⑦：元の生命保険の保障の範囲内で，別の保障に切り替える＝元の生命保険の解約返戻金を受け取れる。

対処方法⑦：変換（コンバージョン）※生命保険会社・保険商品により対応が異なります。

○メリット

・変換前の契約を解約（または減額）し，元の保険の保険金額を上限として，無診査・無告知で保障を切り替えることが可能です。※変換前保険金額≧変換後保険金額

・解約返戻金があれば，受け取れます。

○デメリット

・一度変換（コンバージョン）すると，元の保険に戻せなくなります。

　税務上の取り扱いについては2019年6月28日に公表された「法人税基本通達の制定について」と，2019年7月8日に公表された「定期保険および第三分野保険に係る保険料の取扱いに関するFAQ」の概要を記載しております。

　よって，将来的に税制の変更などにより，実際の取り扱いと記載されている内容が異なる場合がありますのでご注意ください。

　個別の具体的な税務上の取り扱いについては，税理士等の専門家，所轄税務署にご相談ください。

※ こちらの「操作マニュアル」のカラー版・更新版はダウンロードできます（詳細は、目次前のページをご覧ください。）。

かんたん入力シート
操作マニュアル

※Excelは最新バージョンをご使用ください。
　古いバージョンをご使用の場合、数字等が正しく表示されない可能性があります。

◆ 用意するもの

- ● 損益計算書
- ● 販売費及び一般管理費
- ● 製造原価明細書（製造業の場合のみ）など

※ 原則は直近のものです。
　取引条件により、最大5ヵ月前までの発生額のデータが必要になります。

◆ シートの種類

1．費用分解	✏ 入力シート
2．取引条件	✏ 入力シート
3．季節指数	✏ 入力シート
4．利益計画	🖨 印刷シート
5．下準備	✏ 入力シート
6．資金計画	🖨 印刷シート

＊ 本システムでは、取引条件については制限があります。
　（手形取引がない場合：掛け取引の最長は5ヵ月
　　手形取引がある場合：掛け取引の最長は2ヵ月、手形取引の最長期日は3ヵ月）
＊ 割引手形、裏書手形については対応していません。

1．費用分解

<シート名>

① **変動費と固定費の費用分解シート（実績）**

② **実績データに基づく損益分岐点の計算シート**

③ **予測データに基づく必要売上高の予測計算シート**

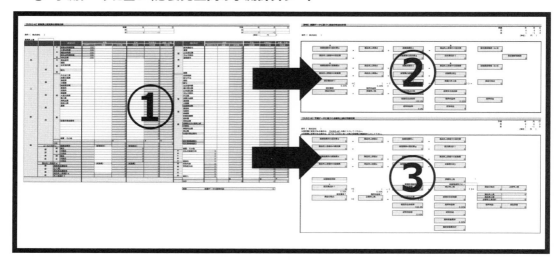

◎やること

（1）実績データで現状の損益分岐点等を把握する

① へ入力する	② を見る
実績データの各費用を **変動費** と **固定費** に分解し、実績欄に入力する。	現状の「損益分岐点」が算出される。

・「変動費」… 売上高・生産高に比例して発生する費用
・「固定費」… 売上高・生産高の増減に関係なく発生する費用

（2）目標経常利益を達成するための「必要売上高」を確定する

① へ入力する	③ を見る
実績データを基に予測欄で **固定費** の予測金額を練り上げる。	「必要売上高」が算出される。 ここで年間予測の売上高・変動費・固定費・目標経常利益が確定する。

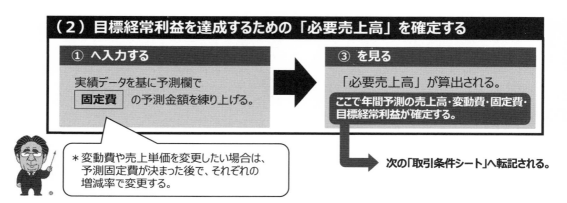

＊変動費や売上単価を変更したい場合は、予測固定費が決まった後で、それぞれの増減率で変更する。

次の「取引条件シート」へ転記される。

2．取引条件

＜シート名＞

① 取引条件シート

② 取引条件シート（期首より前のデータを入力する）

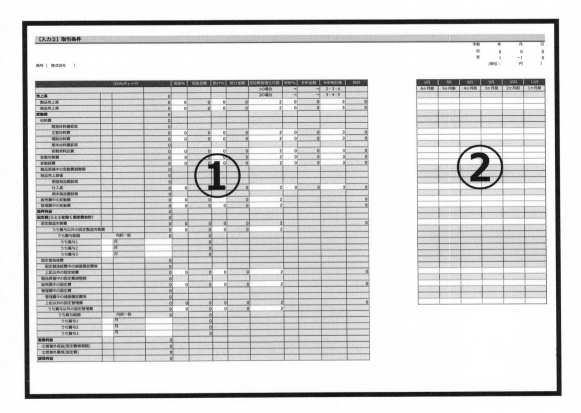

◎ やること

取引条件を設定し、「収益・費用」と「収入・支出」の発生のタイミングのズレを把握する

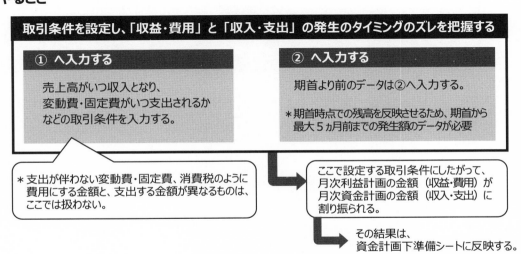

① へ入力する	② へ入力する
売上高がいつ収入となり、変動費・固定費がいつ支出されるかなどの取引条件を入力する。	期首より前のデータは②へ入力する。 ＊期首時点での残高を反映させるため、期首から最大5ヵ月前までの発生額のデータが必要

＊支出が伴わない変動費・固定費、消費税のように費用にする金額と、支出する金額が異なるものは、ここでは扱わない。

ここで設定する取引条件にしたがって、月次利益計画の金額（収益・費用）が月次資金計画の金額（収入・支出）に割り振られる。

その結果は、資金計画下準備シートに反映する。

3. 季節指数

<シート名>

季節指数シート

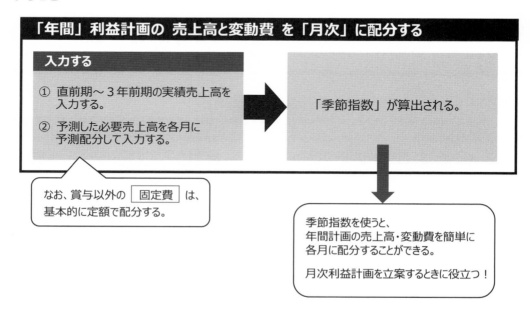

【入力③】季節指数

予測　　年　　月　　日
自　　2　　4　　1
至　　3　　3　　31
（単位：　千円　）

商号（　株式会社　A　）

リスト選択→　実額

月	3年前期	2年前期	直前期	三期平均	直近二期平均	実額	季節指数
4	114	124	117	118	121	180	6.00%
5	97	99	103	100	101	160	5.33%
6	159	145	132	145	139	190	6.33%
7	158	134	146	146	140	200	6.66%
8	174	185	168	176	177	210	7.00%
9	195	217	195	202	206	300	10.00%
10	219	196	211	209	204	350	11.66%
11	163	183	153	166	168	180	6.00%
12	157	205	154	172	180	190	6.33%
1	193	232	167	197	200	230	7.66%
2	269	266	239	258	253	400	13.33%
3	218	289	215	241	252	411	13.70%
合計	2,116	2,275	2,000	2,130	2,138	3,001	100%
平均	176	190	167	178	178		

必要売上高　3,001

◎ やること

「年間」利益計画の 売上高と変動費 を 「月次」に配分する

入力する

① 直前期〜３年前期の実績売上高を入力する。

② 予測した必要売上高を各月に予測配分して入力する。

→ 「季節指数」が算出される。

なお、賞与以外の 固定費 は、基本的に定額で配分する。

季節指数を使うと、年間計画の売上高・変動費を簡単に各月に配分することができる。

月次利益計画を立案するときに役立つ！

4．利益計画

印刷シート

＜シート名＞

利益計画シート

利益計画														予定 自 2年 4月 1日 至 3年 3月 31日		

商号（ 株式会社 Ａ ）　　　　　　　　　　　　　　　　　　　　　　　　（単位：　　千円　）

科目	％	年間予算（月別）／季節指数→	4月 6.00%	5月 5.33%	6月 6.33%	7月 6.66%	8月 7.00%	9月 10.00%	10月 11.66%	11月 6.00%	12月 6.33%	1月 7.66%	2月 13.33%	3月 13.70%	合計 100.00%
売上高	100.00	3,001	180	160	190	200	210	300	350	180	190	230	400	411	3,001
製品売上高	0.00	0	0	0	0	0	0	0	0	0	0	0	0	0	0
商品売上高	100.00	3,001	180	160	190	200	210	300	350	180	190	230	400	411	3,001
変動費	48.75	1,463	88	78	93	98	102	146	171	88	93	112	195	200	1,463
材料費	0.00	0	0	0	0	0	0	0	0	0	0	0	0	0	0
主要材料費	0.00	0	0	0	0	0	0	0	0	0	0	0	0	0	0
補助材料費	0.00	0	0	0	0	0	0	0	0	0	0	0	0	0	0
変動消耗品費	0.00	0	0	0	0	0	0	0	0	0	0	0	0	0	0
変動労務費	0.00	0	0	0	0	0	0	0	0	0	0	0	0	0	0
変動経費	0.00	0	0	0	0	0	0	0	0	0	0	0	0	0	0
製品棚卸中の変動費調整額	0.00	0	0	0	0	0	0	0	0	0	0	0	0	0	0
商品売上原価	48.64	1,460	88	78	92	97	102	146	170	88	92	112	195	200	1,460
仕入高	48.64	1,460	88	78	92	97	102	146	170	88	92	112	195	200	1,460
販売費中の変動費	0.00	0	0	0	0	0	0	0	0	0	0	0	0	0	0
管理費中の変動費	0.11	3	0	0	0	0	0	0	0	0	0	0	0	0	3
限界利益	51.25	1,538	92	82	97	103	108	154	179	92	97	118	205	211	1,538
固定費（①と②を除く固定費合計）	40.82	1,225	102	102	102	102	102	102	102	102	102	102	102	102	1,225
固定製造労務費	0.00	0	0	0	0	0	0	0	0	0	0	0	0	0	0
固定製造経費	0.00	0	0	0	0	0	0	0	0	0	0	0	0	0	0
固定製造経費中の減価償却費等	0.00	0	0	0	0	0	0	0	0	0	0	0	0	0	0
上記以外の固定経費	0.00	0	0	0	0	0	0	0	0	0	0	0	0	0	0
固定製造労務費のうち賞与	0.00	0	0	0	0	0	0	0	0	0	0	0	0	0	0
製造棚卸中の固定費調整額	0.00	0	0	0	0	0	0	0	0	0	0	0	0	0	0
販売費中の固定費	4.40	132	11	11	11	11	11	11	11	11	11	11	11	11	132
管理費中の固定費	36.42	1,093	91	91	91	91	91	91	91	91	91	91	91	91	1,093
管理費中の減価償却費等	2.10	63	5	5	5	5	5	5	5	5	5	5	5	5	63
上記以外の固定管理費	34.32	1,030	83	83	83	93	83	83	83	83	93	83	83	93	1,030
管理費等のうち賞与	1.00	30	0	0	0	0	10	0	0	0	0	10	0	10	30
営業利益	10.43	313	-10	-20	-5	0	6	52	77	-10	-5	16	103	109	313
①営業外収益（固定費補填額）	0.33	10	1	1	1	1	1	1	1	1	1	1	1	1	10
②営業外費用（固定費）	0.50	15	1	1	1	1	1	1	1	1	1	1	1	1	15
経常利益	10.26	308	-10	-21	-5	0	5	51	77	-10	-5	15	103	108	308

これまでのシート（1.費用分解、3.季節指数）の計算結果が表示される。

これが完成した「利益計画」となる。

5．下準備

＜シート名＞

資金計画下準備シート

「取引条件シート」で設定した内容は、
月次利益計画の金額（収益・費用）を月次資金計画の金額（収入・支出）へ
振り分けるのに使われる。また、その結果は、「資金計画下準備シート」に反映される。

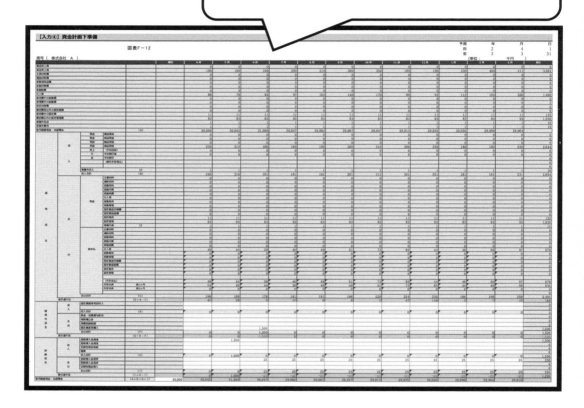

◎ やること

経常損益に関わるもの以外で収支があるものについて検討する

ここまでの段階で、経常損益に関わる収支が、このシートに移行されている。

「経常外収支」「財務収支」へ入力する

貸借対照表の資産・負債・純資産のうち、
経常損益に関係のないものを
「経常外収支」「財務収支」へ入力する。

６．資金計画

印刷シート

<シート名>

資金計画シート

資 金 計 画

予測 年 月 日
自 2 4 1
至 3 3 31
（単位： 千円 ）

商号（ 株式会社Ｂ ）

				4月	5月	6月	7月	8月	9月	10月	11月	12月	1月	2月	3月	合計
前月繰越現金・当座預金			(A)	30,000	30,299	32,000	30,479	30,397	30,405	30,391	30,383	30,628	30,797	30,760	30,601	
経常収支	収入	現金	製・商品現金	92	82	97	103	108	132	158	92	97	118	205	178	1,463
		売掛	製商品売掛	540	400	335	347	386	405	464	560	477	366	417	629	5,326
			手形回収（手形回収）	301	185	164	195	205	215	264	315	185	195	236	410	2,872
			手形期日落	295	301	185	164	195	205	215	264	315	185	195	236	2,756
		営業外収入	10	1	1	1	1	1	1	1	1	1	1	1	1	10
		収入合計	(B)	928	784	619	615	689	744	837	917	890	670	818	1,044	9,555
	支出	現金	主補材料	219	194	231	243	255	313	373	219	231	279	486	421	3,461
			変動消耗	4	4	5	5	5	6	7	4	5	5	10	8	68
			変動労務	0	0	0	0	0	0	0	0	0	0	0	0	0
			変動経費	51	46	54	57	60	74	88	51	54	66	114	99	814
			仕入高	0	0	0	0	0	0	0	0	0	0	0	0	0
			変動販管費	0	0	0	0	0	0	0	0	0	0	0	0	3
			固定製造労務費	67	67	67	97	67	67	67	67	107	67	67	97	900
			固定製造経費	90	90	90	90	90	90	90	90	90	90	90	90	1,080
			固定販管費	94	94	94	104	94	94	94	94	104	94	94	104	1,162
			営業外損	15	1	1	1	1	1	1	0	1	1	0	1	1	15
		掛未払	主補材料	0	0	0	0	0	0	0	0	0	0	0	0	0
			変動消耗	0	0	0	0	0	0	0	0	0	0	0	0	0
			変動労務	0	0	0	0	0	0	0	0	0	0	0	0	0
			変動経費	0	0	0	0	0	0	0	0	0	0	0	0	0
			仕入高	49	38	34	41	43	45	55	66	38	41	49	85	584
			変動販管費	0	0	0	0	0	0	0	0	0	0	0	0	0
			固定製造労務費	0	0	0	0	0	0	0	0	0	0	0	0	0
			固定製造経費	0	0	0	0	0	0	0	0	0	0	0	0	0
			固定販管費	0	0	0	0	0	0	0	0	0	0	0	0	0
			（手形支払）	49	38	34	41	43	45	55	66	38	41	49	85	584
			手形決済	掛1ヶ月	54	49	38	34	41	43	45	55	66	38	41	49	552
			手形決済	掛2ヶ月													
		支出合計	(C)	629	583	615	672	656	732	820	647	696	682	952	955	8,640
	差引過不足		(D＝B－C)	299	201	4	-57	34	11	17	270	194	-12	-134	89	915
経常外収支	収入	固定資産等売却収入		0	0	0	0	0	0	0	0	0	0	0	0	0
		収入合計	(E)	0	0	0	0	0	0	0	0	0	0	0	0	0
	支出	税金・投資賞与配当		0	0	0	0	0	0	0	0	0	0	0	0	0
		保険積立金		0	0	0	0	0	0	0	0	0	0	0	0	0
		消費税etc相殺		0	0	0	0	0	0	0	0	0	0	0	0	0
		固定資産等購入		0	0	1,500	0	0	0	0	0	0	0	0	0	1,500
		支出合計	(F)	0	0	1,500	0	0	0	0	0	0	0	0	0	1,500
	差引過不足		(G＝E－F)	0	0	-1,500	0	0	0	0	0	0	0	0	0	-1,500
財務収支	収入	長期借入金調達		0	1,500	0	0	0	0	0	0	0	0	0	0	1,500
		短期借入金調達		0	0	0	0	0	0	0	0	0	0	0	0	0
		定期性預金取崩		0	0	0	0	0	0	0	0	0	0	0	0	0
		増資		0	0	0	0	0	0	0	0	0	0	0	0	0
		収入合計	(H)	0	1,500	0	0	0	0	0	0	0	0	0	0	1,500
	支出	長期借入金返済		0	0	25	25	25	25	25	25	25	25	25	25	250
		短期借入金返済		0	0	0	0	0	0	0	0	0	0	0	0	0
		定期性預金積入		0	0	0	0	0	0	0	0	0	0	0	0	0
		支出合計	(I)	0	0	25	25	25	25	25	25	25	25	25	25	250
	差引過不足		(J＝H－I)	0	1,500	-25	-25	-25	-25	-25	-25	-25	-25	-25	-25	1,250
翌月繰越現金・当座預金			(A＋D＋G＋J)	30,299	32,000	30,479	30,397	30,405	30,391	30,383	30,628	30,797	30,760	30,601	30,665	

グラフ（経常収支、経常外収支、財務収支、翌月繰越現金預金）

35,000
30,000
25,000
20,000
15,000
10,000
5,000
0
-5,000

4月 5月 6月 7月 8月 9月 10月 11月 12月 1月 2月 3月

■ 経常収支
■ 経常外収支
■ 財務収支
■ 翌月繰越現預金

「資金計画下準備シート」の作業の結果、
勘定科目を一部集約したものが表示される。

これが完成した「資金計画」となる。

【商業】の例

1．費用分解　✏ 入力シート　に入力していく。

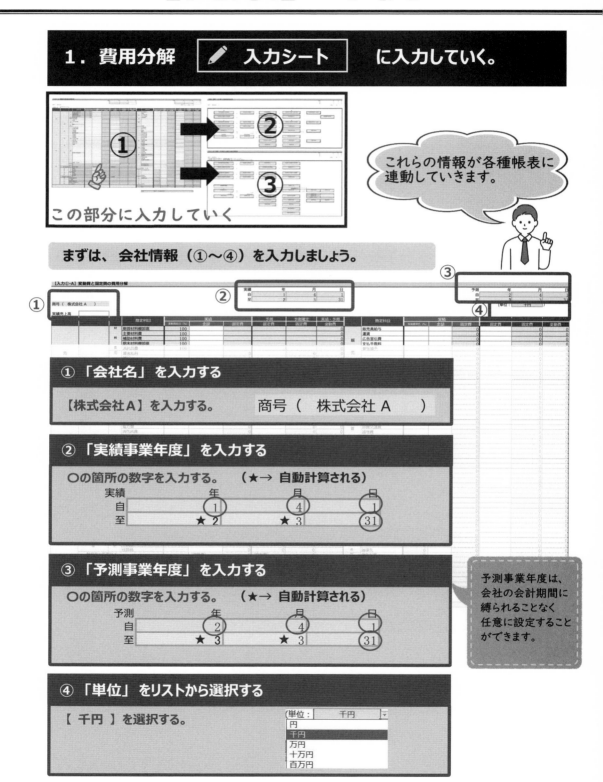

これらの情報が各種帳表に連動していきます。

この部分に入力していく

まずは、会社情報（①〜④）を入力しましょう。

① 「会社名」を入力する

【株式会社A】を入力する。　　商号（　　株式会社 A　　　）

② 「実績事業年度」を入力する

〇の箇所の数字を入力する。　（★→ 自動計算される）

実績　　　　　　年　　　　　　　月　　　　　　　日
自　　　　　　　①　　　　　　　④　　　　　　　①
至　　　　★ 2　　　　　★ 3　　　　　31

③ 「予測事業年度」を入力する

〇の箇所の数字を入力する。　（★→ 自動計算される）

予測　　　　　　年　　　　　　　月　　　　　　　日
自　　　　　　　②　　　　　　　④　　　　　　　①
至　　　　★ 3　　　　　★ 3　　　　　31

予測事業年度は、会社の会計期間に縛られることなく任意に設定することができます。

④ 「単位」をリストから選択する

【 千円 】を選択する。

単位：　　千円　　▼
円
千円
万円
十万円
百万円

決算書の費用を費用分解して実績欄へ入力していきましょう。

＊ここでは商業の決算書を対象としているため、製造業に係る勘定科目に関しては飛ばしてください。
　製造業の決算書を対象としたものは、後方の【製造業あるいは商業兼用の例】をご参照ください。

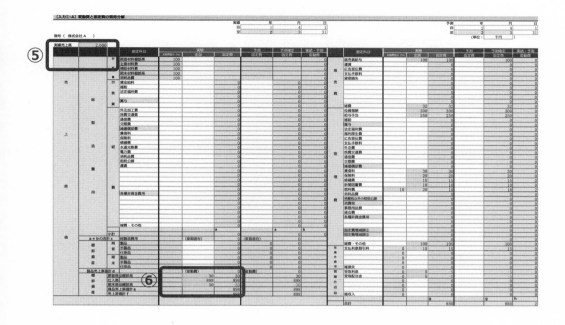

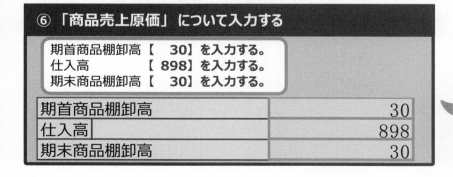

⑤ 「実績売上高」 を入力する

【 2,000 】 を入力する。

実績売上高	2,000

⑥ 「商品売上原価」 について入力する

期首商品棚卸高 【 30】 を入力する。
仕入高 　　　　【 898】 を入力する。
期末商品棚卸高 【 30】 を入力する。

期首商品棚卸高	30
仕入高	898
期末商品棚卸高	30

これらの金額すべて
変動費となります。

◆ **販売費及び一般管理費・営業外費用・営業外収益について入力していきましょう。**

【勘定科目について】

名称に変更があれば入力して変更してください。
ただし、下記については固定表示となります。
（賞与、減価償却費、消費税以外の租税公課、
消費税、各種非資金費用、固定費増減額①、固
定費増減額②）

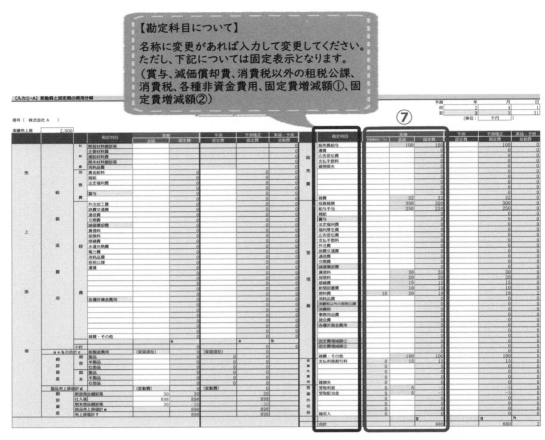

⑦ **（1）勘定科目の金額、（2）変動費割合を入力する**

（1）勘定科目の金額を入力する。

販売員給与	100	支払利息割引料	15
雑費	32	受取利息	5
役員報酬	300	受取配当金	5
給与手当	250		
賃借料	30		
保険料	20		
修繕費	15		
新聞図書費	10		
燃料費	20		
雑費・その他	100		

（2）変動費割合（％）を入力する。

燃料費	10

※ 入力箇所のみ表示しています。
　その他は省略しています。

138

解　説

変動費割合に【入力なし】の場合
➡ 金額は全額、【固定費】に連動します。

例では、金額 100 がそのまま固定費に転記されています。

変動費割合に【入力あり】の場合
➡ 金額は割合に応じて、【固定費】と【変動費】に連動します。

例では、金額 20 の 10%にあたる 2が変動費へ
90%にあたる18が固定費へ

	勘定科目	変動費割合 (%)	金額	固定費	予測 固定費	予測確定 固定費	実績・予測 変動費
販売費	販売員給与			100	100		100	0
	運賃					0		0	0
	広告宣伝費			0		0	0
	支払手数料			0		0	0
	貸倒損失			0		0	0
				0		0	0
				0		0	0
				0		0	0
	雑費		32	32		32	0
管理費	役員報酬		300	300		300	0
	給与手当		250	250		250	0
	雑給			0		0	0
	賞与			0		0	0
	法定福利費			0		0	0
	福利厚生費			0		0	0
	広告宣伝費			0		0	0
	支払手数料			0		0	0
	外注費			0		0	0
	旅費交通費			0		0	0
	通信費			0		0	0
	交際費			0		0	0
	減価償却費			0		0	0
	賃借料			0		0	0
	保険料		20	20		20	0
	修繕費		15	15		15	0
	新聞図書費		10	10		10	0
	燃料費	10	20	18		18	2
	消耗品費			0		0	0
	消費税以外の租税公課			0		0	0
	消費税			0		0	0
	事務用品費			0		0	0
	諸会費			0		0	0
	各種非資金費用			0		0	0
				0		0	0
	固定費増減額①			0		0	0
	固定費増減額②			0		0	0
				0		0	0
	雑費・その他		100	100		100	0
営業外費用	支払利息割引料	0	15	15		15	0
		0		0		0	0
		0		0		0	0
		0		0		0	0
	雑損失	0		0		0	0
営業外収益	受取利息	0	5	−5		−5	0
	受取配当金	0	5	−5		−5	0
		0		0		0	0
		0		0		0	0
		0		0		0	0
	雑収入	0		0		0	0
				g		g	h
	合計			880		880	2

検算	実績データの経常利益	220

ここの数字をチェック！

入力なし

入力あり

ここまで入力が終わったら、決算書の金額が正しくシートに
入力されているか確認してみましょう。

決算書の経常利益　と　シートの実績データの経常利益

の金額が一致していれば大局的にはOKです。

「実績データの損益分岐点」を確認しましょう。

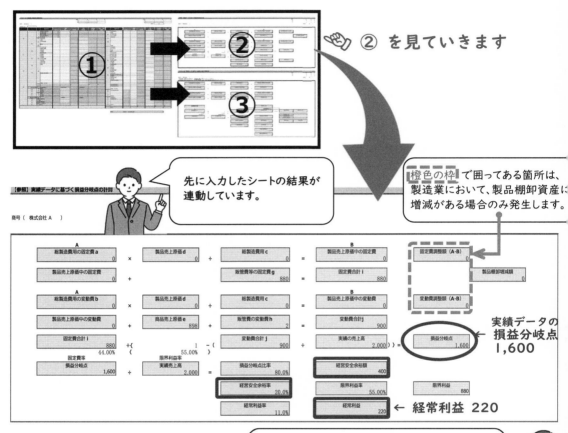

② を見ていきます

先に入力したシートの結果が連動しています。

橙色の枠 で囲ってある箇所は、製造業において、製品棚卸資産に増減がある場合のみ発生します。

【参照】実績データに基づく損益分岐点の計算

商号（ 株式会社 A ）

実績データの損益分岐点 1,600

← 経常利益 220

経常利益の金額がシートの実績データの経常利益の金額と一致していれば、損益分岐点が実績データから正しく算出されていることが確認できます。

ここでは、

◈ 実績データにおける損益分岐点
◈ 経営安全余裕率
◈ 経営安全余裕額

を見て、経営成績を確認しましょう。

予測データを入力していきましょう。

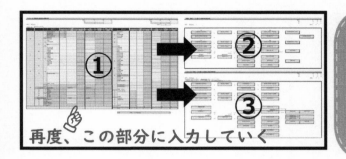

再度、この部分に入力していく

予測の損益分岐点は、
実績の限界利益率をベースに算出されます。

そのため、実績の 変動費 と 売上高
をベースに計算することが基本となります。

本システムでも、実績の変動費と売上高を
そのまま予測の変動費と売上高へ連動して
います。

固定費に訂正がある場合は、
赤色の枠 の欄で訂正しましょう。

連動する

次のページで
入力していきます

まずは、
販売費及び一般管理費の 予測【固定費】を入力していきましょう。

「実績固定費」の金額は、「予測確定固定費」に連動されます。
この金額に訂正がある場合には、「予測固定費」の欄で訂正してください。

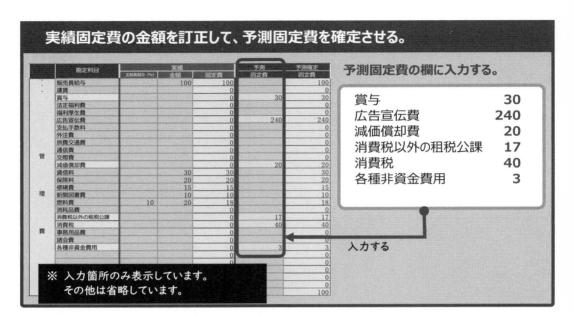

実績固定費の金額を訂正して、予測固定費を確定させる。

予測固定費の欄に入力する。

	賞与	30
	広告宣伝費	240
	減価償却費	20
	消費税以外の租税公課	17
	消費税	40
	各種非資金費用	3

入力する

※ 入力箇所のみ表示しています。
　 その他は省略しています。

ここまで入力が終わったら、予測の変動費・固定費の合計を確認しましょう。

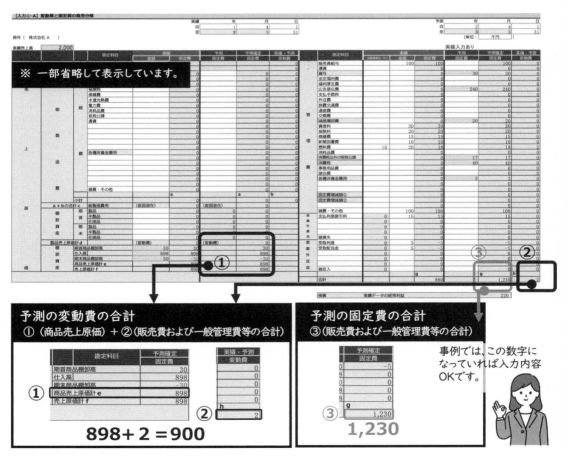

予測の変動費の合計
①（商品売上原価）＋②（販売費および一般管理費等の合計）

898＋2＝900

予測の固定費の合計
③（販売費および一般管理費等の合計）

1,230

事例では、この数字になっていれば入力内容OKです。

◈ 他に減価償却費があれば、「減価償却費」にまとめて入力してください。

◈ 各種引当金等の繰入額（繰り戻しは繰入金から控除してください）は「各種非資金費用」に
まとめて入力してください。

◈ 租税公課については、「消費税以外のもの」・「消費税」を明確にしておくと便利です。

　「消費税以外のもの」… 金額が僅少のケースが多く、特定の月に支出を予測計上する
　　　　　　　　　　　　ことは困難なため、発生額、支出額は各月均等に配分します。

　「消費税」　　　　　… 費用額と支出額が一致しない固定費のため、資金計画には
　　　　　　　　　　　　連動しません（ここに記載している消費税は発生レベルのため）。

◈ 賞与は、特定の月だけの収支に関係する固定費です。
　　➡ これらを抽出しておくと、月次利益計画から月次資金計画にシフトするときに
　　　混乱することなく対処することができます。

「予測データの損益分岐点」を確認しましょう。

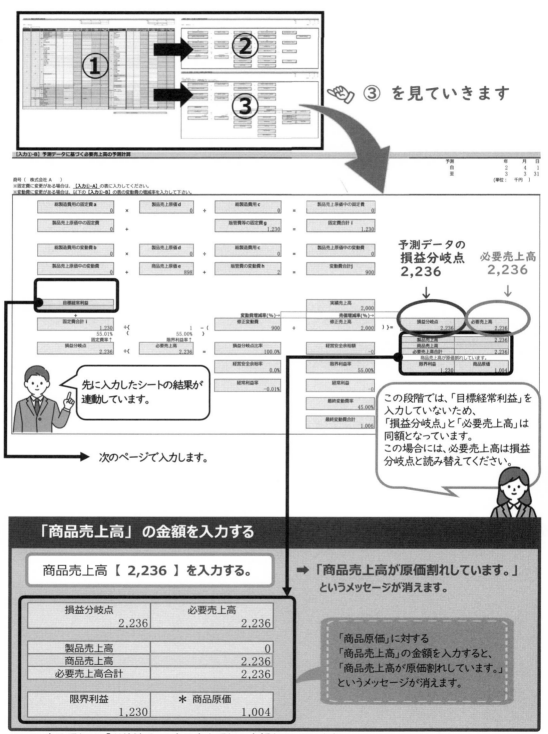

③ を見ていきます

【入力①-B】予測データに基づく必要売上高の予測計算

商号（ 株式会社 A ）
※固定費に変更がある場合は、【入力①-A】の表に入力してください。
※変動費に変更がある場合は、以下の【入力①-B】の表の変動費の増減率を入力して下さい。

総製造費用の固定費 a 0	× 製品売上原価 d 0	÷ 総製造費用 c 0	= 製品売上原価中の固定費 0
製品売上原価中の固定費 0	+	版管費等の固定費 g 1,230	= 固定費合計 i 1,230
総製造費用の変動費 b 0	× 製品売上原価 d 0	÷ 総製造費用 c 0	= 製品売上原価中の変動費 0
製品売上原価中の変動費 0	+ 商品売上原価 e 898	版管費の変動費 h 2	変動費合計 900

予測データの
損益分岐点
2,236

必要売上高
2,236

目標経常利益

実績売上高 2,000

変動費増減率(%)→
売価増減率(%)→

| 固定費合計 i 1,230 55.01% | ÷{ | 1 55.00% | −(| 限界利益率↑ 55.00% | } | 修正変動費 900 | ÷ 修正売上高 2,000 | }= | 損益分岐点 2,236 | 必要売上高 2,236 |

| 損益分岐点 2,236 | ÷(固定費率↑ | 必要売上高 2,236 | = | 損益分岐点比率 100.0% | | 経営安全余裕額 −0 |

| | | | 経営安全余裕率 0.0% | | 限界利益率 55.00% |

| | | | 経常利益率 −0.01% | | 経常利益 −0 |

| | | | | | 最終変動費率 45.00% |

| | | | | | 最終変動費合計 1,006 |

損益分岐点	必要売上高
	2,236
製品売上高	2,236
商品売上高	2,236
必要売上高合計	2,236
商品売上高が原価割れしています。	
限界利益 1,230	商品原価 1,004

先に入力したシートの結果が連動しています。

この段階では、「目標経常利益」を入力していないため、「損益分岐点」と「必要売上高」は同額となっています。
この場合には、必要売上高は損益分岐点と読み替えてください。

次のページで入力します。

「商品売上高」の金額を入力する

商品売上高 【 2,236 】を入力する。

➡ 「商品売上高が原価割れしています。」というメッセージが消えます。

損益分岐点	必要売上高
2,236	2,236

製品売上高	0
商品売上高	2,236
必要売上高合計	2,236

限界利益	＊ 商品原価
1,230	1,004

「商品原価」に対する「商品売上高」の金額を入力すると、「商品売上高が原価割れしています。」というメッセージが消えます。

＊ 商品原価は、「利益計画」の商品売上原価の金額を示しています。

予測
自 2 4 1
至 3 3 31
（単位： 千円 ）

次は、「目標経常利益」を入力してみていきましょう。

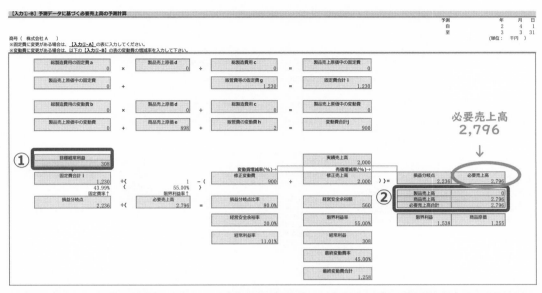

① 「目標経常利益」の金額を入力する

目標経常利益【 308 】を入力する。

目標経常利益
308

② 「商品売上高」の金額を入力する

商品売上高【 2,796 】を入力する。

*商業の場合は、売上高が「商品売上高」だけなので、「商品売上高」には、「必要売上高」の金額を入力します。

製品売上高	0
商品売上高	2,796
必要売上高合計	2,796

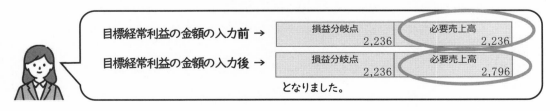

	損益分岐点	必要売上高
目標経常利益の金額の入力前 →	2,236	2,236
目標経常利益の金額の入力後 →	2,236	2,796

となりました。

次は、「変動費増減率」 と 「売価増減率」 を入力してみていきましょう。

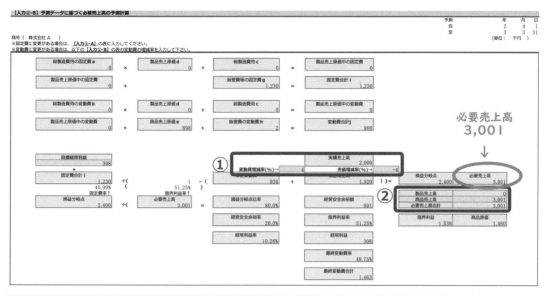

① 「変動費増減率」と「売価増減率」を入力する

変動費増減率 【　4】
売価増減率　【－4】を入力する。

変動費増減率(%)→	4	売価増減率(%)→	－4

② 「商品売上高」 の金額を入力する

商品売上高 【 3,001 】を入力する。

*商業の場合は、売上高が「商品売上高」だけなので、
「商品売上高」には、「必要売上高」の金額を入力します。

製品売上高	0
商品売上高	3,001
必要売上高合計	3,001

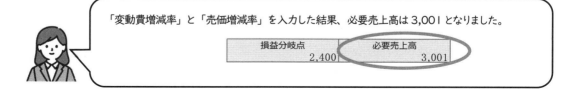

「変動費増減率」と「売価増減率」を入力した結果、必要売上高は 3,001 となりました。

損益分岐点	必要売上高
2,400	3,001

【入力②】取引条件

予測　年　月　日
自　2　4　1
至　3　3　31

商号（　株式会社 A　）

②

	100%チェック	A 現金%	現金金額	掛け7%	掛け金額	D 売掛買掛発生月数	C 手形%	手形金額	E 手形期日数	合計
						1の場合 →		→	2・3・4	
						2の場合 →		→	3・4・5	
売上高		3,001								
製品売上高		0	0	0	0	2	0	0	3	0
商品売上高		3,001	0	0	100	3,001	2	0	0	3	3,001
変動費		1,463								
材料費		0								
期首材料棚卸高		0								
主要材料費		0	0	0	0	0	2	0	0	3	0
補助材料費		0	0	0	0	0	2	0	0	3	0
期末材料棚卸高		0								
変動消耗品費		0	0	0	0	0	2	0	0	3	0
変動労務費		0	0	0	0	0	2	0	0	3	0
変動経費		0	0	0	0	0	2	0	0	3	0
製品原価中の変動費調整額		0								
商品売上原価		1,460								
期首商品棚卸高		49								
仕入高		1,460	0	0	50	730	1	50	730	2	1,460
期末商品棚卸高		-49								
販売費中の変動費		0	0	0	0	0	2				0
管理費中の変動費		3	100	3	0	0	2				3
限界利益		1,538								
固定費(①と②を除く固定費合計)		1,225								
固定製造労務費		0								
うち賞与以外の固定製造労務費		0	0	0	0	0	2				0
うち賞与総額	内訳一致	0	0							
うち賞与1	月		0							
うち賞与2	月		0							
うち賞与3	月		0							
固定製造経費		0								
固定製造経費中の減価償却費等		0								
上記以外の固定経費		0	0	0	0	0	2				0
製品原価中の固定費調整額		0								
販売費中の固定費		132	100	132	0	0	2				132
管理費中の固定費		1,093								
管理費中の減価償却費等		63								
上記以外の固定管理費		1,030	100	1,030	0	0	2				1,030
うち賞与以外の固定管理労務費	内訳一致	1,000	100	1,000	0	0	2				
① うち賞与総額	内訳一致	30	30							
うち賞与1	7月	10	10							
うち賞与2	12月	10	10							
うち賞与3	3月	10	10							
営業利益										
①営業外収益(固定費補填額)		10								
②営業外費用(固定費)		15								
経常利益		308								

③

10月 6ヶ月前	11月 5ヶ月前	12月 4ヶ月前	1月 3ヶ月前	2月 2ヶ月前	3月 1ヶ月前
				239	215
				108	97

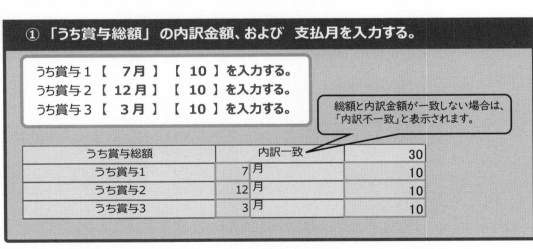

① 「うち賞与総額」の内訳金額、および 支払月を入力する。

うち賞与1 【 7月 】 【 10 】を入力する。
うち賞与2 【 12月 】 【 10 】を入力する。
うち賞与3 【 3月 】 【 10 】を入力する。

総額と内訳金額が一致しない場合は、「内訳不一致」と表示されます。

うち賞与総額	内訳一致		30
うち賞与1	7	月	10
うち賞与2	12	月	10
うち賞与3	3	月	10

② 各金額に対して、「現金取引」、「掛け取引」、「手形取引」の割合を入力する

下記表の**赤色**の数字を入力する。

	A 現金%	B 掛け%	C 手形%
商品売上高	0	100	0
仕入高	0	50	50
管理費中の変動費	100	0	
販売費中の固定費	100	0	
うち賞与以外の固定管理費	100	0	

		A 現金%	現金金額	B 掛け%	掛け金額	売掛買掛発生月数	C 手形%	手形金額	手形期日落	合計
						1の場合 →		→	2・3・4	
売上高	3,001					2の場合 →		→	3・4・5	
製品売上高	0	0	0	0	0	2	0	0	3	0
商品売上高	3,001	0	0	100	3,001	2	0	0	3	3,001
変動費	1,463	0								
材料費	0									
期首材料棚卸高	0									
主要材料費	0	0	0	0	0	2	0	0	3	0
補助材料費	0	0	0	0	0	2	0	0	3	0
期末材料棚卸高	0									
変動消耗品費	0	0	0	0	0	2	0	0	3	0
変動労務費	0	0	0	0	0	2	0	0	3	0
変動経費	0	0	0	0	0	2	0	0	3	0
製品原価中の変動費調整額	0									
商品売上原価	1,460									
期首商品棚卸高	49									
仕入高	1,460	0	0	50	730	1	50	730	2	1,460
期末商品棚卸高	-49									
販売費中の変動費	0	0	0		0	2				0
管理費中の変動費	3	100	3	0	0	2				3
限界利益	1,538									
固定費(①と②を除く固定費合計)	1,225									
固定製造労務費	0	0	0	0	0	2				0
うち賞与以外の固定製造労務	0	0	0	0	0	2				
うち賞与総額	0		0							
うち賞与1			0							
うち賞与2			0							
うち賞与3			0							
固定製造経費	0									
固定製造経費中の減価償却費等	0									
上記以外の固定経費	0	0	0	0	0	2				0
製品原価中の固定費調整額	0									
販売費中の固定費	132	100	132	0	0	2				132
管理費中の固定費	1,093									
管理費中の減価償却費等	63									
上記以外の固定管理費	1,030	100	1,030	0	0	2				1,030
うち賞与以外の固定管理費	1,000	100	1,000	0	0	2				
うち賞与総額	30		30							
うち賞与1	10		10							
うち賞与2	10		10							
うち賞与3	10		10							
営業利益	313									
①営業外収益(固定費補填額)	10									
②営業外費用(固定費)	15									
経常利益	308									

148

次のページからは、
「掛け月」および「手形期日」について入力をしていきます。
本システム上のルールを事前にご確認ください。

① 「掛け月」の最長は…　| 手形がない場合 | ➡ **5ヵ月**
　　　　　　　　　　　　| 手形がある場合 | ➡ **2ヵ月**
　　　　　　　　　　　　　　　　　　　　　　（3ヵ月以上は対応
　　　　　　　　　　　　　　　　　　　　　　　していません。）

② 「手形期日」の最長は…　➡　**3ヵ月**

③　**D**「売掛買掛発生月数」、**E**「手形期日落」は必ず数字を入力してください。

D
手形がない場合
1〜5 の中から選択する

E
手形がない場合
3 を選択する

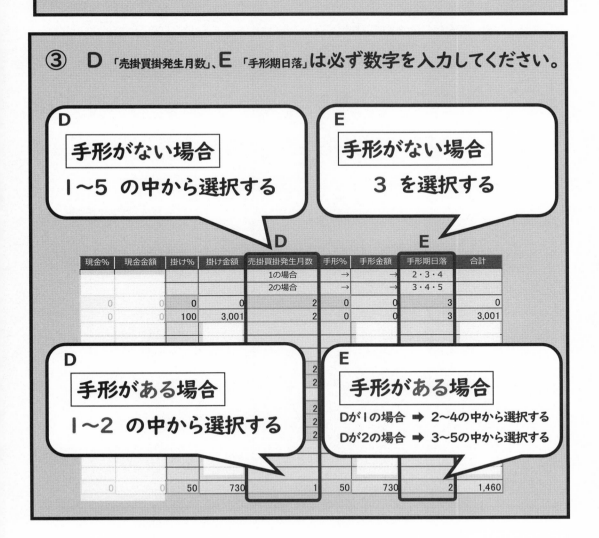

D
手形がある場合
1〜2 の中から選択する

E
手形がある場合
Dが1の場合 ➡ 2〜4の中から選択する
Dが2の場合 ➡ 3〜5の中から選択する

②′　「掛け月」、「手形期日の月」　をリストから選択する

下記表の**赤色の数字**をリストから選択する。

	D 売掛買掛発生月数	E 手形期日落
商品売上高	2	3
仕入高	1	2
管理費中の変動費	2	
販売費中の固定費	2	
うち賞与以外の固定管理費	2	

＊要注意＊

D・Eは、空欄だと正しく計算されない可能性がある為、掛け取引・手形取引が0%の場合でも、いずれかの数字を選択してください。

D	E
1の場合 →	2・3・4
2の場合 →	3・4・5

D・Eは取引がなくても
必ず数字を入れてください。

		現金%	現金金額	掛け%	掛け金額	売掛買掛発生月数 (D)	手形%	手形金額	手形期日落 (E)	合計
						1の場合 →		→	2・3・4	
売上高	3,001					2の場合 →		→	3・4・5	
製品売上高	0	0	0	0	0	2	0	0	3	0
商品売上高	3,001	0	0	100	3,001	2	0	0	3	3,001
変動費	1,463									
材料費	0									
期首材料棚卸高	0									
主要材料費	0	0	0	0	0	2	0	0	3	0
補助材料費	0	0	0	0	0	2	0	0	3	0
期末材料棚卸高	0									
変動消耗品費	0	0	0	0	0	2	0	0	3	0
変動労務費	0	0	0	0	0	2	0	0	3	0
変動経費	0	0	0	0	0	2	0	0	3	0
製品原価中の変動費調整額	0									
商品売上原価	1,460									
期首商品棚卸高	49									
仕入高	1,460	0	0	50	730	1	50	730	2	1,460
期末商品棚卸高	−49									
販売費中の変動費	0	0	0		0	2				0
管理費中の変動費	3	100	3	0	0	2				3
限界利益	1,538									
固定費(①と②を除く固定費合計)	1,225									
固定製造労務費	0	0	0	0	0	2				0
うち賞与以外の固定製造労務	0	0	0	0	0	2				
うち賞与総額	0	0								
うち賞与1	0									
うち賞与2	0									
うち賞与3	0									
固定製造経費	0									
固定製造経費中の減価償却費等	0									
上記以外の固定経費	0	0	0	0	0	2				0
製品原価中の固定費調整額	0									
販売費中の固定費	132	100	132	0	0	2				132
管理費中の固定費	1,093									
管理費中の減価償却費等	63									
上記以外の固定管理費	1,030	100	1,030	0	0	2				1,030
うち賞与以外の固定管理費	1,000	100	1,000	0	0	2				
うち賞与総額	30	30								
うち賞与1	10	10								
うち賞与2	10	10								
うち賞与3	10	10								
営業利益	313									
①営業外収益(固定費補填額)	10									
②営業外費用(固定費)	15									
経常利益	308									

前ページの事例では、掛け月数の最大が「2」なので、期首から2ヵ月前のデータが必要となります。

商品売上高　2ヵ月前 【　239　】　を入力する。
　　　　　　　1ヵ月前 【　215　】　を入力する。

仕入高　　　2ヵ月前 【　108　】　を入力する。
　　　　　　　1ヵ月前 【　 97　】　を入力する。

	10月	11月	12月	1月	2月	3月
	6ヶ月前	5ヶ月前	4ヶ月前	3ヶ月前	2ヶ月前	1ヶ月前
売上高						
製品売上高						
商品売上高					239	215
変動費						
材料費						
期首材料棚卸高						
主要材料費						
補助材料費						
期末材料棚卸高						
変動消耗品費						
変動労務費						
変動経費						
製品原価中の変動費調整額						
商品売上原価						
期首商品棚卸高						
仕入高					108	97
期末商品棚卸高						
販売費中の変動費						
管理費中の変動費						
限界利益						
固定費(①と②を除く固定費合計)						
固定製造労務費						※注1
うち賞与以外の固定製造労務費						
うち賞与総額						
うち賞与1						
うち賞与2						
うち賞与3						
固定製造経費						
固定製造経費中の減価償却費等						
上記以外の固定経費						※注2
製品原価中の固定費調整額						
販売費中の固定費						
管理費中の固定費						
管理費中の減価償却費等						
上記以外の固定管理費						※注3
うち賞与以外の固定管理費						
うち賞与総額						
うち賞与1						
うち賞与2						
うち賞与3						
営業利益						
①営業外収益(固定費補填額)						
②営業外費用(固定費)						
経常利益						

※注1　賞与を除く
※注2　減価償却費等（減価償却費・各種非資金費用）を除く
※注3　減価償却費等（減価償却費・消費税・各種非資金費用）と賞与を除く

3．季節指数 ✏ 入力シート に入力していく。

「季節指数」を使って、年間の金額（予測年間売上高、年間変動費）を月々に配分していきます。

【入力③】 季節指数

商号（ 株式会社 A ）

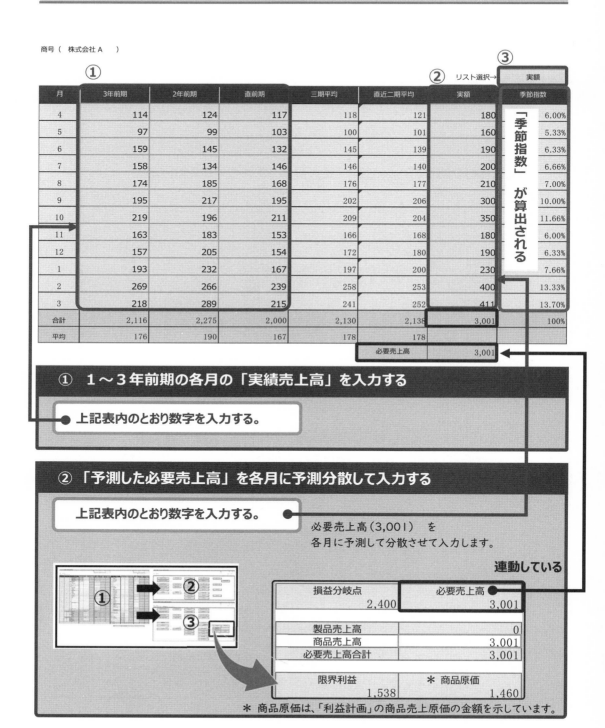

リスト選択→ 実額 ③

月	3年前期	2年前期	直前期	三期平均	直近二期平均	実額	季節指数
4	114	124	117	118	121	180	6.00%
5	97	99	103	100	101	160	5.33%
6	159	145	132	145	139	190	6.33%
7	158	134	146	146	140	200	6.66%
8	174	185	168	176	177	210	7.00%
9	195	217	195	202	206	300	10.00%
10	219	196	211	209	204	350	11.66%
11	163	183	153	166	168	180	6.00%
12	157	205	154	172	180	190	6.33%
1	193	232	167	197	200	230	7.66%
2	269	266	239	258	253	400	13.33%
3	218	289	215	241	252	411	13.70%
合計	2,116	2,275	2,000	2,130	2,138	3,001	100%
平均	176	190	167	178	178		

「季節指数」が算出される

必要売上高	3,001

① 1～3年前期の各月の「実績売上高」を入力する

● 上記表内のとおり数字を入力する。

② 「予測した必要売上高」を各月に予測分散して入力する

上記表内のとおり数字を入力する。 ●

必要売上高（3,001） を
各月に予測して分散させて入力します。

連動している

損益分岐点	必要売上高
2,400	3,001

製品売上高	0
商品売上高	3,001
必要売上高合計	3,001

限界利益	＊ 商品原価
1,538	1,460

＊ 商品原価は、「利益計画」の商品売上原価の金額を示しています。

152

③ どの「季節指数」を使うか選択する

リストの中から【 実額 】を選択する。

リスト選択→ | 実額
三期平均
直前二期平均
直前期
実額
使わない

◆ **三期平均**
　各月の合計を 3 割って、月ごとの平均値を計算する。

◆ **直近二期平均**
　各月の合計を 2 割って、月ごとの平均値を計算する。

◆ **直前期**
　直前期の額を年合計で割って、季節指数を計算する。

◆ **実額**
　実額を年合計で割って、季節指数を計算する。

◆ **使わない**
　各月 12 分の 1 (8.33%)とする。

ここまでの作業が終了すれば、利益計画は完成となります。

次のページが完成した「利益計画」です。

今までのシートの結果が表示されています。

「季節指数」シートから連動

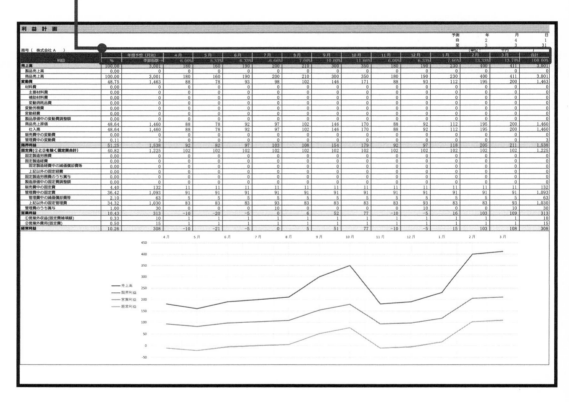

ここまでの段階で、経常損益項目に関わる収支が移行できました。

このシートでは、「経常外収支」や「財務収支」の項目について入力をしていきます。

（主に、貸借対照表の流動資産・固定資産・流動負債・固定負債・純資産の欄の項目に関わる収入・支出）

　　　　流動資産…経常損益に関係のない未収金や仮払金・前渡金など

　　　　固定資産…固定資産売却収入・固定資産購入支出や保険積立金収入・保険積立金支出など

　　　　流動負債…短期借入金や経常損益との関連の無い未払金・前受金・仮受金や税金関連支出など

　　　　固定負債…長期借入金収入・支出や長期未払金支出など

　　　　純資産　…増資収入や減資支出など

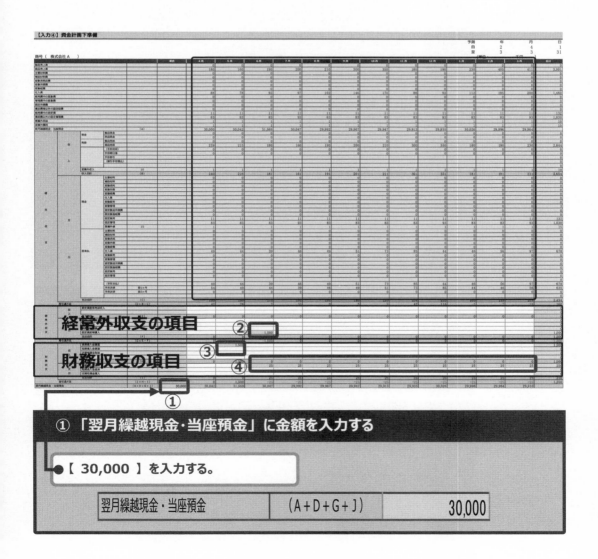

① 「翌月繰越現金・当座預金」に金額を入力する

● 【 30,000 】を入力する。

翌月繰越現金・当座預金	（A＋D＋G＋J）	30,000

【 設例：Ａ社 】

・ 6月に設備投資で 1,500 千円の固定資産（耐用年数10年）を購入する予定です。

・ この調達には、5月に銀行から 1,500 千円を借入することになっています。

・ 6月からは月額 25 千円（1,500 千円÷60か月）を借入元金返済の予定です。

＊なお、この設備に関する減価償却費や借入返済のための支払利息は割愛します。
　実際には減価償却費や借入返済のための支払利息の金額を「1-費用分解の【入力①-A】変動費と
　固定費の費用分解シート（予測）」などにフィードバックして再計算する必要があります。

② 「経常外収支」について入力する

6月に行う設備投資 1,500 を入力する。

固定資産等購入 【 1,500 】を入力する。

③ 「財務収支」について入力する

5月に行う銀行借入金 1,500 を入力する。

長期借入金調達 【 1,500 】を入力する。

6月からの借入元返済額 25 （1,500÷60ヶ月）を入力する。

長期借入金返済 【 　25 】を入力する。

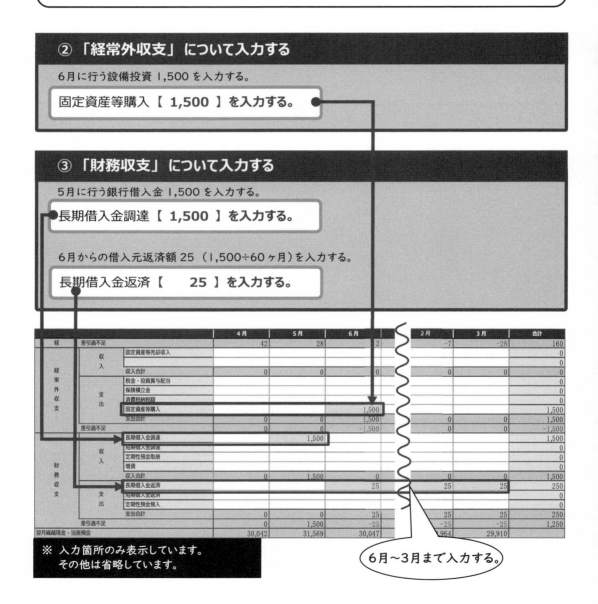

6月～3月まで入力する。

※ 入力箇所のみ表示しています。
　その他は省略しています。

６．資金計画  印刷シート を確認する

今までのシートの結果が表示されています。

資 金 計 画

予測　年　月　日
自　2　4　1
至　3　3　31
（単位：千円）

商号（　株式会社Ａ　）

区分		項目	記号	4月	5月	6月	7月	8月	9月	10月	11月	12月	1月	2月	3月	合計
前月繰越現金・当座預金			(A)	30,000	30,042	31,569	30,047	29,992	29,967	29,947	29,913	29,935	30,026	29,996	29,964	0
経常収支	収入	現金 製・商品現金		0	0	0	0	0	0	0	0	0	0	0	0	0
		売掛 製品商品売掛		239	215	180	160	190	200	210	300	350	180	190	230	2,644
		（手形回収）		0	0	0	0	0	0	0	0	0	0	0	0	0
		手形期日落		0	0	0	0	0	0	0	0	0	0	0	0	0
		営業外収入	10	0	0	1	1	1	1	1	1	1	1	1	1	10
		収入合計	(B)	240	216	181	161	191	201	211	301	351	181	191	231	2,654
	支出	現金 主補材料		0	0	0	0	0	0	0	0	0	0	0	0	0
		変動消耗料		0	0	0	0	0	0	0	0	0	0	0	0	0
		変動労務		0	0	0	0	0	0	0	0	0	0	0	0	0
		変動経費		0	0	0	0	0	0	0	0	0	0	0	0	0
		仕入高		0	0	0	0	0	0	0	0	0	0	0	0	0
		変動製造費		0	0	0	0	0	0	0	0	0	0	0	0	3
		固定製造労務費		0	0	0	0	0	0	0	0	0	0	0	0	0
		固定製造経費		0	0	0	0	0	0	0	0	0	0	0	0	0
		固定販管費		94	94	94	104	94	94	94	94	104	94	94	104	1,162
		営業外損	15	1	1	1	1	1	1	1	1	1	1	1	1	16
		掛未払 主補材料		0	0	0	0	0	0	0	0	0	0	0	0	0
		変動消耗料		0	0	0	0	0	0	0	0	0	0	0	0	0
		変動労務		0	0	0	0	0	0	0	0	0	0	0	0	0
		変動経費		0	0	0	0	0	0	0	0	0	0	0	0	0
		仕入高		49	44	39	46	49	51	73	85	44	46	56	97	678
		変動製造費		0	0	0	0	0	0	0	0	0	0	0	0	0
		固定製造労務費		0	0	0	0	0	0	0	0	0	0	0	0	0
		固定製造経費		0	0	0	0	0	0	0	0	0	0	0	0	0
		固定販管費		49	44	39	46	49	51	73	85	44	46	56	97	678
		（手形支払）		0	0	0	0	0	0	0	0	0	0	0	0	0
		手形決済	掛1ヶ月	54	49	44	39	46	49	51	73	85	44	46	56	635
		手形決済	掛2ヶ月													
		支出合計	(C)	198	188	178	191	191	196	220	254	235	186	198	259	2,494
		差引過不足	(D=B-C)	42	28	2	-30	0	5	-9	47	116	-5	-7	-28	160
経常外収支	収入	固定資産等売却収入		0	0	0	0	0	0	0	0	0	0	0	0	0
		収入合計	(E)	0	0	0	0	0	0	0	0	0	0	0	0	0
	支出	税金・役員賞与配当		0	0	0	0	0	0	0	0	0	0	0	0	0
		保険積立金		0	0	0	0	0	0	0	0	0	0	0	0	0
		消費税納税額		0	0	0	0	0	0	0	0	0	0	0	0	0
		固定資産等購入		0	0	1,500	0	0	0	0	0	0	0	0	0	1,500
		支出合計	(F)	0	0	1,500	0	0	0	0	0	0	0	0	0	1,500
		差引過不足	(G=E-F)	0	0	-1,500	0	0	0	0	0	0	0	0	0	-1,500
財務収支	収入	短期借入金調達		0	1,500	0	0	0	0	0	0	0	0	0	0	1,500
		短期借入金調達		0	0	0	0	0	0	0	0	0	0	0	0	0
		定期性預金取崩		0	0	0	0	0	0	0	0	0	0	0	0	0
		増資		0	0	0	0	0	0	0	0	0	0	0	0	0
		収入合計	(H)	0	1,500	0	0	0	0	0	0	0	0	0	0	1,500
	支出	長期借入金返済		0	0	25	25	25	25	25	25	25	25	25	25	250
		短期借入金返済		0	0	0	0	0	0	0	0	0	0	0	0	0
		定期性預金預入		0	0	0	0	0	0	0	0	0	0	0	0	0
		支出合計	(I)	0	0	25	25	25	25	25	25	25	25	25	25	250
		差引過不足	(J=H-I)	0	1,500	-25	-25	-25	-25	-25	-25	-25	-25	-25	-25	1,250
翌月繰越現金・当座預金			(A+D+G+J)	30,042	31,569	30,047	29,992	29,967	29,947	29,913	29,935	30,026	29,996	29,964	29,910	

凡例：■経常収支　■経常外収支　■財務収支　■翌月繰越現金預金
（縦軸：35,000／30,000／25,000／20,000／15,000／10,000／5,000／0／-5,000　横軸：4月〜3月）

【製造業あるいは商業兼用】の例

１．費用分解　✐ 入力シート　に入力していく。

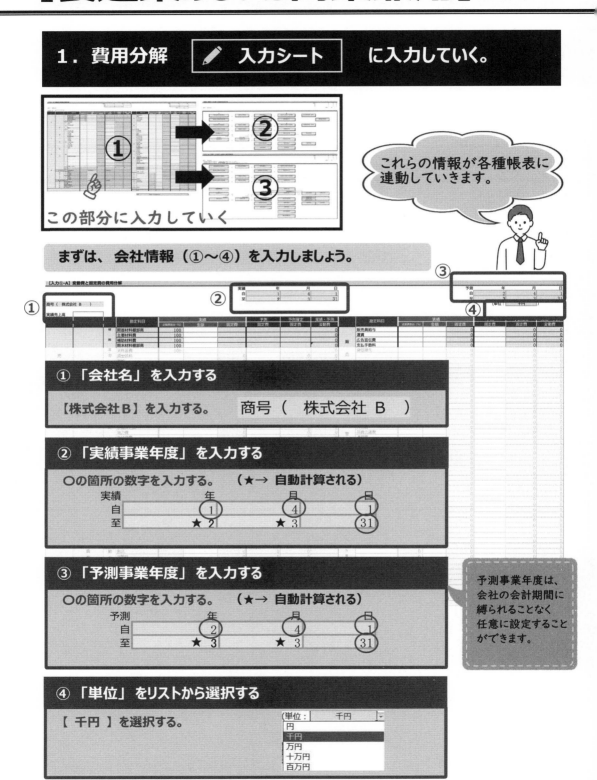

この部分に入力していく

これらの情報が各種帳表に連動していきます。

まずは、会社情報（①〜④）を入力しましょう。

① 「会社名」を入力する

【株式会社B】を入力する。　　商号（　株式会社　B　）

② 「実績事業年度」を入力する

〇の箇所の数字を入力する。　（★→ 自動計算される）

実績	年	月	日
自	1	4	1
至	★ 2	★ 3	31

③ 「予測事業年度」を入力する

〇の箇所の数字を入力する。　（★→ 自動計算される）

予測	年	月	日
自	2	4	1
至	★ 3	★ 3	31

予測事業年度は、会社の会計期間に縛られることなく任意に設定することができます。

④ 「単位」をリストから選択する

【 千円 】を選択する。

単位：	千円	▼
円		
千円		
万円		
十万円		
百万円		

決算書の費用を費用分解して実績欄へ入力していきましょう。

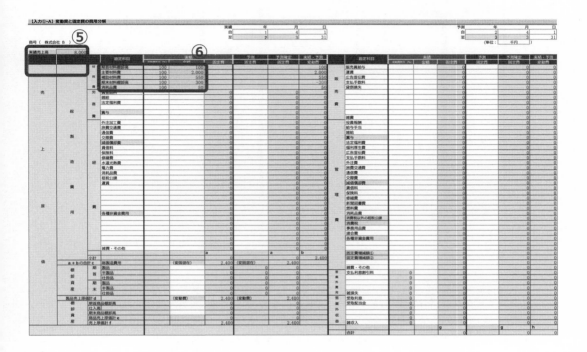

---

⑤ 「実績売上高」を入力する

【 8,000 】を入力する。

実績売上高	8,000

⑥ 「材料費」について入力する

期首材料棚卸高 【 100】
主要材料費 【 2,000】
補助材料費 【 550】
期末材料棚卸高 【 300】
消耗品費 【 50】を入力する。

期首材料棚卸高	100
主要材料費	2,000
補助材料費	550
期末材料棚卸高	300
消耗品費	50

これらの金額は全て
変動費となります。

【勘定科目について】

名称に変更があれば入力して変更してください。
（＊ 一部、固定表示の為、変更不可）

商号（ 株式会社 B ）

実績売上高　8,000

予測	年	月	日
自	2	4	1
至	3	3	31
（単位：千円 ）			

			勘定科目	実績			予測	予測補正	実績・予測	
				変動費割合(%)	金額	固定費	固定費	固定費	固定費	変動費
売	総	材料費	期首材料棚卸高	100	100					100
			主要材料費	100	2,000					2,000
			補助材料費	100	550					550
			期末材料棚卸高	100	-300					-300
			消耗品費	100						50
上	製	労務費	賃金給料	0	700	700		700		0
			雑給	0	100	100		100		0
			法定福利費	0		0		0		0
				0		0		0		0
			賞与	0	100	100		100		0
	造	経費	外注加工費	100	400	0		0		400
原			旅費交通費	0		0		0		0
			通信費	0		0		0		0
			交際費	0		0		0		0
			減価償却費	0	500	500	500	500		0
			賃借料	0	380	380	380	380		0
			保険料	0		0		0		0
			修繕費	0		0		0		0
			水道光熱費	50	100	50		50		50
	費		電力費	0		0		0		0
			消耗品費	0		0		0		0
			租税公課	0		0		0		0
			運賃	50	300	150		150		150
				0		0		0		0
価			各種非資金費用	0	20	20		20		0
				0		0		0		0
			雑費・その他			0		0		0

⑦

		a		a	b	
a+bの計 c	小計 総製造費用		（変動現在） 2,000 5,000 （変動現在）		2,000 5,000	2,000 5,000	3,000
棚卸資産	期首	製品			0	0	0
		半製品			0	0	0
		仕掛品			0	0	0
	期末	製品			0	0	0
		半製品			0	0	0
		仕掛品			0	0	0
製品売上原価計 d			（変動費） 5,000 （変動費）		5,000		0
棚卸資産	期首商品棚卸高				0	0	0
	仕入高				0	0	0
	期末商品棚卸高				0	0	0
	商品売上原価計 e				0	0	0
	売上原価計 f			5,000	5,000		

		勘定科目	実績			予測	予測補正	実績・予測	
			変動費割合(%)	金額	固定費	固定費	固定費	固定費	変動費
販 売 費		販売員給与			100	0		0	0
		運賃				0		0	0
		広告宣伝費				0		0	0
		支払手数料				0		0	0
		貸倒損失				0		0	0
						0		0	0
						0		0	0
						0		0	0
		雑費				0		0	0
管 理 費		役員報酬				0		0	0
		給与手当				0		0	0
		雑給				0		0	0
		賞与				0		0	0
		法定福利費				0		0	0
		福利厚生費				0		0	0
		広告宣伝費				0		0	0
		支払手数料				0		0	0
		外注費				0		0	0
		旅費交通費				0		0	0
		通信費				0		0	0
		交際費				0		0	0
		減価償却費				0		0	0
		賃借料				0		0	0
		保険料				0		0	0
		修繕費				0		0	0
		新聞図書費				0		0	0
		水料費				0		0	0
		消耗品費				0		0	0
		消費税以外の租税公課				0		0	0
		消費税				0		0	0
		事務用品費				0		0	0
		雑会費				0		0	0
		各種非資金費用				0		0	0
						0		0	0
		固定費増減額①				0		0	0
		固定費増減額②				0		0	0
						0		0	0
		雑費・その他				0		0	0
営業外費用		支払利息割引料		0		0		0	0
				0		0		0	0
				0		0		0	0
		雑損失		0		0		0	0
営業外収益		受取利息		0		0		0	0
		受取配当金		0		0		0	0
				0		0		0	0
		雑収入		0		0		0	0
		合計		g		0	g	h	0
						0		0	0

＊下記項目は、固定表示の為、変更出来ません。

期首材料棚卸高、主要材料費、補助材料費、期末材料棚卸高、消耗品費、賞与、減価償却費、各種非資金費用、製品、半製品、仕掛品、期首商品棚卸高、仕入高、期末商品棚卸高

賞与、減価償却費、消費税以外の租税公課、消費税、各種非資金費用、固定費増減額①、固定費増減額②

---

⑦ （１）勘定科目の金額、（２）変動費割合を入力する

	勘定科目	実績		
		変動費割合（%）	金額	固定費
労務費	賃金給料	0	700	700
	雑給	0	100	100
	法定福利費	0		0
		0		0
	賞与	0	100	100
		0		0
経費	外注加工費	100	400	0
	旅費交通費	0		0
	通信費	0		0
	交際費	0		0
	減価償却費	0	500	500
	賃借料	0	380	380
	保険料	0		0
	修繕費	0		0
	水道光熱費	50	100	50
	電力費	0		0
	消耗品費	0		0
	租税公課	0		0
	運賃	50	300	150
	各種非資金費用	0	20	20
	雑費・その他	0		0

※ 入力箇所のみ表示しています。
　その他は省略しています。

（１）勘定科目の金額を入力する。

賃金給与	700
雑給	100
賞与	100
外注加工費	400
減価償却費	500
賃借料	380
水道光熱費	100
運賃	300
各種非資金費用	20

（２）変動費割合（%）を入力する。

外注加工費	100
水道光熱費	50
運賃	50

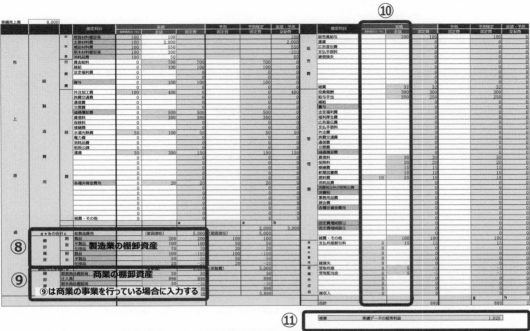

⑧ ⑨ ⑩ ⑪

⑧ 製造業の「棚卸資産」について入力する

⑨ 「商品売上原価」について入力する　（＊商業の事業を行っている場合は入力してください）

下記表内のとおり数字を入力する。

入力した金額は、「固定費」欄へ連動します。

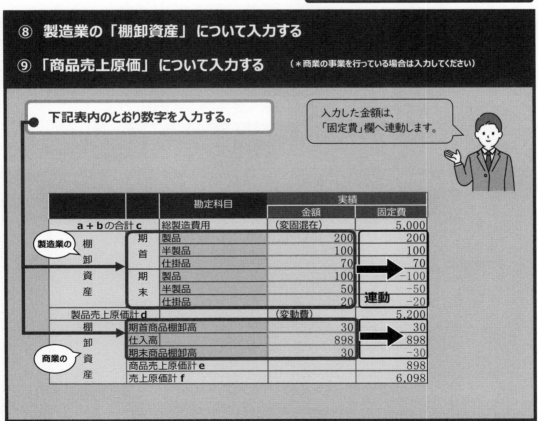

			勘定科目	実績	
				金額	固定費
a＋bの合計 c			総製造費用	（変固混在）	5,000
製造業の	棚	期	製品	200	200
	卸	首	半製品	100	100
			仕掛品	70	70
	資	期	製品	100	-100
	産	末	半製品	50	-50
			仕掛品	20	-20
製品売上原価計 d				（変動費）	5,200
商業の	棚		期首商品棚卸高	30	30
	卸		仕入高	898	898
	資		期末商品棚卸高	30	-30
	産		商品売上原価計 e		898
			売上原価計 f		6,098

連動

◆ **販売費及び一般管理費・営業外費用・営業外収益について入力していきましょう。**

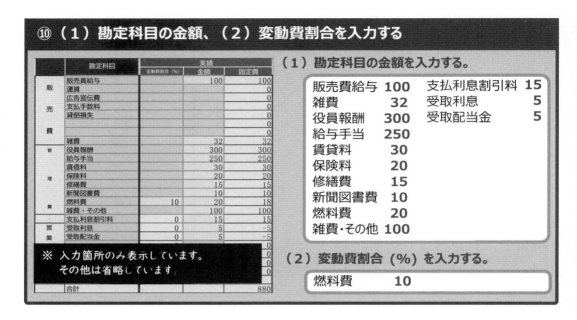

⑩ **（１）勘定科目の金額、（２）変動費割合を入力する**

		勘定科目	実績		
			変動費割合（％）	金額	固定費
販		販売員給与		100	100
		運賃			0
売		広告宣伝費			0
		支払手数料			0
費		貸倒損失			0
					0
		雑費		32	32
管		役員報酬		300	300
		給与手当		250	250
理		賃借料		30	30
		保険料		20	20
		修繕費		15	15
費		新聞図書費		10	10
		燃料費	10	20	18
		雑費・その他		100	100
営		支払利息割引料	0	15	15
		受取利息	0	5	-5
業		受取配当金	0	5	-5
					0
					0
					0
					0
		合計			880

※ 入力箇所のみ表示しています。
その他は省略しています。

（１）勘定科目の金額を入力する。

販売費給与	100	支払利息割引料	15
雑費	32	受取利息	5
役員報酬	300	受取配当金	5
給与手当	250		
賃貸料	30		
保険料	20		
修繕費	15		
新聞図書費	10		
燃料費	20		
雑費・その他	100		

（２）変動費割合（％）を入力する。

燃料費	10

ここまで入力が終わったら、決算書の金額が正しくシートに入力されているか確認してみましょう。

決算書の経常利益	と	シートの実績データの経常利益

の金額が一致していれば大局的にはOKです。

⑪ **ここまでの段階で入力が正しくできているか確認する**

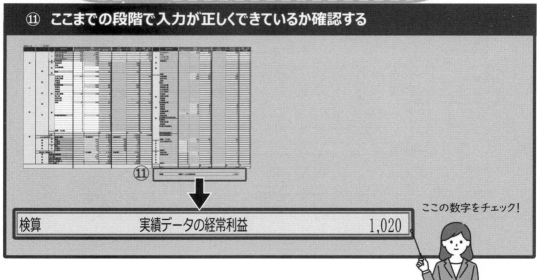

⑪

検算	実績データの経常利益	1,020

ここの数字をチェック！

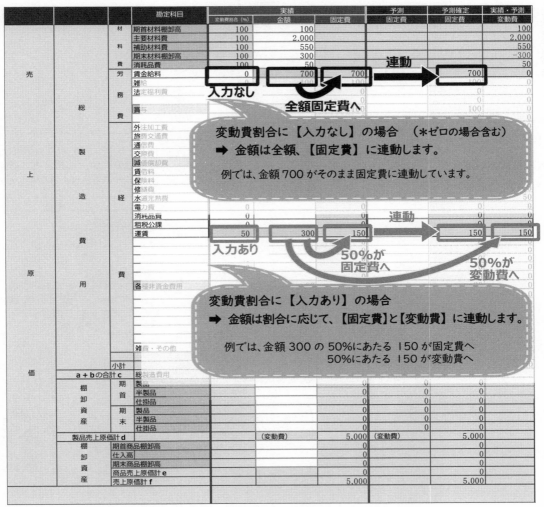

			勘定科目	実績			予測	予測確定	実績・予測
				変動費割合（%）	金額	固定費	固定費	固定費	変動費
売		材 料 費	期首材料棚卸高	100		100			100
			主要材料費	100	2,000				2,000
			補助材料費	100	550				550
			期末材料棚卸高	100		300			-300
			消耗品費	100	50				50
		労 務 費	賃金給料	0	700	700		700	0
	総		雑給			100			
			法定福利費						0
上			賞与					100	0
	製		外注加工費						
			旅費交通費						
			通信費						
			交際費						
	造		減価償却費						
			賃借料						
			保険料						
			修繕費						
		経	水道光熱費						50
原	費		電力費	0		0		0	0
			消耗品費	0		0		0	0
			租税公課						
	用	費	運賃	50	300	150		150	150
									0
									0
									0
			各種非資金費用						
			雑費・その他						
		小計							
価	a＋bの合計 c		総製造費用						
	棚 卸 資 産	期 首	製品			0	0	0	
			半製品			0	0	0	
			仕掛品			0	0	0	
		期 末	製品			0	0	0	
			半製品			0	0	0	
			仕掛品			0	0	0	
	製品売上原価計 d				（変動費）	5,000	（変動費）	5,000	
	棚 卸 資 産		期首商品棚卸高			0		0	
			仕入高			0		0	
			期末商品棚卸高			0		0	
			商品売上原価計 e			0		0	
			売上原価計 f			5,000		5,000	

連動（賃金給料の行）
入力なし
全額固定費へ

変動費割合に【入力なし】の場合　（＊ゼロの場合含む）
➡ 金額は全額、【固定費】に連動します。

　例では、金額 700 がそのまま固定費に連動しています。

連動（運賃の行）
入力あり
50%が固定費へ
50%が変動費へ

変動費割合に【入力あり】の場合
➡ 金額は割合に応じて、【固定費】と【変動費】に連動します。

　例では、金額 300 の 50%にあたる 150 が固定費へ
　　　　　　　　　　50%にあたる 150 が変動費へ

163

「実績データの損益分岐点」を確認しましょう。

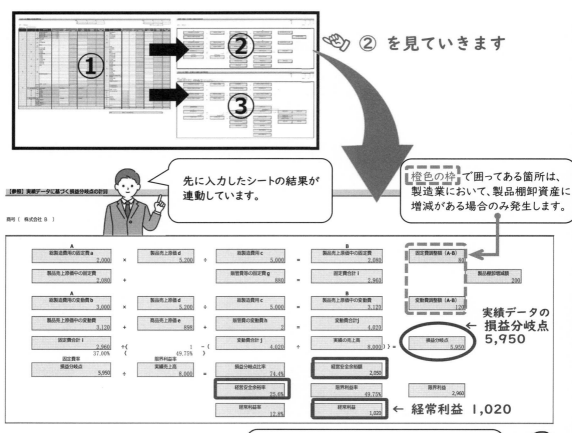

② を見ていきます

先に入力したシートの結果が連動しています。

橙色の枠 で囲ってある箇所は、製造業において、製品棚卸資産に増減がある場合のみ発生します。

【参照】実績データに基づく損益分岐点の計算

商号（ 株式会社 B ）

A				B	
総製造費用の固定費 a 2,000	×	製品売上原価 d 5,200	÷ 総製造費用 c 5,000	= 製品売上原価中の固定費 2,080	固定費調整額 (A-B) 80
製品売上原価中の固定費 2,080	+		販管費等の固定費 g 880	固定費合計 i 2,960	製品棚卸増減額 200

A				B	
総製造費用の変動費 b 3,000	×	製品売上原価 d 5,200	÷ 総製造費用 c 5,000	= 製品売上原価中の変動費 3,120	変動費調整額 (A-B) 120
製品売上原価中の変動費 3,120	+	商品売上原価 e 898	+ 販管費の変動費 h 2	変動費合計 4,020	

実績データの損益分岐点 5,950

固定費合計 i 2,960 ÷{ 1 −(変動費合計 j 4,020 ÷ 実績の売上高 8,000)}＝ 損益分岐点 5,950

固定率 37.00% 限界利益率 49.75%

| 損益分岐点 5,950 | ÷ | 実績売上高 8,000 | = | 損益分岐点比率 74.4% | 経営安全余裕額 2,050 |

経営安全余裕率 25.6%　限界利益率 49.75%　限界利益 2,960

経常利益率 12.8%　経常利益 1,020　← 経常利益 1,020

経常利益の金額がシートの実績データの経常利益の金額と一致していれば、損益分岐点が実績データから正しく算出されていることが確認できます。

ここでは、

・実績データにおける損益分岐点
・経営安全余裕率
・経営安全余裕額

を見て、経営成績を確認しましょう。

予測データを入力していきましょう。

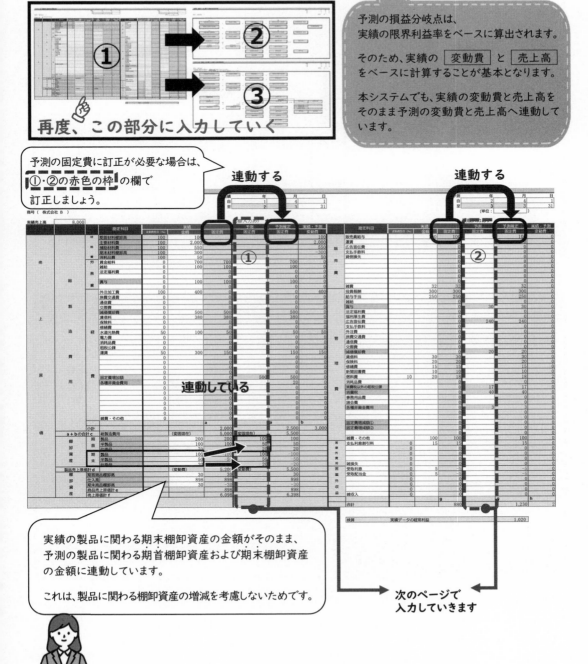

予測の損益分岐点は、実績の限界利益率をベースに算出されます。

そのため、実績の 変動費 と 売上高 をベースに計算することが基本となります。

本システムでも、実績の変動費と売上高をそのまま予測の変動費と売上高へ連動しています。

再度、この部分に入力していく

予測の固定費に訂正が必要な場合は、①・②の赤色の枠 の欄で訂正しましょう。

連動する

連動する

連動している

実績の製品に関わる期末棚卸資産の金額がそのまま、予測の製品に関わる期首棚卸資産および期末棚卸資産の金額に連動しています。

これは、製品に関わる棚卸資産の増減を考慮しないためです。

次のページで入力していきます

① 「予測固定費」を入力する

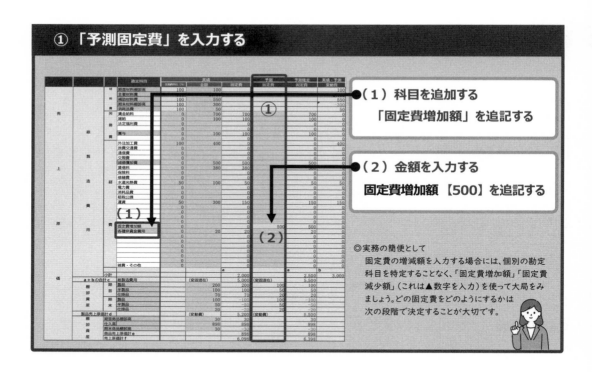

● (1) 科目を追加する

「固定費増加額」を追記する

● (2) 金額を入力する

固定費増加額【500】を追記する

◎実務の簡便として

固定費の増減額を入力する場合には、個別の勘定科目を特定することなく、「固定費増加額」「固定費減少額」（これは▲数字を入力）を使って大局をみましょう。どの固定費をどのようにするかは次の段階で決定することが大切です。

② 「予測固定費」を入力する（販売費及び一般管理費）

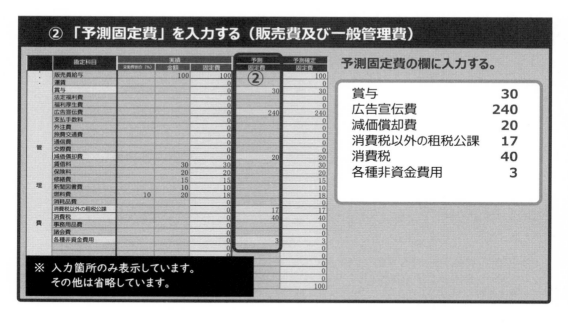

予測固定費の欄に入力する。

賞与	30
広告宣伝費	240
減価償却費	20
消費税以外の租税公課	17
消費税	40
各種非資金費用	3

※ 入力箇所のみ表示しています。
その他は省略しています。

ここまで入力が終わったら、予測の変動費・固定費の合計を確認しましょう。

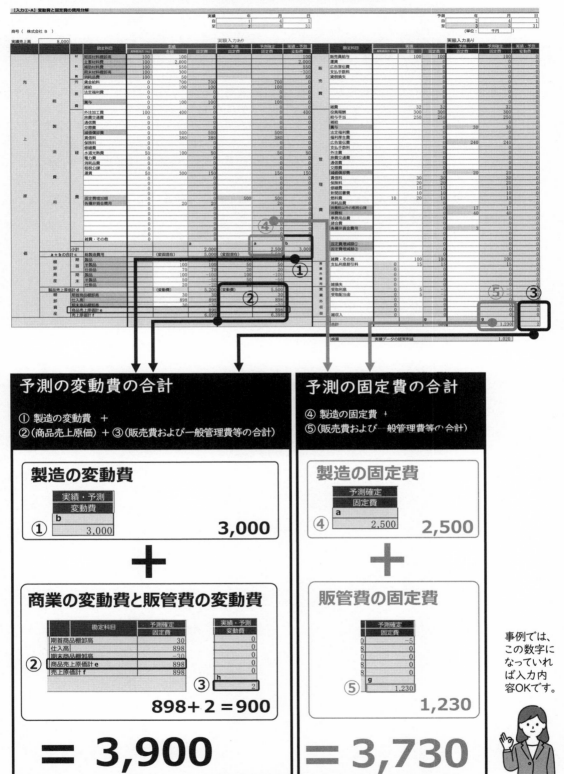

予測の変動費の合計

① 製造の変動費 ＋
②（商品売上原価）＋③（販売費および一般管理費等の合計）

製造の変動費

| 実績・予測 |
| 変動費 |
| b |
| ① 3,000 |

3,000

＋

商業の変動費と販管費の変動費

勘定科目	予測確定 固定費		実績・予測 変動費
期首商品棚卸高	30		0
仕入高	898		0
期末商品棚卸高	-30		0
② 商品売上原価計 e	898		0
売上原価計 f	898		0
			h
			③ 2

898＋2＝900

＝ 3,900

予測の固定費の合計

④ 製造の固定費 ＋
⑤（販売費および一般管理費等の合計）

製造の固定費

| 予測確定 |
| 固定費 |
| a |
| ④ 2,500 |

2,500

＋

販管費の固定費

予測確定 固定費
0	-5
8	0
0	0
8	0
8	0
⑤ g 1,230

1,230

＝ 3,730

事例では、この数字になっていれば入力内容OKです。

167

◆ 他に減価償却費があれば、「減価償却費」にまとめて入力してください。

◆ 各種引当金等の繰入額（繰り戻しは繰入金から控除してください）は「各種非資金費用」に
まとめて入力してください。

◆ 租税公課については、「消費税以外のもの」・「消費税」を明確にしておくと便利です。

　　　「消費税以外のもの」… 金額が僅少のケースが多く、特定の月に支出を予測計上する
　　　　　　　　　　　　　　　ことは困難なため、発生額、支出額は各月均等に配分します。

　　　「消費税」　　　　　… 費用額と支出額が一致しない固定費のため、資金計画には
　　　　　　　　　　　　　　　連動しません（ここに記載している消費税は発生レベルのため）。

◆ 賞与は、特定の月だけの収支に関係する固定費です。
　　　➡ これらを抽出しておくと、月次利益計画から月次資金計画にシフトするときに
　　　　混乱することなく対処することができます。

「予測データの損益分岐点」を確認しましょう。

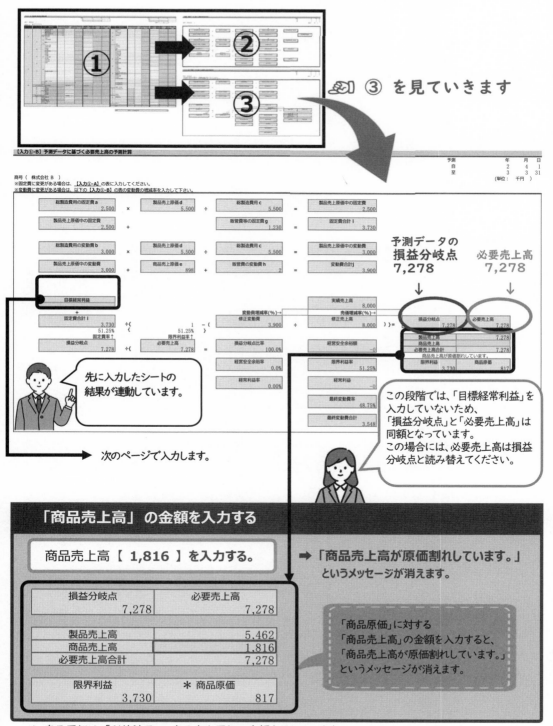

③ を見ていきます

【入力①-B】予測データに基づく必要売上高の予測計算

商号（ 株式会社 B ）
※固定費に変更がある場合は、【入力①-A】の表に入力してください。
※変動費に変更がある場合は、以下の【入力①-B】の表の変動費の増減率を入力して下さい。

予測
自　　年　月　日
至　　2　4　1
　　　3　3　31
（単位： 千円 ）

| 総製造費用の固定費 a | 2,500 | × | 製品売上原価 d | 5,500 | ÷ | 総製造費用 c | 5,500 | = | 製品売上原価中の固定費 | 2,500 |

| 製品売上原価中の固定費 | 2,500 | + | 販管費等の固定費 g | 1,230 | = | 固定費合計 i | 3,730 |

| 総製造費用の変動費 b | 3,000 | × | 製品売上原価 d | 5,500 | ÷ | 総製造費用 c | 5,500 | = | 製品売上原価中の変動費 | 3,000 |

| 製品売上原価中の変動費 | 3,000 | + | 商品売上原価 e | 898 | + | 販管費の変動費 h | 2 | = | 変動費合計 | 3,900 |

予測データの
損益分岐点
7,278

必要売上高
7,278

目標経常利益

固定費合計 i
3,730
51.25%
固定費率↑

必要売上高↑
7,278

実績売上高
8,000

変動費増減率(%)→
修正変動費
3,900
÷

売価増減率(%)→
修正売上高
8,000

損益分岐点
7,278

必要売上高
7,278

損益分岐点
7,278
+{

1
51.25%
}
限界利益率↑

-(
=

損益分岐点比率
100.0%

経営安全余裕額
-0

製品売上高　7,278
商品売上高
必要売上高合計　7,278
商品売上高が原価割れしています。
限界利益　3,730　商品原価　817

経営安全余裕率
0.0%

限界利益率
51.25%

経常利益率
0.00%

経常利益

最終変動費率
48.75%

最終変動費合計
3,548

先に入力したシートの
結果が連動しています。

この段階では、「目標経常利益」を
入力していないため、
「損益分岐点」と「必要売上高」は
同額となっています。
この場合には、必要売上高は損益
分岐点と読み替えてください。

次のページで入力します。

「商品売上高」の金額を入力する

商品売上高 【 1,816 】を入力する。

➡ 「商品売上高が原価割れしています。」
というメッセージが消えます。

損益分岐点	必要売上高
7,278	7,278

製品売上高	5,462
商品売上高	1,816
必要売上高合計	7,278

限界利益	＊ 商品原価
3,730	817

「商品原価」に対する
「商品売上高」の金額を入力すると、
「商品売上高が原価割れしています。」
というメッセージが消えます。

＊ 商品原価は、「利益計画」の商品売上原価の金額を示しています。

次は、「目標経常利益」を入力してみていきましょう。

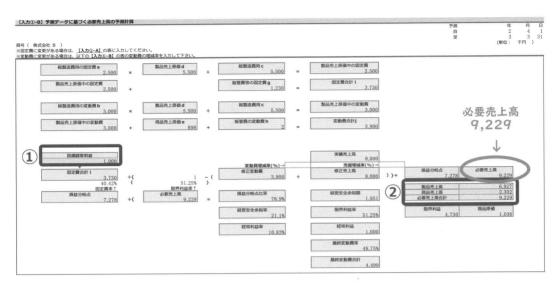

① 「目標経常利益」の金額を入力する

目標経常利益 【 1,000 】を入力する。

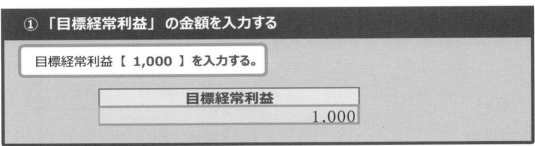

目標経常利益
1,000

② 「商品売上高」の金額を入力する

商品売上高 【 2,302 】を入力する。

＊ この事例は製造業と商業の両方を営んでいる場合です。

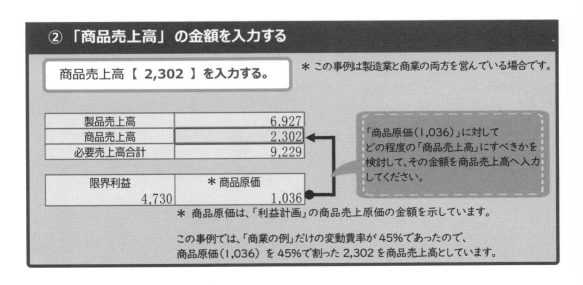

製品売上高	6,927
商品売上高	2,302
必要売上高合計	9,229

限界利益	＊商品原価
4,730	1,036

「商品原価(1,036)」に対して
どの程度の「商品売上高」にすべきかを
検討して、その金額を商品売上高へ入力
してください。

＊ 商品原価は、「利益計画」の商品売上原価の金額を示しています。

この事例では、「商業の例」だけの変動費率が45%であったので、
商品原価(1,036)を45%で割った 2,302 を商品売上高としています。

次は、「変動費増減率」と「売価増減率」を入力してみていきましょう。

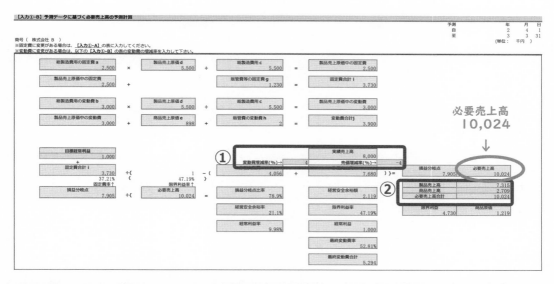

① 「変動費増減率」と「売価増減率」を入力する

変動費増減率 【 4】
売価増減率　【－4】を入力する。

変動費増減率(%)→	4	売価増減率(%)→	－4

② 「商品売上高」の金額を入力する

商品売上高 【 2,709 】を入力する。

＊ この事例は製造業と商業の両方を営んでいる場合です。

製品売上高	7,315
商品売上高	2,709
必要売上高合計	10,024

限界利益	＊ 商品原価
4,730	1,219

「商品原価(1,219)」に対して
どの程度の「商品売上高」にすべきかを
検討して、その金額を商品売上高へ入力
してください。

＊ 商品原価は、「利益計画」の商品売上原価の金額を示しています。

この事例では、「商業の例」だけの変動費率が 45％であったので、
商品原価(1,219)を 45％で割った 2,709 を商品売上高としています。

2. 取引条件 ✏ 入力シート に入力していく。

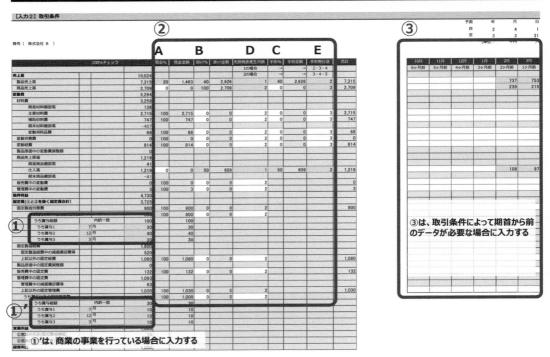

【入力②】取引条件

③は、取引条件によって期首から前のデータが必要な場合に入力する

①'は、商業の事業を行っている場合に入力する

①・①' 「うち賞与総額」 の内訳金額、および 支払月を入力する。

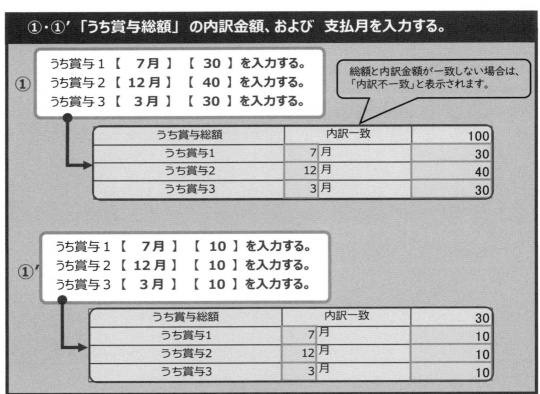

①
うち賞与1 【 7月 】 【 30 】を入力する。
うち賞与2 【 12月 】 【 40 】を入力する。
うち賞与3 【 3月 】 【 30 】を入力する。

総額と内訳金額が一致しない場合は、「内訳不一致」と表示されます。

うち賞与総額	内訳一致		100
うち賞与1	7	月	30
うち賞与2	12	月	40
うち賞与3	3	月	30

①'
うち賞与1 【 7月 】 【 10 】を入力する。
うち賞与2 【 12月 】 【 10 】を入力する。
うち賞与3 【 3月 】 【 10 】を入力する。

うち賞与総額	内訳一致		30
うち賞与1	7	月	10
うち賞与2	12	月	10
うち賞与3	3	月	10

次のページからは、
「掛け月」および「手形期日」について入力をしていきます。
本システム上のルールを事前にご確認ください。

---

① 「掛け月」の最長は… | 手形がない場合 | ➡ **5ヵ月**

| 手形がある場合 | ➡ **2ヵ月**
（3ヵ月以上は対応
していません。）

② 「手形期日」の最長は… ➡ **3ヵ月**

---

③ **D** 「売掛買掛発生月数」、**E** 「手形期日落」は必ず数字を入力してください。

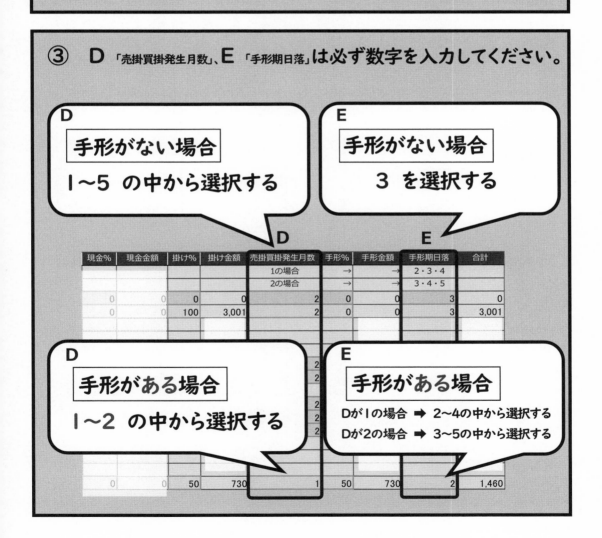

D

手形がない場合

1〜5 の中から選択する

E

手形がない場合

3 を選択する

現金%	現金金額	掛け%	掛け金額	売掛買掛発生月数	手形%	手形金額	手形期日落	合計
				1の場合	→	→	2・3・4	
				2の場合	→	→	3・4・5	
0	0	0	0	2	0	0	3	0
0	0	100	3,001	2	0	0	3	3,001
				2				
				2				
				2				
				2				
				2				
0	0	50	730	1	50	730	2	1,460

D

手形がある場合

1〜2 の中から選択する

E

手形がある場合

Dが1の場合 ➡ 2〜4の中から選択する
Dが2の場合 ➡ 3〜5の中から選択する

A・B・C列へ
下記表内のとおり数字を入力する。

②

	100%チェック			A 現金%	現金金額	B 掛け%	掛け金額	売掛買掛発生月数	C 手形%	手形金額	手形期日落	合計
								1の場合 →			2・3・4	
								2の場合 →			3・4・5	
売上高			10,024									
製品売上高			7,315	20	1,463	40	2,926	1	40	2,926	2	7,315
商品売上高			2,709	0	0	100	2,709				3	2,709
変動費			5,294									
材料費			3,258									
期首材料棚卸高			136									
主要材料費			2,715	100	2,715	0	0	2	0	0	3	2,715
補助材料費			747	100	747	0	0	2	0	0	3	747
期末材料棚卸高			−407									
変動消耗品費			68	100	68	0	0	2	0	0	3	68
変動労務費			0	100	0	0	0	2	0	0	3	0
変動経費			814	100	814	0	0	2	0	0	3	814
製品原価中の変動費調整額			0									
商品売上原価			1,219									
期首商品棚卸高			41									
仕入高			1,219	0	0	50	609	1	50	609	2	1,219
期末商品棚卸高			−41									
販売費中の変動費			0	100	0	0	0	2	0	0	3	0
管理費中の変動費			3	100	3	0	0	2	0	0	3	3
限界利益			4,730									
固定費（①と②を除く固定費合計）			3,725									
固定製造労務費			900	100	900	0	0	2				900
うち賞与以外の固定製造労務費			800	100	800	0	0	2				
うち賞与総額	内訳一致		100		100							
うち賞与1	7	月	30		30							
うち賞与2	12	月	40		40							
うち賞与3	3	月	30		30							
固定製造経費			1,600									
固定製造経費中の減価償却費等			520									
上記以外の固定経費			1,080	100	1,080	0	0	2				1,080
製品原価中の固定費調整額			0									
販売費中の固定費			132	100	132	0	0	2				132
管理費中の固定費			1,093									
管理費中の減価償却管理費等			63									
上記以外の固定管理費			1,030	100	1,030	0	0	2				1,030
うち賞与以外の固定管理費			1,000	100	1,000	0	0	2				
うち賞与総額	内訳一致		30		30							
うち賞与1	7	月	10		10							
うち賞与2	12	月	10		10							
うち賞与3	3	月	10		10							
営業利益			1,005									
①営業外収益(固定費補填額)			10									
②営業外費用(固定費)			15									
経常利益			1,000									

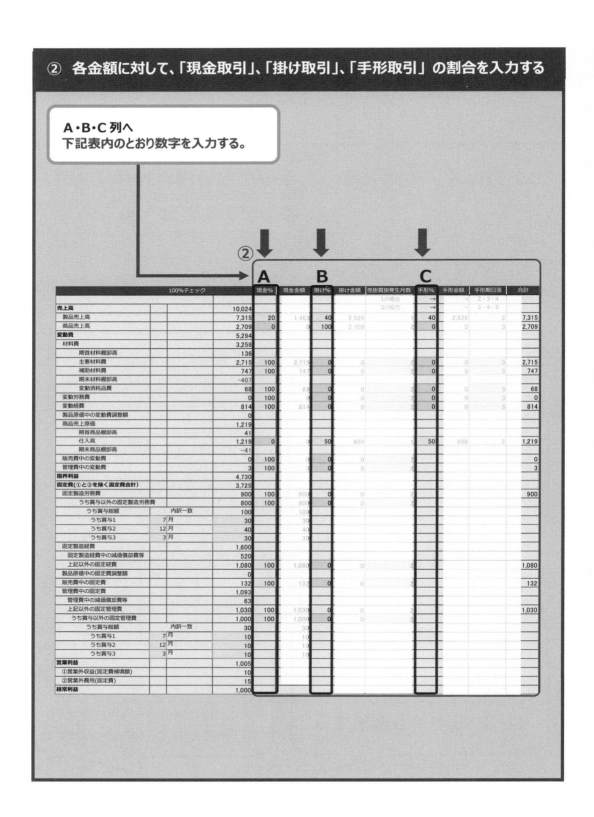

D・E列へ
下記表内のとおり数字を入力する。

＊要注意＊

D・Eは、空欄だと正しく計算されない可能性がある為、掛け取引・手形取引が0%の場合でも、いずれかの数字を選択してください。

D	E
1の場合 →	2・3・4
2の場合 →	3・4・5

D・E は、取引がなくても必ず数字を入れてください。

②

項目	100%チェック		現金%	現金金額	掛け%	掛け金額	売掛買掛発生月数 (D) 1の場合／2の場合	手形%	手形金額	手形期日落 (E) 2・3・4／3・4・5	合計
売上高						10,024					
製品売上高			20	1,463	40	2,926	1	40	2,926	2	7,315
商品売上高			0	0	100	2,709	2	0	0	3	2,709
変動費						5,294					
材料費						3,258					
期首材料棚卸高						136					
主要材料費			100	2,715	0	0	2	0	0	3	2,715
補助材料費			100	747	0	0	2	0	0	3	747
期末材料棚卸高						-407					
変動消耗品費			100	68	0	0	2	0	0	3	68
変動労務費			100	0	0	0	2	0	0	3	0
変動経費			100	814	0	0	2	0	0	3	814
製品原価中の変動費調整額						0					
商品売上原価						1,219					
期首商品棚卸高						41					
仕入高			0	0	50	609	1	50	609	2	1,219
期末商品棚卸高						-41					
販売費中の変動費			100	0	0		2				0
管理費中の変動費			100	3	0		2				3
限界利益						4,730					
固定費（①と②を除く固定費合計）						3,725					
固定製造労務費			100	900	0		2				900
うち賞与以外の固定製造労務費			100	800	0		2				
うち賞与総額	内訳一致			100							
うち賞与1	7月			30							
うち賞与2	12月			40							
うち賞与3	3月			30							
固定製造経費						1,600					
固定製造経費中の減価償却費等						520					
上記以外の固定経費			100	1,080	0		2				1,080
製品原価中の固定費調整額						0					
販売費中の固定費			100	132	0		2				132
管理費中の固定費						1,093					
管理費中の減価償却費等						63					
上記以外の固定管理費			100	1,030	0		2				1,030
うち賞与以外の固定管理費			100	1,000	0		2				
うち賞与総額	内訳一致			30							
うち賞与1	7月			10							
うち賞与2	12月			10							
うち賞与3	3月			10							
営業利益						1,005					
①営業外収益(固定費補填額)						10					
②営業外費用(固定費)						15					
経常利益						1,000					

175

③ 取引条件によって、期首から前のデータを入力する。

前ページの事例では、掛け月数の最大が「2」なので、期首から2ヵ月前のデータが必要となります。

製品売上高	2ヵ月前【 737 】	を入力する。
	1ヵ月前【 753 】	を入力する。
商品売上高	2ヵ月前【 239 】	を入力する。
	1ヵ月前【 215 】	を入力する。
仕入高	2ヵ月前【 108 】	を入力する。
	1ヵ月前【 97 】	を入力する。

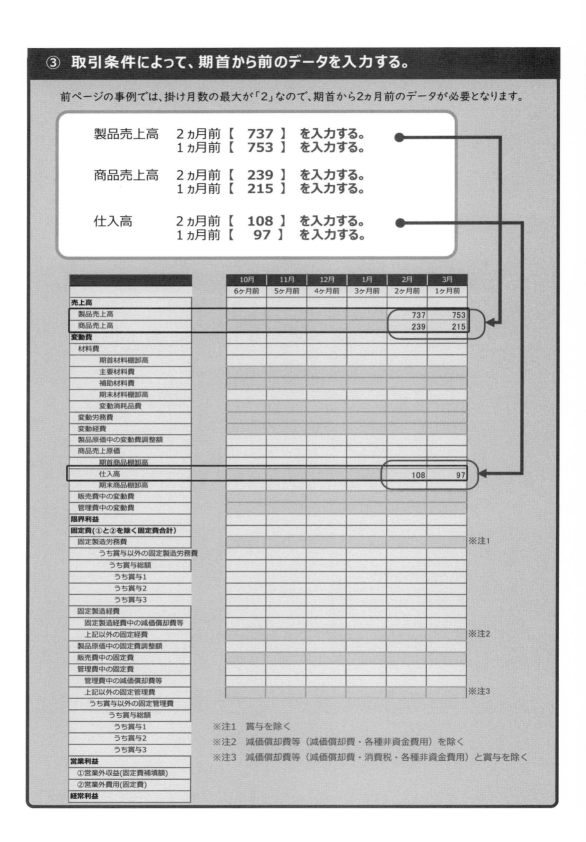

	10月	11月	12月	1月	2月	3月	
	6ヶ月前	5ヶ月前	4ヶ月前	3ヶ月前	2ヶ月前	1ヶ月前	
売上高							
製品売上高					737	753	
商品売上高					239	215	
変動費							
材料費							
期首材料棚卸高							
主要材料費							
補助材料費							
期末材料棚卸高							
変動消耗品費							
変動労務費							
変動経費							
製品原価中の変動費調整額							
商品売上原価							
期首商品棚卸高							
仕入高					108	97	
期末商品棚卸高							
販売費中の変動費							
管理費中の変動費							
限界利益							
固定費(①と②を除く固定費合計)							
固定製造労務費							※注1
うち賞与以外の固定製造労務費							
うち賞与総額							
うち賞与1							
うち賞与2							
うち賞与3							
固定製造経費							
固定製造経費中の減価償却費等							
上記以外の固定経費							※注2
製品原価中の固定費調整額							
販売費中の固定費							
管理費中の固定費							
管理費中の減価償却費等							
上記以外の固定管理費							※注3
うち賞与以外の固定管理費							
うち賞与総額							
うち賞与1							
うち賞与2							
うち賞与3							
営業利益							
①営業外収益(固定費補填額)							
②営業外費用(固定費)							
経常利益							

※注1　賞与を除く
※注2　減価償却費等（減価償却費・各種非資金費用）を除く
※注3　減価償却費等（減価償却費・消費税・各種非資金費用）と賞与を除く

「季節指数」を使って、年間の金額（予測年間売上高、年間変動費）を月々に配分していきます。

【入力③】季節指数

商号（ 株式会社 B ）

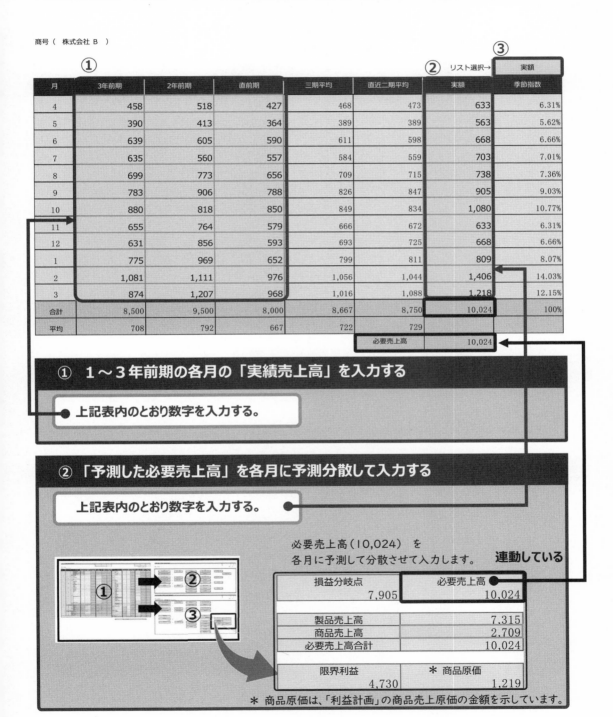

月	3年前期	2年前期	直前期	三期平均	直近二期平均	実額	季節指数
4	458	518	427	468	473	633	6.31%
5	390	413	364	389	389	563	5.62%
6	639	605	590	611	598	668	6.66%
7	635	560	557	584	559	703	7.01%
8	699	773	656	709	715	738	7.36%
9	783	906	788	826	847	905	9.03%
10	880	818	850	849	834	1,080	10.77%
11	655	764	579	666	672	633	6.31%
12	631	856	593	693	725	668	6.66%
1	775	969	652	799	811	809	8.07%
2	1,081	1,111	976	1,056	1,044	1,406	14.03%
3	874	1,207	968	1,016	1,088	1,218	12.15%
合計	8,500	9,500	8,000	8,667	8,750	10,024	100%
平均	708	792	667	722	729		

リスト選択→ 実額

必要売上高　10,024

① 1～3年前期の各月の「実績売上高」を入力する

● 上記表内のとおり数字を入力する。

② 「予測した必要売上高」を各月に予測分散して入力する

● 上記表内のとおり数字を入力する。

必要売上高（10,024）を
各月に予測して分散させて入力します。 **連動している**

損益分岐点	必要売上高●
7,905	10,024

製品売上高	7,315
商品売上高	2,709
必要売上高合計	10,024

限界利益	＊ 商品原価
4,730	1,219

＊ 商品原価は、「利益計画」の商品売上原価の金額を示しています。

③ どの「季節指数」を使うか選択する

リストの中から【 実額 】を選択する。

リスト選択→　　実額

- 三期平均
- 直前二期平均
- 直前期
- 実額
- 使わない

◆ <u>三期平均</u>
　各月の合計を 3 割って、月ごとの平均値を計算する。

◆ <u>直近二期平均</u>
　各月の合計を 2 割って、月ごとの平均値を計算する。

◆ <u>直前期</u>
　直前期の額を年合計で割って、季節指数を計算する。

◆ <u>実額</u>
　実額を年合計で割って、季節指数を計算する。

◆ <u>使わない</u>
　各月 12 分の 1(8.33%)とする。

ここまでの作業が終了すれば、利益計画は完成となります。

次のページが完成した「利益計画」です。

４．利益計画 🖨 印刷シート を確認する

今までのシートの結果が表示されています。

「季節指数」シートから連動

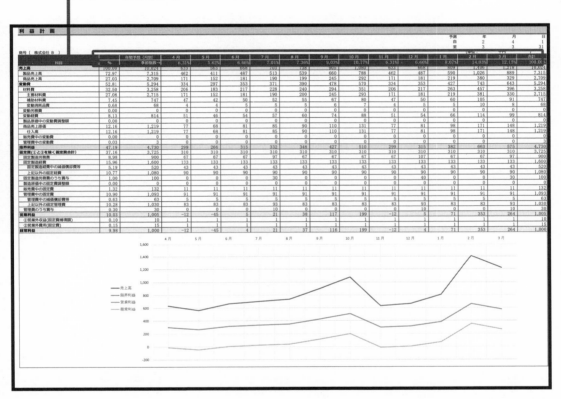

5. 下準備　✏ 入力シート　に入力していく。

ここまでの段階で、経常損益項目に関わる収支が移行できました。

このシートでは、「経常外収支」や「財務収支」の項目について入力をしていきます。

（主に、貸借対照表の流動資産・固定資産・流動負債・固定負債・純資産の欄の項目に関わる収入・支出）

流動資産…経常損益に関係のない未収金や仮払金・前渡金など

固定資産…固定資産売却収入・固定資産購入支出や保険積立金収入・保険積立金支出など

流動負債…短期借入金や経常損益との関連の無い未払金・前受金・仮受金や税金関連支出など

固定負債…長期借入金収入・支出や長期未払金支出など

純資産　…増資収入や減資支出など

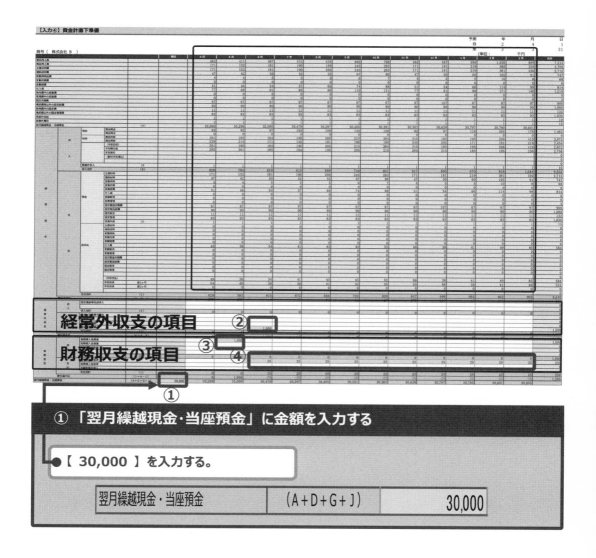

① 「翌月繰越現金・当座預金」に金額を入力する

● 【 30,000 】を入力する。

翌月繰越現金・当座預金	（A＋D＋G＋J）	30,000

【 設例 ： B社 】

・ 6月に設備投資で 1,500 千円の固定資産（耐用年数10年）を購入する予定です。

・ この調達には、5月に銀行から 1,500 千円を借入することになっています。

・ 6月からは月額 25 千円（1,500 千円÷60 か月）を借入元金返済の予定です。

＊なお、この設備に関する減価償却費や借入返済のための支払利息は割愛します。
　　実際には減価償却費や借入返済のための支払利息の金額を「1-費用分解の【入力①-A】変動費と
　　固定費の費用分解シート（予測）」などにフィードバックして再計算する必要があります。

② 「経常外収支」 について入力する

6月に行う設備投資 1,500 を入力する。

固定資産等購入 【 1,500 】 を入力する。

③ 「財務収支」 について入力する

5月に行う銀行借入金 1,500 を入力する。

長期借入金調達 【 1,500 】 を入力する。

6月からの借入元返済額 25 （1,500÷60 ヶ月）を入力する。

長期借入金返済 【 　 25 】 を入力する。

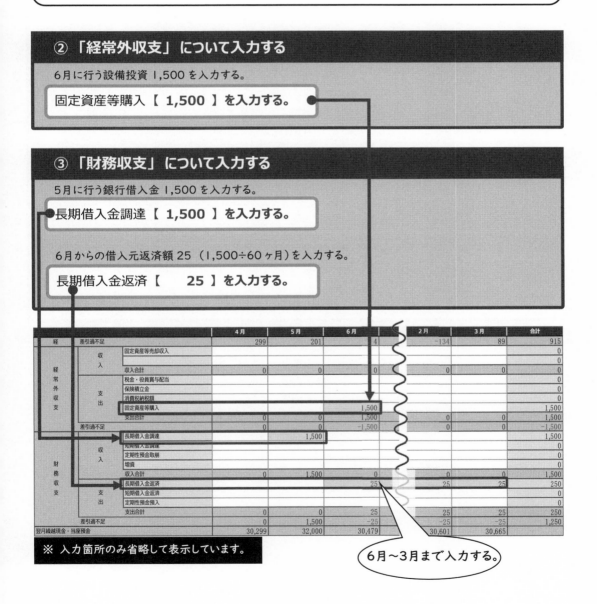

			4月	5月	6月		2月	3月	合計
経		差引過不足	299	201	4		-134	89	915
経常外収支	収入	固定資産等売却収入							0
									0
		収入合計	0	0	0		0	0	0
	支出	税金・役員賞与配当							0
		保険積立金							0
		消費税納税額							0
		固定資産等購入			1,500				1,500
		支出合計	0	0	1,500		0	0	1,500
	差引過不足		0	0	-1,500		0	0	-1,500
財務収支	収入	長期借入金調達		1,500					1,500
		短期借入金調達							0
		定期性預金取崩							0
		増資							0
		収入合計	0	1,500	0		0	0	1,500
	支出	長期借入金返済			25		25	25	250
		短期借入金返済							0
		定期性預金預入							0
		支出合計	0	0	25		25	25	250
	差引過不足		0	1,500	-25		-25	-25	1,250
翌月繰越現金・当座預金			30,299	32,000	30,479		30,601	30,665	

※ 入力箇所のみ省略して表示しています。

6月〜3月まで入力する。

今までのシートの結果が表示されています。

資金計画

					予測	年	月	日
					自	2	4	1
					至	3	3	31
屋号（ 株式会社 B ）							（単位：千円 ）	

				4月	5月	6月	7月	8月	9月	10月	11月	12月	1月	2月	3月	合計
前月繰越現金・当座預金			(A)	30,000	30,299	32,000	30,479	30,397	30,405	30,391	30,383	30,628	30,797	30,760	30,601	
経常収支	収入	現金	製・商品現金	92	82	97	103	108	132	158	92	97	118	205	178	1,463
		売掛	製商品売掛	540	400	335	347	386	405	464	560	477	366	417	629	5,326
			（手形回収）	301	185	164	195	205	215	264	315	185	195	236	410	2,872
			手形期日落	295	301	185	164	195	205	215	264	315	185	195	236	2,756
		営業外収入	10	1	1	1	1	1	1	1	1	1	1	1	1	10
		収入合計	(B)	928	784	619	615	689	744	837	917	890	670	818	1,044	9,555
	支出	現金	主補材料	219	194	231	243	255	313	373	219	231	279	486	421	3,461
			変動消耗	4	4	5	5	5	6	7	4	5	5	10	8	68
			変動労務	0	0	0	0	0	0	0	0	0	0	0	0	0
			変動経費	51	46	54	57	60	74	88	51	54	66	114	99	814
			仕入高	0	0	0	0	0	0	0	0	0	0	0	0	0
			変動販管費	0	0	0	0	0	0	0	0	0	0	0	0	3
			固定製造労務費	67	67	67	97	67	67	67	67	107	67	67	97	900
			固定製造経費	90	90	90	90	90	90	90	90	90	90	90	90	1,080
			固定販管費	94	94	94	104	94	94	94	94	104	94	94	104	1,162
			営業外損	15	1	1	1	1	1	1	1	1	1	1	1	1	15
		掛未払	主補材料	0	0	0	0	0	0	0	0	0	0	0	0	0
			変動消耗	0	0	0	0	0	0	0	0	0	0	0	0	0
			変動労務	0	0	0	0	0	0	0	0	0	0	0	0	0
			変動経費	0	0	0	0	0	0	0	0	0	0	0	0	0
			仕入高	49	38	34	41	43	45	55	66	38	41	49	85	584
			変動販管費	0	0	0	0	0	0	0	0	0	0	0	0	0
			固定製造労務費	0	0	0	0	0	0	0	0	0	0	0	0	0
			固定製造経費	0	0	0	0	0	0	0	0	0	0	0	0	0
			固定販管費	0	0	0	0	0	0	0	0	0	0	0	0	0
			（手形支払）	49	38	34	41	43	45	55	66	38	41	49	85	584
			手形決済 掛1ヶ月	54	49	38	34	41	43	45	55	66	38	41	49	552
			手形決済 掛2ヶ月	0	0	0	0	0	0	0	0	0	0	0	0	0
		支出合計	(C)	629	583	615	672	656	732	820	647	696	682	952	955	8,640
	差引過不足		(D=B-C)	299	201	4	-57	34	11	17	270	194	-12	-134	89	915
経常外収支	収入	固定資産等売却収入		0	0	0	0	0	0	0	0	0	0	0	0	0
		収入合計	(E)	0	0	0	0	0	0	0	0	0	0	0	0	0
	支出	税金・投員賞与配当		0	0	0	0	0	0	0	0	0	0	0	0	0
		保険積立金		0	0	0	0	0	0	0	0	0	0	0	0	0
		消費税納税額		0	0	0	0	0	0	0	0	0	0	0	0	0
		固定資産等購入		0	0	1,500	0	0	0	0	0	0	0	0	0	1,500
		支出合計	(F)	0	0	1,500	0	0	0	0	0	0	0	0	0	1,500
	差引過不足		(G=E-F)	0	0	-1,500	0	0	0	0	0	0	0	0	0	-1,500
財務収支	収入	長期借入金調達		0	1,500	0	0	0	0	0	0	0	0	0	0	1,500
		短期借入金調達		0	0	0	0	0	0	0	0	0	0	0	0	0
		定期性預金取崩		0	0	0	0	0	0	0	0	0	0	0	0	0
		増資		0	0	0	0	0	0	0	0	0	0	0	0	0
		収入合計	(H)	0	1,500	0	0	0	0	0	0	0	0	0	0	1,500
	支出	長期借入金返済		0	0	25	25	25	25	25	25	25	25	25	25	250
		短期借入金返済		0	0	0	0	0	0	0	0	0	0	0	0	0
		定期性預金積入		0	0	0	0	0	0	0	0	0	0	0	0	0
		支出合計	(I)	0	0	25	25	25	25	25	25	25	25	25	25	250
	差引過不足		(J=H-I)	0	1,500	-25	-25	-25	-25	-25	-25	-25	-25	-25	-25	1,250
翌月繰越現金・当座預金			(A+D+G+J)	30,299	32,000	30,479	30,397	30,405	30,391	30,383	30,628	30,797	30,760	30,601	30,665	

（グラフ：経常収支／経常外収支／財務収支／翌月繰越現金 4月～3月）

【著者紹介】

税理士　堀江　國明（ほりえ　くにあき）

1955年	埼玉県小川町生まれ
1979年	日本大学経済学部卒業
1981年	日本大学大学院経済学研究科博士前期課程修了
1983年	拓殖大学大学院商学研究科博士前期課程修了
1985年	税理士登録
1987年	堀江國明税理士事務所開業
2004年	嘉悦大学講師（2008年まで）
2007年	小川町代表監査委員（2011年まで）
2016年	税理士法人 Triple Win 設立
2017年	嵐山町代表監査委員就任
2021年	特許取得（第6849963号）
	「経営計画生成装置，経営計画生成方法，コンピュータ読み取り可能な記録媒体」
2021年	日本経済会計学会　功績賞受賞

月刊「税理」にて「損益分岐点からサクサク作れる利益・資金計画」を連載。

【主要著書】
「ひと目でわかる会社の健康診断」（ぎょうせい，1995年），「キャッシュフローから読む倒産回避の財務分析」（ぎょうせい，1999年），「これだけでわかる！決算書－読み方のコツ」（池田書店，2002年），「ゴルフのスコアでみる損益分岐点－会社経営にもあるコースマネジメント」（ぎょうせい，2009年），「はじめてでもわかる簿記と経理の仕事〈20～21年版〉」（成美堂書店，2020年），「税理士必携！顧問先企業の財務データ　分析・指導マニュアル」（日本法令，2018年），「倒産企業の財務諸表に学ぶ　フローとストックの安全性分析」（日本法令，2021年）

税理士　新實　広己（にいみ　ひろき）

1966年	愛知県蒲郡市生まれ
2001年	税理士登録　新實広己税理士事務所　開業

【主要著書】
「小さな会社と個人事業者・フリーランスのための勘定科目の選び方と使い方がわかる本」（共著）（ソシム，2017年）

税理士　堀江　亮佑（ほりえ　りょうすけ）

1984年	埼玉県小川町生まれ
2008年	慶應義塾大学商学部卒業
2010年	日本大学大学院経済学研究科博士前期課程修了
2011年～2013年	都内会計事務所に勤務
2013年	堀江國明税理士事務所　入所
2014年	税理士登録
2016年	税理士法人 Triple Win 社員税理士として入社
2018年	税理士法人 Triple Win 代表社員に就任

【主要著書】
「税理士必携 業種別税務ハンドブック」（共著）（ぎょうせい，2015年），「税理士必携！顧問先企業の財務データ　分析・指導マニュアル」（共著）（日本法令，2018年），「倒産企業の財務諸表に学ぶ　フローとストックの安全性分析」（共著）（日本法令，2021年）

中小企業のための
利益・資金計画策定サポートブック
使える！ かんたん入力シート付き

令和5年6月20日　第1刷発行

著　者　堀江國明　新實広己　堀江亮佑
　　　　ほりえくにあき　にいみひろき　ほりえりょうすけ

発　行　株式会社ぎょうせい

〒136-8575　東京都江東区新木場1－18－11
URL：https：//gyosei.jp

フリーコール　0120-953-431

ぎょうせい　お問い合わせ　検索　https：//gyosei.jp/inquiry/

＜検印省略＞

印刷　ぎょうせいデジタル㈱

＊乱丁・落丁本はお取り替えいたします。

©2023　Printed in Japan

ISBN978-4-324-11269-4
（5108865-00-000）

［略号：利益・資金計画］